누군가를 사랑할 때
내가 사랑하는 그는 누구인가?

누군가를
사랑할 때
내가 사랑하는
그는
누구인가?

카트린 벵사이드 · 장이브 를루프 지음

박명숙 옮김

Qui aime quand je t'aime?

열림원

"사람을 사랑하는 법을 아는 것이 모든 것이다."

−카뮈

차례

서문 카트린 벵사이드 ··· 9

장이브 를루프 ··· 16

Ⅰ 남자와 여자가 만날 때 ··· 21

1. 사람이 혼자 있는 것은 좋지 못하니 ··· 22

2. 결합의 기원 ··· 39

3. 하느님이 남자와 여자를 창조하셨으니 ··· 64

Ⅱ 욕망의 변천 ··· 97

1. 나는 남편이 없나이다 ··· 98

2. 사마리아 여인: 욕망하는 존재 ··· 125

3. 원천이 갈증과 다시 만날 때 ··· 150

Ⅲ 우리는 어떤 사랑으로 서로 사랑하는 것일까? ··· 185

1. 베드로야, 너는 나를 사랑하느냐? ··· 186

2. 요구하는 사랑에서 주는 사랑으로 ··· 229

일러두기

- 본문의 각주는 모두 옮긴이 주이다.
- 프랑스어의 독음은 국립국어원의 외래어 표기법을 따르되 관용적인 표기를 허용하였다.
- 성경의 인용은 한국 천주교회 공용 번역본(2005)을 따랐다.

카트린 벵사이드

저자가 둘이라는 말은 글을 쓰는 사람이 둘이라는 뜻이다. 이런 유의 글에서는 두 사람의 말들이 나란히 걸어가다가 만나고 부딪치고, 서로 멀어졌다가 또 만나거나 서로 각자의 길을 가다가 다시 만나기도 한다. 그 본질을 조금도 잃지 않으면서 상대방의 말에 귀 기울이고 서로를 보완하고 존중하는 두 가지 접근법인 것이다. 그럼으로써 본질을 훼손하기보다는 두 개의 시선이 서로를 더욱 풍요롭게 한다. 서로의 시선이 서로를 밝혀주고, 한 사람이 이전에 보지 못했던 것을 보게 해주는 것이다.

사랑의 무한한 추구와 사랑의 주체인 두 사람의 관계에 대한 글을 두 사람이 함께 쓴다는 것은 서로의 차이와 유사점 속에서 서로를 고찰하는 법을 이미 알고 있다는 의미가 아닐까? 그럼으로써 독자에게는 저자 각자가 기여하는 것 이상으로 두 사람의 만남에서 비롯되는 결실을 선사할 수 있다. 여기서 '만남'이라고 하는 것은 단지 우리 두 사람의 만남뿐 아니라, 저자 각자가 서로의 텍스트에서 이끌어내는 만남을 의미하기도 한다. 그리하여 이 책은 시간이 감에 따라 점차 고유한 존재로 거듭나게 될 것이며, 다양한 얼굴을 지니게 되면서 그만큼의 다양한 시선의 주목을 받게 될 것이다.

이것이 책에 대한 나의 구상이며, 이를 위해 장이브 를루프와 사랑의 문제에 관한 생각과 고찰과 경험을 함께 나눌 수 있게 되어 더없이 기쁘다. 나는 그의 글과 그의 생각에 가까이 다가가 있음을 느낀다. '다른 것'을 만나기 위해서는 '같은 것'에서 출발하는 게 더 쉽지 않겠는가? 우리 두 사람의 이력은 아주 다르다. 나는 정신과 의사이며 정신분석학자이고, 그는 사제이자 신학, 철학 및 심리학 박사이다. 그러나 우리는 둘 다 정신분석학과 영성(靈性)에 지대한 관심을 갖고 있다는 공통점을 지니고 있다. 따라서 우리는 사랑의 대상인 타인의 추구 및 사랑의 주체인 자아의 추구로서의 사랑하는 행위를 고찰하기 위해서는 『성경』과 임상에 근거한 이중적 접근을 시도하는 것이 현명하다고 판단했다. 사랑한다는 것은 어떤 의미일까? 내가 "당신을 사랑한다"라고 말할 때 내가 사랑하는 그는 누구일까?

내 책들의 제목은 모두가 '사랑'이라는 말을 포함하고 있다. 『천사들의 음악(La musique des anges)』은 예외이긴 하지만 이 또한 결국 사랑의 노래가 아닌가? 자신을 사랑하는 것, 타인을 사랑하는 것, 삶을 사랑하는 것. 이 모두가 똑같은 사랑의 행위가 아닐까? 사랑의 문제는 지금까지 수없이 다루어져왔지만, 사랑은 언제나 하나의 의문으로 남아 있다. 우리는 그 속에서 무엇을 찾고 있는 것일까?

사랑에 대해 이야기할 때 우린 마치 그것이 유일한 실체이며, 다시 규정할 필요가 없는 것처럼 말하곤 한다. "당신을 사랑한다"라고 말함으로써 모든 것을 다 이야기한 것처럼. 어떤 사랑인지는 제대로 알 필요도 없이 단지 사랑만이 필요한 것처럼. 그녀는 나를 사랑하고 있을까? 그는 나를 사랑하고 있을까? 우리는 어떤 기준으로 우리가 사랑받고 있거나 그렇지 못하다고 생각하는 것일까? 우리 자신으로 하여금 우리가 사랑하고 있다고 믿게 하는 기준은 대체 어떤 것일까? 우리는 '사랑한다'는 말에 어떤 의미를 담고 있는 것일까?

인간의 다양한 모습들만큼 사랑하는 방식도 다양한 게 아닐까? 그런데 우리는 오직 한 가지 방식으로만 사랑하고 있는 것은 아닐까? 우리가 마주치는 남자와 여자 들이 '사랑'이라는 말을 할 때, 그들은 과연 서로 똑같은 것을 이야기하고 있는 걸까? 대부분 충족되지 못하는 그들의 사랑에 대한 추구는 똑같은 갈망에서 비롯된 것일까? 우리는 우리 자신의 욕망이 어떤 것인지 알고 있는 걸까?

사람들은 "난 사랑에 빠졌어"라거나, "더 이상 사랑하지 않는 것 같아"라는 말을 자주 한다. 하지만 사랑에 빠진 '나'가 누구를 말하는 건지, 그 '나'가 '어떻게' 사랑하는지 그리고 그 '나'가 사랑하는 건 '누구인지'는 잘 알지 못한다. 이 '나'는 우리를 스스로의 선택과 선호의 주체가 되게 한다. 이러한 '나'가 없다면 "나는 당신을 사랑한다"라는 말이 무슨 의미가 있겠는가? 하지만 우리는 이 '나'가 어른이 되기 위해서는, 모든 구속에서 벗어나 자유로워지기 위해서는 얼마나 먼 길을 거쳐 와야 하는지를 잘 알고 있다. 진정한 자신으로 되돌아가기 위한 길을.

우리는 너무 일찍 우리의 순수성을 잃어버렸다—해를 끼치지도, 고통받지도 말지어다(non nocere). 우리 자신의 결핍과 알몸을 의식하자마자 우린 에덴동산에서 쫓겨났다. 우리는 아직 벌거벗고, 아무것도 가진 것 없고, 연약하고 허둥대는 갓난아기에 불과하다. 사랑하고 사랑받는 데 대한 갈망이 너무나 큰 나머지 그 자신도 상대방도 전혀 생각지 못하는 갓난아기. 그는 자신이 누구인지 알지 못한다. 아니, 그는 자신이 즉각적으로 느끼는 욕구밖에는 알지 못하며, 그 어느 것도 해소해줄 수 없을 것 같은 갈증을 느낀다.

지금 우리를 이토록 사로잡고 있는 이러한 사랑에의 갈증을 인간은 언제나 느껴오지 않았던가? 아담과 이브는 서로를 '사랑'했을까? 인간의 기원에 대한 신화적이고 고도의 상징적인 역사가 기록되어 있는 『성경』의 몇몇 구절들을 읽고 나는 내 방식대로 더욱더 현대적인 관심사들의 반영인 나의 일상적인 경험들과 『성경』의 연관성을 찾아보았다. 사랑은 종종 고통으로 구현된다. 신비적인 사랑은 더 이상 지상에 닿지 않는 고양(高揚)의 상태로 우리를 이끈다. 우리는 우리의 육신 속에서 사랑하면서 은총과 함께 지상의 천국에 가닿을 수 있을까? 아니 잃어버린 그곳을 되찾을 수 있을까?

사랑이 우리로 하여금 우리를 이루는 '나'를 더 잘 알게 해준다면, 사랑은 또한 '당신'을 알게 해주는 것이기도 하다. 나는 '당신'을 더 잘 아는 법을 끊임없이 배워나간다. '당신'과 함께 성장하기 위해.

사랑의 경험은 혼란스러운 유년기를 거쳐 유쾌한 성년기로, 불안한 종속 상태에서 너그러운 소통으로 우리를 이끈다. 우리는 누군가를 사랑함으로써 자신만으로 충분한 세상에서 자신이 가진 가장 좋은 것을 함께 나누는 단계로 옮겨 간다. 사랑을 추구하는 것은 타인과 자신과 미지의 누군가를 향해 나아가는 여정이다.

고독이란 갈증을 해소해줄 샘물을 찾지 못하는 목마름이다. 사랑은 그 갈증을 해소해주는 샘물이다. 끊이지 않고 물이 솟아나는 투명하고 순수한 샘물처럼, 사랑은 아무런 기대도 없이 그것이 지닌 이타성(異他性)으로 타인을 받아들이고 인정한다. 사랑은 타인으로 하여금 우리를 타인으로 만드는 것을 허락한다. 사랑의 샘물에서 물을 마시는 것은 하늘이 내려준 무한한 축복이다. 『성경』에도 이렇게 쓰여 있는 것처럼.

내가 주는 물을 마시는 사람은 영원히 목마르지 않을 것이

다. 내가 주는 물은 그 사람 안에서 물이 솟는 샘이 되어 영원
한 생명을 누리게 할 것이다.

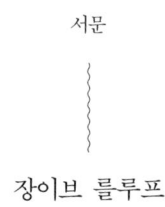

장이브 를루프

두 사람의 목소리로 '사랑의 경험'에 관해 이야기하게 될 이 책을 시작하려는데, 자크 드 부르봉뷔세[*]가 세상을 떠나기 얼마 전 로랑스와의 관계에 대해 내게 했던 말이 떠올랐다.

"우리는 서로를 밝혀준 게 아닙니다. 하나의 빛이 우리를 밝혀주었던 것입니다. 그 빛은 우리에게서 비롯된 게 아니라 다른 곳에서 온 것입니다. 우리는 다만 그 빛을 맞아들이고 우리 사이에 그것을 위한 자리를 마련하고 그것이 숨 쉴 공간을 마련해준 것뿐입니다……. 어떤 순간에

*   Jacques de Bourbon-Busset(1912~2001): 프랑스의 소설가, 수필가이자 정치인.

는, 그 빛이 더욱 강렬하고 생생하게 느껴질 때가 있습니다. 마치 제삼의 대화자가 우리에게로 와서 우리 입을 빌려 말하면서 대화에 더 많은 무게와 명료함을 실어주는 것처럼 느껴질 때가. 이 은혜로운 미지의 존재는 우리 눈에 보이지 않는 아득한 또 다른 존재의 반영이자 겸허한 전달자였던 겁니다……. 우리가 그 이름을 소리 내어 말하지는 않지만 은밀하게 어디에나 존재하는 아주 특별한 동반자를 대신하는……."

어쩌면 반드시 그의 이름을 소리 내어 말할 필요는 없을지도 모른다. 함께 그를 찬양하거나 그에게 기도하고자 하는 게 아니라면…….

자크 드 부르봉뷔세의 직관은 대중적인 속담을 떠올리게 한다. "둘이 있으면 반드시 세 번째 사람이 있다."* 우리는 여기에 이런 말을 덧붙일 수 있을 것이다. "하나가 있으면 반드시 제삼자가 있다." 모든 관계는 두 개의 항(項)과 그 둘을 이어주거나 구별 짓는 제삼의 항을 포함하고 있다. 이 '제삼의 항'이 없다면 연합이나 결합 대신 융합과 혼

---

*　"두 번 일어난 일은 세 번도 일어난다(Jamais deux sans trois)"라는 뜻으로 통용되는 속담의 의미를 살짝 확대한 것이다.

합, 또는 배척과 이별만이 있게 될 것이다.

우리로 하여금 융합이라는 퇴보의 과정과 서로를 갈라놓는 공격성을 피하게 해주며, 진정한 하나로 우리를 이끄는 '제삼자'가 없이는 진실한 관계로서의 사랑의 경험도 있을 수 없다.

우리는 이 책을 집필하는 데 있어서도 이 '제삼자'에게 도움을 청하는 것이 필요하다고 판단했다. '은밀하게 어디에나 존재하는 미지의 존재'에게 목소리를 부여함으로써 우리의 일치와 차이를 명백히 하고, '또 다른 말'이 준거와 학문을 내세우는 우리를 방해하고 자극함으로써, 우리의 대화가 각자의 승리나 패배를 확인하는 서로에 대한 찬사나 관념적인 전투의 무기로 전락하는 것을 피하기 위해서……

우리는 각자에게 할당된 장의 첫머리에 『성경』에서 빌려 온 몇몇 '명구들'을 싣기로 했다. 이 신성한 글들은 우리의 질문에 대한 대답이 될 수 없으며, 오히려 그 반대로 우리의 대답에 질문을 던지고 있다. 우리가 이야기하는 사랑을 다시 문제 삼으면서, '사랑을 추구하는 마음' 또한 새롭게 들여다보게 만드는 것이다.

어쩌면, 언젠가 또 다른 오랜 친구가 내게 한 말처럼, "우리에게 빛이 부족한 것이 아니라, 우리 눈에 빛이 부족한 것"일지도 모르겠다. 우리에게 필요한 것은 샘물이 아니라, 그것을 발견하기 위한 갈증인 것이다. 우리에게 필요한 것이 사랑이 아닌 사랑에 대한 갈망인 것처럼⋯⋯.

때로 갈증이 샘물을 만나게 될 때가 있다,
우리는 그것을 '사랑의 경험'이라고 부른다.
그럼 제삼자는 무엇일까?
그것은 이러한 갈증과 이러한 샘물을 이어주는
길이요, 인연이며 관계이니⋯⋯.

I

남자와 여자가
만날 때

*Qui aime
quand je t'aime?*

1

사람이
혼자 있는 것은
좋지 못하니

주 하느님께서 말씀하셨다. "사람이 혼자 있는 것이 좋지 않으니,
그에게 알맞은 협력자를 만들어주겠다."
「창세기」 2장 18절

"이곳, 천국의 구석진 곳에서 고독의 무게가 나를 짓누른
다. 이토록 아름다운 것들을 함께 나눌 사람이 아무도 없
다니, 마음이 몹시 아프다." 누구나 공감하는 생각이 있다.
'혼자 있는 것은 좋지 못하다.' 우리는 모두 누군가를 찾고
있다. 그의 존재만으로도 하나의 장소, 하나의 풍경, 하나
의 공연, 하나의 요리, 하나의 말, 하나의 생각이 나눔과
공유의 행위가 되게 하는 누군가를. 그것은 곧 삶의 진정
한 순간을 함께 축하하는 것과도 같다. 그러한 사람이 없
이는 우리가 바라는 삶은 단지 하나의 꿈에 불과하다. 모
두가 자신만의 삶을 꿈꾼다. 무대도 설치해놓았고 대사도
이미 준비해두었으니 대본대로 공연을 하기만 하면 된다.

그런데 배우들이, 그것도 주연배우―또는 여배우―가 빠진 것이다.

그래서 기다린다. 하지만 기다림은 단지 기다림으로 그치지 않는다. 우리는 기다림으로 인해 고통받는다. 그리고 아름다운 풍경, 맛있는 음식, 주고받을 말들은 모든 의미를 상실한다. "함께 나눌 사람이 없다면 이 좋은 것들이 다 무슨 소용 있어!"

우리는 너무도 부족한 존재라서 혼자서는 아름다움을 제대로 감상하지도, 맛있는 음식을 충분히 음미하지도 못한다. 우리를 존재하게 하기 위해서는, 우리를 세상에 내놓기 위해서는 다른 누군가의 존재가 필요하다. 우리로 하여금 세상으로 나갈 수 있게 하는 누군가의 존재가. 우리눈, 우리 귀, 우리의 감수성은 그 다른 이의 시선과 청각과감수성을 통해서만 완벽하게 제 기능을 발휘한다. 하지만우리는 그 다른 이가 누구인지 대부분 알지 못한다. "이런멋진 석양을 나 혼자 봐야 하다니. 어떤 사람일지는 모르지만, 내게도 누군가가 있었으면." 우리는 누군가의 부재로 인해 고통받는다. 그리고 누군가의 부재는 곧 자신의부재를 의미한다.

"난 이곳에 진정으로 정착한 게 아니야. 나 혼자서 이러는 게 무슨 의미가 있겠느냐고." 우리 자신의 삶에서 어떤 가치를 찾지 못하면 그 삶의 배경에도 아무런 가치를 둘 수 없다. 마음이 머물지 못하는 곳은 떠나게 마련이다. 자기 자신과의 동거가 마음에 들지 않는다면, 자기 집에서 자신과 함께 자기 자신으로 머물 수가 없다. 그래서 그곳을 떠나 다른 곳으로 간다. 누군가가 살고 있는 집과 삶을 찾아 나서는 것이다. 그곳에서 그들이 살아가는 것을 지켜보면서 자신이 누릴 수 없는 그 삶의 일부를 취한다. 그리고 '우리 것'일 수도 있었을 삶을 꿈꾼다, 또 다른 삶을.

우리는 또다시 갈증을 느낀다. 갈증은 곧 결핍을 의미한다. 살아가는 데 있어서, 살아가기 위해, 살아 있음을 느끼기 위해 우리에게 꼭 필요한 것이 빠져 있음을 말하고 있는 것이다. 그 무엇이 뭔지는 알지 못하지만, 또 다른 어떤 것임은 분명하다. 그것은 아마도 어떤 누군가일 터이다. 우리를 새로운 감각에 눈뜨게 하고, 우리에게 우리가 아직 알지 못하는 즐거움과 기쁨을 느끼게 해줄 어떤 사람. 그의 눈길과 존재만으로도 우리가 더 잘 보고 우리 자신을 더 잘 알 수 있게 해주는 또 다른 사람.

나는 당신을 만나야만 해, 내가 누구인지 알게 해줄 당신을. 내가 그토록 오랫동안 찾아 헤맨 당신, 그런 당신은 지금 어디 있는지? 대체 어디에 꼭꼭 숨어 있는 거야? 얼른 내게로 와줘, 당신을 기다리고 있는 내게로.

그런데 우리는 다른 누군가에게서 무엇을 기대하고 있는 걸까? 혼자 있는 게 이토록 힘든 이유가 대체 무엇일까? 형제자매가 없는 아이는 종종 자신의 놀이와 외로움을 함께 나누기 위해 어떤 동반자를 만들어낸다. 그는 상상 속의 누군가와 대화를 한다. 자신의 취향이나 자신이 바라는 것을 상대에게 강요하느라 애쓸 필요도 없다. 자신의 마음과 영혼으로 탄생시킨 쌍둥이는 무조건적인 사랑으로 그를 사랑하고 그가 사랑하는 또 다른 그 자신이다. 또 다른 그는 아이가 언제 어디를 가든 늘 그를 따라다닌다. 이보다 더 완벽한 동반자는 어디에서도 찾을 수 없을 것이다. 부모에게 외동이 유일한 존재라면, 그는 이 꿈속의 동반자에게도 유일한 존재다. 나에게는 너뿐이고, 네게도 나밖에 없다.

우리에게 첫사랑의 역사들은 그 자체로 특별한 인연이라는 유일하고도 각별한 성격을 띠고 있다. 한 가족의 구성원 사이에서도 이러한 만남의 유일성(唯一性)은 그 만남에

남다른 확신을 갖게 한다. "나하고는 아주 달랐어. 다른 사람들한테는 한 번도 나를 대하듯 살갑게 군 적이 없다니까." "그를 있는 그대로 좋아해준 사람은 나뿐이었어. 그가 가진 장점들을 인정해준 사람은 나밖에 없었다고."

"나는 우리 할머니가 돌아가셨을 때 엄청난 충격을 받았어. 난 그분을 세상 그 누구보다 좋아했거든." "나는 우리 할아버지가 돌아가셨다는 걸 아직도 믿을 수가 없어. 정말 좋은 분이셨는데 말이지." "난 우리 할머니를 위해서라면 무엇이든 할 수 있어. 내가 사랑하는 사람을 위해서보다 더 많이." 어떤 할아버지와 할머니 들은 놀이와 이야기, 산책, 가르침 등을 통해서 아이들과 깊은 공감대를 쌓아가며, 아이들은 훗날 어른이 되어서도 그 시절의 추억을 결코 잊지 못한다. 때로는 그 누구에게도 하지 않은 속내 이야기가 오가거나 함께 금기에 맞서기도 함으로써 그들은 서로에게 더욱 특별한 사이가 된다. "우리 할머니가 젊었을 때 사랑했던 사람들 얘기를 내게 해주셨어. 아직 아무에게도 하지 않았던 이야기를 말이지. 심지어 할아버지한테도 얘기한 적이 없다고 하셨다니까." "우리 할아버지는 내가 어렸을 때 내가 가면 안 되는 데를 데리고 가주셨어. 자신이 집 밖에서 어디를 가고 누구를 만나는지 다

보여주신 거야. 그때 난 그런 게 얼마나 좋았는지 몰라!"

법의 테두리와 부모의 구속을 벗어난 관계는 독점적이며 은밀한 성격에서 비롯되는 감미로움을 포함하고 있다. 이런 것이야말로 남녀의 사랑에서와 유사한 강렬함으로 체험하게 되는 사랑의 이야기가 아니던가? 또한 몽테뉴를 흉내 내서 이렇게 말하고 생각할 수 있음은 우리에게 커다란 행복감을 안겨준다. "그 사람이니까 (내가) 사랑한 거야. 나라서 (그가) 사랑했던 거라고." 우리는 그가 나를 다른 사람과는 '다르게' 대한다고 생각하기를 아주 좋아한다. 혼자가 아니라는 것은 누군가에게 선택받은 사람이 된다는 의미이다.

나를 단 한 사람이라고 생각하는 누군가가 생기는 순간 나는 더 이상 혼자가 아니다. 그 단 한 사람은 내게 이렇게 말해줄 수 있는 사람이다. "당신은 내가 선택한 사람이야." 우리는 모두 유일한 존재를 찾는다. 그 자체로 유일한 사람, 우리에게 삶의 의욕을 불어넣어주고, 무엇보다 나 자신이 유일한 존재라고 느끼게 해준다는 점에서 유일한 누군가를. 그리고 내가 그 한 사람이 되기 위해서는 먼저 두 사람이 되어야 한다.

우리가 서로에게 유일한 존재가 된다면, 우리의 바람직

한 관계 속에서 고독을 탈출할 수 있는 기반을 발견할 수 있다. "적어도 그 사람은 나에게 신경을 쓴다고. 내가 뭘 하는지, 어떤 사람인지에 대해 관심을 보이는 건 그 사람밖에 없어." "그 사람이 그랬어, 자기가 여자에게서 기대했던 모든 걸 충족시켜준 첫 번째 여자가 바로 나라고……." "그녀가 없었다면 지금의 나도 없었을 거야. 살고 싶은 의욕이 생기지 않았을 거라고." 혼자라고 느끼지 않는 것, 그것이 행복이 아닐까.

플로랑스 몽트레노[*]가 그녀의 저서 『사랑하기: 한 세기 동안의 사랑의 역사(Un siècle d'amour de 1900 à nos jours)』에서 인용한 바에 의하면, 아인슈타인은 훗날 아내가 된 밀레바에게 이렇게 편지를 썼다. "당신과 함께 있을 때만 혼자라는 생각이 들지 않아." 그리고 이어 말한다. "당신에게서 나와 똑같은 사람을 발견해서 얼마나 행복한지 몰라. 나처럼 강하고 독립적인 사람 말이야." 혼자가 아니라는 느낌 속에서 자신의 또 다른 반쪽, 자신과 똑같은 또 다른 존재를 만났다는 행복감이 느껴진다. 나에게 부족했던 이 반쪽,

---

* Florence Montreynaud(1948~): 프랑스의 역사학자이자 페미니스트.

아름다운 오렌지가 되기 위해 필요한 나머지 반쪽의 오렌지 같은 반쪽. 우리는 여기서 플라톤의 신화를 떠올리게 된다.

그리고 아주 작은 서로의 차이가 스스로에게 이야기했던 행복에 균열을 만든다. 또 다른 반쪽은 나와 절대적으로 같아야 한다. 처음부터 나는 모습을 왜곡시키는 프리즘을 통해 상대를 바라본다. 각자의 꿈속 그림에 애써 끼워 맞추기 위해 현실을 변형시키면서. 내가 꿈꾸었던 것은, 완벽한 동그라미를 그리기 위해 '모든 면에서 나와 똑같은' 또 다른 나 자신인 것이다.

"그녀랑 함께 있으면 그렇게 좋을 수가 없어. 우린 정말 잘 맞거든. 취향도 바라는 것도 똑같다고.""그 사람 집도 우리 집처럼 흰색으로 칠해져 있어. 우린 정말 천생연분 같아." 영화 「러브스토리」에서처럼 "그녀는 모차르트를 좋아했지요"가 아니라 "우리는 모차르트를 좋아했어요"인 것이다. 모차르트를 좋아한다는 사실, 더구나 흰색으로 칠해진 아파트에 산다는 사실은 한 사람을 규정짓는 특징이라고 보기는 어렵다. 하지만 그런 건 아무래도 상관없다. 중요한 것은 '자신에게 꼭 맞는' 사람을 발견했다는 확신을 갖는 것이다. 나에게 선택받은 사람은 만나자마자 나의 선택에 확신을 갖게 하기 위한 자질들을 부여받는다. "난 매일매일 그가 내 인생의 남자라는 새로운 증거를 발견하곤 해. 그건 아주 단순한 거야, 우린 좋아하는 게 똑같거든." 이런 식으로 수많은 사랑의 역사가 시작되는 게 아닐까.

내가 올바른 것으로 확신하는 이 선택은 나의 갈증이 상대방을 통해 해소되지 않음을 깨닫는 즉시 재검토의 대상이 된다. 상대에게 자신과 다른 점이 있다는 것을 인식하지 못한다고 주장할 사람은 별로 없을 것이다. 하지만 두 사람이 만들어가는 관계의 일상 속에는 바로 그 차이에서 비롯되는 자잘한 불화들이 점차 늘어간다. 자신이 사랑하는 사람에게 사랑받기 위해 그처럼 살고, 그처럼 생각하고, 그처럼 마음먹는 시기가 지나면, 각자는 본래의 모습으로 다시 돌아간다. 그리고 상대를 있는 그대로 보게 된다. 자신이 생각했던 것과 다른 모습을. 그리고 "……했더라면 정말 좋았을 텐데" "당신은 ……할 수도 있었을 텐데" "당신이 왜 ……하지 않았는지" 등등의 이야기가 등장하게 된다. 상대방이 내가 아니라는 사실을 깨닫는 순간 아름다운 조화가 깨지고 마는 것이다.

"나는 그 사람이 지금보다 더 자상하고, 덜 이기적이었으면 좋겠어." "그녀는 왜 내가 자기를 위해 얼마나 노력하는지 알아주지 않는지 모르겠어." 그녀와 그는 상대방이 자신에게 기대하는 것들을 하지 않는다. 그들 각자는 상대의 욕망과 생각과 견해가 자신의 것과 완벽하게 일치하기를 바란다. 모든 욕망과 모든 생각과 모든 견해가. 그러나 우리는 상대방이 '모든 면에서' 자신이 바라는 것과 똑같기를 기대하는 반면, 있는 그대로의 그에 대해서는 아무것도 알지 못한다.

또 다른 자신에게로 향하는 모든 기대로 인해 그 시선은 제한적일 수밖에 없다. 기대라는 것은 본래 제한적일 수밖에 없기 때문이다. 기대는 나로 하여금 자신이 보고 싶어 하는 것만 보고, 듣고 싶어 하는 것만 듣게 한다. 그리고 나는 그나 그녀를 믿을 준비가 되어 있다. 단지 믿는다는 행복을 맛보기 위해서라도. 그러면서 내가 믿고자 하는 것이 혹시 상대에게 투영한 나 자신의 희망이나 기대가 아닌지는 조금도 알고 싶어 하지 않는다. 이제 그나 그녀는 더 이상 혼자가 아니며, 앞으로도 결코 혼자가 아닐 거라는 확신으로 인해 더없는 행복감을 느낀다. 이제 다시 혼자가 되는 일은 결코 없을 것이다.

그 누군가에 대한 갈망이 고통스럽고 끈질길수록 나는 아무에게나 나를 위로할 수 있는 힘을 부여하게 된다. 그리고 때로 허황된 장점들로 그를 미화하기도 한다. 사막에는 신기루가 나타나는 법이다. 사랑과 삶이 떠나버린 때에, 누군가가 내게 느끼게 한 갈증, 삶에 대한 갈증이 모든 분별력을 잃게 만드는 것이다. 나는 누군가를 원하는 게 아니라 그를 필요로 하는 것뿐이다. "그 사람은 나를 치켜 세우면서 계속 듣기 좋은 말만 해줬어. 그가 말하는 게 진짜 내가 아니라는 생각이 들 정도로 말이지. 난 언젠가 그가 제정신으로 돌아와서 나의 본모습을 보고는 더 이상 나를 좋아하지 않게 될 줄 알고 있었어. 그는 결코 나를 사랑한 게 아니었으니까."

만약 그 누군가가 그 존재만으로 그토록 중요한 역할을, 하나의 공간과 시간에 생명을 불어넣는 역할을 할 수 있다면, 그 '생명력'은 그 누군가—여자건 남자건—로부터 나오는 것일까? 어쩌면 그것은 자신의 이야기를 다른 사람에게 떠넘기는 나의 능력이 빚어낸 결과가 아닐까? 내가 다른 누군가로 하여금 내 이야기를 대신 짊어지게 하여 그 때문에 그가 행복해지거나 불행해지는 것은 아닐까? 그의 이야기가 되기 전에 이미 내 것이었던 이야기, 나의 과거

이야기일 뿐 아니라, 오래전부터 꿈꿔온 대로의 미래가 담긴 내 이야기를 그가 대신 살아내게 강요함으로써.

심지어 그와 함께 있는 동안에도 나는 현실과는 동떨어진 삶과 사람과 사랑을 계속 꿈꾼다. 결핍의 자각은 상대방과 나 자신을 동시에 속인다. 두 사람 모두를 가식으로 이루어진 세상에서 헤매게 만드는 것이다. 우리 자신의 결핍을 메워줄 수 있을 그나 그녀에게 사랑받고 싶다는 서로의 갈망으로 우리 각자는 서로를 닮은 자신의 이미지를 만들어나간다. 그것이 우리를 우리 자신으로부터 멀어지게 하며, 동시에 우리를 상대로부터도 멀어지게 한다는 것을 의식하지 못한 채. 결핍 속에서는 결핍만을 볼 수 있을 뿐이다. 결코 상대를 보지 못한다.

우리 각자는 처음에는 자신에게 주어질 수 있는 것만을, 그리고 이내 자신에게 주어져야 하는 것만을 본다. 삶이 상대를 통해 우리에게 주어야 하는 것만을 보는 것이다. 그리고 상대로 하여금 그가 우리에게 없어서는 안 될 존재라고 믿게 한다. 이러한 관계는 서로의 필요로 인한 생존의 문제가 될 수도 있다. 상대에게 삶의 의욕을 불어넣는 이는 자신이 그의 삶에 절대적으로 필요한 존재라는 확신을 갖게 된다. 알마 말러는 남편인 구스타프 말러 곁에 남고

자 한 자신의 선택을 정당화하기 위해 이런 말을 했다. "내가 떠나면 그는 죽을 거예요. 내가 남으면 그는 살 거고요."

혼자가 아니라는 것은, 상대가 내게 새로운 삶을 선사해 줄 것을 기대하거나, 그가 삶의 의욕을 잃지 않도록 그와 함께 있음을 의미하는 게 아닐까? 그런데 삐걱거리는 두 개의 삶이 굳건히 버티고 서는 하나의 삶이 될 수 있을까? 상대에게서 자신에 대한 지지를 발견하는 것이 필요하다고 해도, 인생의 무게로 서로에게 기댄다고 각자의 삶이 더 쉬워지는 것은 아니다. 우리가 누군가를 사랑하는 것은, 있는 그대로의 그를 좋아하거나 그가 우리에게 새로운 삶을 선사해서가 아니라, 우리가 우리 자신의 삶을 사랑하지 않기 때문이다.

또한 혼자가 아니라는 것은, 혼자서도 충만하고 활기찬 삶을 영위함을 의미한다. 자신의 삶에 만족하는 사람은 다른 누군가에게 그 삶을 채워줄 것을 요구하지 않는다. "그 사람은 자기가 나한테 투자한 게 얼만데 이러냐며 나를 비난했어. 하지만 그가 '나'에 대해 뭘 알고 있느냐고. 그는 내게 수많은 선물을 하면서 우리 관계가 자기가 원하는 그런 관계가 되기를 바랐어. 나를 떠받들긴 했지만 정작 내가 바라는 게 뭔지는 알려고 하지 않았다고. 결국 그 사람에게 난 아무것도 아니었던 거야. 그는 어렸을 적에 사랑을 받지 못하고 자라서 자신이 느끼는 결핍과 자신의 기대를 내가 충족시켜주기를 바랐던 것뿐이야. 그는 내게 사랑을 주었다고 생각했겠지만, 사실 그는 내게서 사랑을 기대하고 있었던 거야. 게다가 그가 사랑한 여자는 내가 아니었어. 그는 자기가 상상으로 만들어낸 존재를 사랑했던 거야. 내가 닮기를 바라는 자신의 환상 속 여자를."

누군가에게 유일한 존재가 되면서 동시에 그가 자신에게도 유일한 존재가 되기를 바라는 마음이 교감이 아닌 융합의 욕구를 따른다면, 그건 두 사람의 관계뿐 아니라 두 사람 모두를 망가뜨리게 된다. 서로를 닮고자 하는 것은 서로의 영역을 축소시키는 결과를 낳고, 이는 관계의 파국을 초래한다. 서로를 닮으려다가 아무도 닮지 않게 되는 것이다. 내 마음에 들기 위해 당신은 다른 사람이 되고, 나또한 당신 마음에 들려다가 다른 사람이 되기 때문이다. 더 이상 혼자 있지 않기 위해 하나가 되려는 것이 우리의 목표라면, 문제는 "어떤 하나가 되느냐"이다. 결혼과 관련한 기트리*의 말을 인용하자면, '하나 더하기 하나'는 둘을 없애고, 심지어 하나마저 없앴다고 말할 수 있다. 그리하여 각자는 스스로의 그림자로 전락하며, 자신을 위해 상대를 향한 욕구를 투영하고, 상대를 위해 자신의 욕구를 투영한 그림자에 지나지 않게 된다. 이 혼자 있는 것은 좋지 않다"라는 말은 누군가를 위해 자신을 잃어버리거나, 나를 위해 다른 누군가가 자신을 잃어버리는 것을 지켜보라는 의미가 아니다. 에티 힐레숨은 그녀의 일기에서 이렇게 말한 바 있다.

"무언가가 '유일한 존재'라고 믿는 누군가에게 몰입하도록 당신을 부추길 것이다. 이것 또한 헛소리다. 사람들이 지어낸 순전한 헛소리일 뿐이다. 두 사람의 삶이 완벽하게 일치하는 일 따위는 결코 일어나지 않는다. 적어도 내게는 그랬다. 기껏해야 잠시 마음이 통하는 것을 느낄 수 있을 뿐이다. 하지만 그런 순간들이 평생 이어질 거라고 확신할 수 있을까? 그런 순간들이 공동의 삶에서 발생하는 균열을 메워줄 수 있을까? 물론 강렬한 감정을 느낄 때도 있다. 때로는 행복감을 맛보기도 한다. 홀로. 맙소사.

* 사샤 기트리(Alexandre-Pierre Georges "Sacha" Guitry, 1885~1957): 프랑스의 배우이자 감독, 극작가. 평생 동안 다섯 번 결혼했다.

물론 힘들기도 하다. 세상은 언제나 불친절하니까."

이 불친절한 세상에서 둘이 되어 함께 길을 가며 서로를 배려하고 아끼고 사랑하는 것은 좋은 일이다. 그것은 인생의 달콤함과 고됨을 함께 나눌 준비가 되어 있음을 의미한다. 하지만 고독이 야기하는 두려움을 치유하기 위한 사랑의 조급한 추구는 우리를 영원히 혼자 있게 할 수도 있다. 먼저 온전한 하나가 되지 못하면서 어떻게 둘이 되기를 기대할 수 있을까?

나는 누군가가 내게 새로운 삶을 선사해주기를 기대하지 않는다. 나는 하나의 살아 있는 존재로서 또 다른 살아 있는 존재를 만나는 것뿐이다. 내게는 나 혼자 감당해야 할 고독이 있고, 그에게는 자신만의 고독이 있는 법이다. 자신의 '혼자 있음'을, 자신의 존재가 유일함을 인정할 때만이 비로소 "사람이 혼자 있는 것은 좋지 않다"라고 말할 수 있다. 나는 있는 그대로의 나로서 유일한 존재이다. 따라서 둘이 되기 전에 먼저 하나임을 인정해야 한다. 누군가에게 나를 열어 보이고, 그와 하나로 합쳐지기에 앞서.

우리는 누군가에게 유일한 존재임을 느끼기 이전에 나자신의 유일함을 확신할 수 있어야 한다. 우리 각자는 자

신만의 유일함을 지님으로써 다른 누군가에게 유일한 존
재가 되는 것이다.

2

결합의
기원

하느님의 모습으로 사람을 창조하시되
남자와 여자로 그들을 창조하셨다.
「창세기」 1장 27절

주 하느님께서 말씀하셨다. "사람이 혼자 있는 것이 좋지 않으니,
그에게 알맞은 협력자를 만들어주겠다." 그래서 주 하느님께서는
흙으로 들의 온갖 짐승과 하늘의 온갖 새를 빚으신 다음,
사람에게 데려가시어 그가 그것들을 무엇이라 부르는지 보셨다.
사람이 생물 하나하나를 부르는 그대로 그 이름이 되었다.
이렇게 사람은 모든 집짐승과 하늘의 새와 모든 들짐승에게
이름을 붙여주었다. 그러나 그는
사람인 자기에게 알맞은 협력자를 찾지 못하였다.
「창세기」 1장 27절

어째서 "사람이 혼자 있는 것은 좋지 못하니"라고 쓰여 있는 것일까?

사람은 자신의 존재만으로 충분한 게 아닐까? 어째서 자아를 실현하는 데 다른 누군가를 필요로 하는 것일까? 왜 여자에게는 남자가, 남자에게는 여자가 필요한 것일

까? 같은 성(性)의 누군가를 사랑하면서 행복해질 수는 없는 걸까?(『프티 로베르(le Petit Robert)』 사전에는 1993년까지는 사랑을 '다른 성의 사람을 향한 연정'으로 규정하고 있다. 그 후에는 상대의 성에 관한 부분은 삭제되고 '다른 사람을 향한 연정'으로만 정의되고 있다.)

그런데 무엇보다 어째서 우리는 혼자서는 행복할 수 없는 것일까? 다른 사람에게 종속되는 행복이라면 이미 현대의 심리학자들이 그 문제점을 충분히 지적해오지 않았던가? 혼자서 충분해지는 법을 배워서 모든 기대로부터 자유로워져야 하지 않을까? '자신이 사랑의 대상이 될 수는' 없는 것일까? 이것이 바로 프로이트가 주장한 자기애(나르시시즘)의 정의다. 자비에 라크루아*에 의하면, "프로이트는 리비도를 구성하는 상수(常數)로 자기애를 이해하기 전에 먼저 성적 발전의 한 단계로 간주한다. 말하자면 자기애는 리비도의 출발점인 셈이다. 또한 자기애는 성적 욕망의 중요한 두 가지 근원 중 하나가 된다. 누군가와의 동일시를 통해 상대에게 투사하는 자기애가 하나의 근원이고, 쾌락을 추구하는 성적인 끌림이 또 다른 근원인 것이다.

---

*   Xavier Lacroix(1947~2021): 프랑스의 철학자이자 신학자.

그런데 자기애가 진정 사랑의 근원인 것일까? 그보다는 사랑에 대한 '갈증'이라고 봐야 하는 게 아닐까? 오비디우스의 신화 속에는 자기애는 분명 갈증임을 말하는 대목이 나온다.

"눈부신 미모의 소년 나르키소스는 그와 사랑에 빠진 수많은 님프들의 구애를 물리친다. 그리고 갈증을 해소하기 위해 그가 물위로 몸을 숙이는 순간 또 다른 갈증이 그의 안에서 생겨나 커져간다. 물을 마시는 동안 물에 비친 자신의 아름다움에 반한 그는 자신의 그림자에 지나지 않는 것을 실제의 사람으로 착각한다. 그는 자기 눈앞의 모습에서 고개를 돌리지도 눈을 떼지도 못한 채 황홀경에 빠져든다. 마치 파로스 섬의 대리석 조각상처럼 그 자리에서 꼼짝하지 않은 채로. 그는 스스로에게서 찬탄을 이끌어내는 자신의 모습에 감탄한다. 그리고 자신이 누구인지 알지 못한 채 스스로를 욕망한다. 그는 자기 자신에게 찬사를 보내는 것이며, 그가 느끼는 열정은 그 자신이 불러일으키는 것이다. 그는 자신이 타오르게 하는 불의 소인(素因)인 셈이다."

"그는 자신이 누구인지 알지 못한 채 스스로를 욕망한다." 그리고 그가 마주치는 모든 것의 눈길 속에서 자신의 모습을 찾고자 한다. 온 세상이 그가 자신의 모습을 찾고 자신을 비춰 보는 거울이 된 것이다. 하지만 그에게 응답하는, 달리 말하면 그에게 저항하는 '누군가'는 어디에도 없다. 그러나 그것으로 충분하다. 외모의 숭배는 그의 종교이며, 그의 반영은 곧 그 자신이자 그의 정체성이다. 언제나 잘 가꾸어진 그의 '외모'는 언젠가는 결국 그를 빨아들이고 말 공허함을 감추어줄 것이다. 질 리포베츠키는 이에 대해 다음과 같이 설명하고 있다. "인류의 각 세대는 그때그때 부딪치는 문제에 따라 재해석하는 신화나 전설 속의 위대한 인물 속에서 자신의 모습과 정체성을 찾고자 하는 경향이 있다. 보편적인 상징으로서의 오이디푸스나, 인간 조건을 비춰주는 거울로서의 프로메테우스, 파우스트 또는 시시포스 같은 인물들이 그들이다. 오늘날에는 많은 탐구자들—특히 미국의—이 현재를 상징하는 신화적 인물로 나르키소스를 꼽는다."

개인적인 발전을 위해 자기애적인 행복의 추구를 제안하는 수많은 저서들이 거듭 언급하는 프로이트의 저작들은 "사랑은 가장 이기적인 감정이다"라고 말한 뱅자맹 콩스탕을 지지하는 듯 보인다. 프로이트는 다음과 같은 말을 한 바 있다.

"그는 중요한 면에서 나를 아주 많이 닮아서 그를 통해 나 자신을 사랑할 수 있게 해주므로 내게 사랑받을 자격이 있다. 왜냐하면 그는 나보다 훨씬 완벽해서, 그를 사랑함으로써 나 자신의 이상(理想)을 사랑할 수 있는 가능성을 선사해주기 때문이다." 그런데 그가 더 이상 나 자신을 충분히 필요한 만큼 반영하지 못할 때는 나는 그를 떠나 더 유리한 새 거울을 찾아 나서게 된다. 심지어 육체적인 쾌락의 영역에서도 충분한 즐거움을 느끼게 해주지 못하면, 나는 내 마음대로 가지고 놀 수 있는 고무 인형이나 가상의 상대를 선호하게 된다.

나르키소스는 오난(Onan)*과 별반 다르지 않다. 모든 쾌락은 본질적으로 고독한 것이기 때문이다. 상대가 나로 하여금 쾌락을 찾거나 발전시키도록 나를 도울 수는 있겠지만, 그것은 '나의' 쾌락이며, 만약 상대가 기쁨을 느끼지 못하다면 그것은 '그의' 일이며, '그의' 문제일 뿐이다…….

그러나 나르키소스의 이야기는 비극성을 띠고 있다. 상

---

* 유다의 둘째 아들로, 형이 죽은 후 형수에게 후손을 가지게 하라는 아버지 유다의 명에 따라 잠자리를 같이 했다. 그러나 성교 도중 일부러 정액을 밖으로 흘려 형에게 후손을 남기지 않아 이로 인해 벌을 받고 죽었다. '오나니', '오나니슴'이라는 말이 여기서 유래되었다. 본래 질외사정이라는 뜻인데 자위행위를 뜻하는 말로 오용되고 있다.

대의 부재는 곧 현실의 부재를 의미한다. 오비디우스는 자신의 주인공이 어떤 환상을 갖고 있는지 잘 알고 있다. "어리석은 소년이여, 덧없는 모습을 붙잡고자 하는 헛된 노력들이 무슨 소용이 있단 말이냐? 네 욕망의 대상은 존재하지 않는단 말이다! 네가 사랑하는 그는 네가 고개를 돌리기만 하면 사라지고 말 것이다. 네가 바라보는 이 그림자는 네 모습의 반영일 뿐이다. 본래는 존재하지 않는 것이라는 말이다. 그것은 너와 함께 나타나, 너로 인해 지속되며, 네가 떠나는 즉시 사라지고 마는 것이다. 네가 떠날 용기만 있다면."

자신이 사랑했던 것이 알고 보니 자기 자신이었으며, 그 '자신'이란 것도, 너그러운 면도 있지만 변덕스럽기도 한 상대방의 화면에 비친 실체 없는 반영에 불과했음을 깨닫게 될 때는 어떤 일이 일어날까? 그럴 때는 실망하고 절망할 수밖에 없으며, 상대에게 그 실망감에 대한 비난을 퍼붓게 될 것이다. 귀스타브 티봉*은 "두 사람이 서로 실망하는 경우에는, 둘 다 상대가 아닌 그에게 투영된 자신을 사

---

*   Gustave Thibon(1903~2001): 프랑스의 철학자.

랑했을 가능성이 높다"라고 말한 바 있다.

하지만 한 사람의 타인처럼 상대를 사랑하는 것이 가능할까? 그를 또 다른 자신처럼 사랑한다는 것은 결국 그를 자신과 똑같은 사람으로 사랑하는 게 아닐까? '나 자신의 또 다른 반쪽'처럼?

나의 또 다른 반쪽은 결국 나를 뜻하는 게 아닌가? 양성구유(兩性具有)의 신화는 나르키소스 신화가 발전된 것이 아닐까? 그 역시 다른 누군가가 있음을 알지 못하거나 인식하지 못하는 똑같은 어려움을 표현하고 있는 게 아닐까? 특별히 자신과 다른 성을 가진 누군가의 존재를 알지 못함을 말하는 게 아닐까? 양성구유의 신화에 의하면, '섹스'라는 말은 세카레(secare), 즉 '자르다'라는 동사에서 온 것임을 상기할 필요가 있다. 여기서 '잘린다'는 것은 상대로부터 잘려 나가는 게 아니라, 나 자신 즉 나의 또 다른 반쪽과 떨어진다는 의미이다.

플라톤의 『향연』에서 소개되는 아리스토파네스는 최초의 인간은 둥근 모습을 하고 있었다는 주장을 펼쳤다. 완전체를 나타내는 구형(球形)은 이 양성체(兩性體) 인간들에게 신들의 그것과 비견할 만한 '놀라운 힘과 활력'을 부여했다. 인간이 신과 같다면 뭐 때문에 인간이 아닌 다른 신을 숭배하겠는가?

그래서 최고의 신 제우스는 인간을 아주 없애버리지는 않고 둘로 갈라놓음으로써 그 힘을 약화시키고자 했다. 그는 "인간이 절단된 자신의 몸을 보면서 좀 더 겸손해지기를" 바랐고, 그 일을 도운 것은 아폴론이었다.

이러한 겸손함은 인간에게 내려진 '벌'이기도 할 것이다. 그런 다음 잃어버린 자신의 반쪽을 찾아다니는 사랑의 신 에로스(페니아*의 아들)가 등장한다.

"이렇게 둘로 나눠진 인간의 몸은 자신의 반쪽을 그리워하고, 서로를 찾아내 껴안은 채 다시 하나가 되기를 갈구하며 아무것도 먹지도 않고 아무것도 하지 않으며 죽어갔다. 그들은 서로가 없이는 아무것도 하지 않으려 했다." 이에 "에로스는 인간에게 고대의 모습을 되찾아주고, 둘로 나뉜 몸을 하나로 합쳐 상처받은 인간의 본성을 치유하고자 했다. 우리 각자는 서로에게 부절(符節)**과도 같다. 우리는 마치 넙치처럼 둘로 나뉘어져 끊임없이 자신의 반쪽

---

* Penia, 가난, 빈곤 또는 처벌, 결핍을 의미하는 말로, 그리스신화에 나오는 페니아는 풍요의 신 포로스(Poros)와 결합하여 에로스를 낳았다.
** 예전에 돌이나 대나무, 옥 따위로 만들어 서로를 알아보는 신표(信標)로 삼던 물건. 주로 사신들이 가지고 다녔으며 둘로 갈라서 하나는 조정에 보관하고 하나는 본인이 가지고 다니면서 신분의 증거로 사용하였다.

을 찾아다니기 때문이다."

『향연』은 다음과 같이 이야기를 이어간다.

"그리하여 인간들은 평생을 함께 지내게 되었지만, 서로에게서 무엇을 기대하는지는 정확히 알지 못했다. 함께 있음으로써 느껴지는 기쁨이 감각적인 쾌락 때문은 아닌 듯했다. 두 사람의 영혼은 다른 무언가를 갈구하고 있었다. 무엇인지 꼬집어 말할 수는 없지만 짐작할 수는 있었고, 짐작하고 있음을 드러냈다. 만약 그들이 함께 누워 있을 때 헤파이스토스[*]가 그의 연장들을 들고 나타나 이렇게 묻는다면, '인간들이여, 그대들이 바라는 게 무언가?', 그리고 그들이 당황하는 것을 보면서 이렇게 말한다면, '그대들이 바라는 것은 되도록 서로에게 가까이 다가가 밤이고 낮이고 서로를 떠나지 않는 것이 아닌가? 그대들이 바라는 것이 그런 것이라면, 내가 그대들을 녹여 한데 접합하여 두 사람이 하나가 되도록 할 것이며, 그대들이 죽을 때에도 공동의 죽음을 맞이하여 저곳 하데스의 세계에서도 둘이 아닌 하나로 남게 할 것이다', 우리는 그들 중 누구도 아니라는 말을 하지 않을 것이며, 그 외에 다른 소망

---

[*]   그리스신화에 나오는 불과 대장간의 신.

은 없다고 할 것임을 잘 알고 있다. 그들은 자신들이 오래 전부터 듣고 싶었던 말을 들었을 뿐이라고 생각할 것이다. 즉, 사랑하는 대상과 한데 합쳐져 둘이 아닌 영원한 하나가 되는 것이 그들의 간절한 소망이었을 터이다."

"하느님이 남자와 여자를 창조하셨으니"라는 성경의 신화는 아리스토파네스와 플라톤의 신화를 차용한 것은 아닐까? 이는 한 존재의 두 얼굴이나 양면에 관한 이야기일까, 아니면 완전하고 개별적인 두 존재 사이의 관계에 관한 이야기일까?

『조하르』와 몇몇 『미드라시』*는 『성경』의 텍스트가 원초적인 양성구유에 관해 언급하고 있다고 해석하는 듯 보인다.

> 랍비 슈무엘 바 나흐만이 이르기를
> "여호와가 처음 아담을 만드실 때
> 그에게 '두 개의 얼굴'을 만들었다가
> 그 후에 그를 갈라 두 개의 몸이 생겨나게 했느니."

---

* 『조하르』는 유대교 신비주의 카발라의 근본 경전이며, 『미드라시』는 고대 유대인의 『성경』 주해서들을 가리킨다.

그러자 누군가가 반박하기를

"하지만 하느님이 아담의 갈빗대 하나를

취했다고 쓰여 있지 않나요?"

그러자 그가 대답했다,

"『성경』에 쓰인 대로

갈빗대 하나라고 읽어야 하며

성소(聖所)의 한 면은……."

— 『미드라시 랍바』, 「창세기」 8장

조지 아이젠베르크[*]와 아르망 아베카시스[**]는 이에 대해 이렇게 설명하고 있다.

"랍비들은 인용문을 결코 되는대로 선택하지 않는다. 그들의 의도는 명백하다. 그들은 양성구유의 두 측면을 성소의 두 측면과 비교하고자 했던 것이다.

남자와 여자는 신전의 양면이다. 처음에는 성소, 그다음에는 신전이 신이 사는 곳이었던 것처럼, 신은 남자와 여자의 결합 속에 존재한다. 또 다른 미드라시는 이러한 견해

---

[*]   Josy Eisenberg(1933~2017): 프랑스의 텔레비전 프로듀서이자 랍비.

[**] Armand Abécassis(1933~): 프랑스의 유대 철학자이자 종교학자.

를 놀랍게도 잘 설명해 보이고 있다. 남자를 뜻하는 단어 lych와 여자를 뜻하는 말 lchah의 차이는 첫 번째 것은 요드(yod)를, 두 번째 것은 헤(he)*를 포함하고 있다는 데 있다. 그런데 이 두 글자를 합치면 신들의 이름 중 하나인 Yah**가 된다.

이처럼 둘로써 하나를 이루어야 한다. 애초에 모든 게 '잘 돌아갈 때'*** 인간은 하나였기 때문이다. 내가 나의 또 다른 반쪽, 또 다른 측면을 발견하게 되면, 마침내 난 온전한 하나로 둥근 모습을 되찾게 될 것이며, 우뚝 선 신전에서 신이자 신의 거처로 거듭나게 될 것이다!

신화는 지금도 여전히 유효하다고 할 수 있다. "우린 천생연분이야"라고 말할 수 있을 우리의 '쌍둥이 영혼', 자신의 분신 같은 존재를 발견하기 위해 우리가 얼마나 많은 단계를 거쳐야 하는지를 생각해본다면.

---

*   요드는 히브리어 알파벳의 열 번째 글자, 헤는 다섯 번째 글자이다.

**   'YHWH(야훼)'의 줄임말이다.

***   프랑스어로 '일이 잘 되어간다'라는 의미의 표현 'tourner rond'은 직역하면 '원을 그리며 빙빙 돌다'가 된다. 인간이 본래 구형이었다는 이야기를 암시하는 중의적인 표현이다.

낭만주의와 수많은 노래들이 그런 믿음을 더욱 부추겼다. "내 마음이 내게 일러주었네. 모든 영혼은 누군가의 쌍둥이 영혼이라고/그들은 조만간 서로 만나기로 운명 지어졌다고."

아니면 라마르틴처럼 이렇게 말해야 하는 걸까? "우리 각자의 환상을 위해 특별히 지어낸, 만나기만 하면 지상에 사랑의 천국이 실현된다는 쌍둥이 영혼의 신화는 어리석고 유해한 것이다."

우리의 갈망을 충족시켜주고, 함께 있으면 좌절과 실패와 갈등을 경험하지 않아도 되는 그런 존재가 이 세상 어딘가에 있으리라고 믿는 것이 우리의 환상에 지나지 않는 걸까? 이에 대해 귀스타브 티봉은 다음과 같이 이야기하고 있다.

"이러한 환상은 또 다른 환상들의 출발점이 될 것이다. 시간이 감에 따라 당신은 상대의 불완전함과 '결점'을 통해 차이와 균열과 결핍을 발견하면서 다음과 같이 추론하게 될 것이다. 이상적인 파트너는 존재하지만, 이 사람은 아닌 것 같다. 완벽하게 나와 일치할 수 있는 존재. 당신은 내게 그런 사람이 될 수 없다. 나는 이제 다른 데서 찾을 것이다. 번지수를 잘못 찾은 것뿐이니까. 이렇게 해서 이상적인 커플을 위해 실제의 커플을, 꿈속의 파트너를 위해 불완전하지만 실재하는 파트너를 희생시키게 되는 것이다."

"더 이상 둘이 아닌 하나가 되는 것." 『향연』의 이야기는 대장간의 신 헤파이스토스가 연인들에게 한데 녹여줄 것을 제안했을 때 두 사람 중 그 누구도 아니라는 말을 하지 않을 것이라고 단언하고 있다. 우리 안에 상대에 대한 욕망, 에로스가 너무도 강하기 때문이다. 하지만 우리 각자는 이 '하나' 속에는 '상대'가 사라져버릴 위험이 있음을 예감할 수 있다.

어쩌면 칼릴 지브란의 『예언자』가 예측했던 것과 더 가까운 『성경』의 또 다른 해석이 있지 않을까?

서로를 사랑하시오, 그러나 사랑이 족쇄가 되게 하지는 마시오.

사랑이 그대들 영혼의 기슭 사이에서 출렁이는 바다가 되게 하시오.

각자 상대의 잔을 가득 채워주시오, 그러나 같은 잔으로 마시지는 말기를.

그대들의 빵을 나눠 먹기를, 그러나 같은 덩어리를 나눠 먹지는 마시오. (……)

두 사람이 함께 나란히 서 있기를, 그러나 너무 가까이 있지는 말기를.

신전의 기둥들은 거리를 두고 세워지고,

떡갈나무와 삼나무는 서로의 그늘 속에서는 자라지 못하니.

프로이트는 그의 저서 『쾌락원칙을 넘어서』에서 양성구유의 신화를 언급하고 있다. 아리스토파네스의 설명에 의하면, 서로를 찾아 헤매던 두 반쪽이 다시 만나면 그들의 욕망은 '충족된다'. 그들은 '충분히' 얻었기 때문이다. 이는 욕망이 비(非)욕망으로 이행하고, 자기 자신의 제거를 향해 나아가는 것과 같다. 프로이트는 이런 현상을 '죽음 충동', 또는 '니르바나의 원칙'이라고 불렀다. 말하자면, "심적 장치를 되도록 지속적이고도 낮은 흥분 상태로 유지하고자 하는 경향인 것이다. (……) 이처럼 쾌락의 원칙은 죽음의 본능을 위한 일종의 도구로 사용되고 있다."

여러 면에서(특히 문명과 문화의 개념에서) 프로이트와 대조되고 있긴 하지만 빌헬름 라이히 역시 모든 성적인 행위들의 궁극적인 목표로 모든 긴장의 완화와 제거를 제안하고 있다. 그 속에서 가장 중요하게 다루어지는 것은 '발산'의 개념이다. 발산은 인간의 이중성이 지닌 무게를 떨쳐내고 '원초적 충동'을 되찾는 것이다. 욕망은 쾌락의 적으로, 쾌락과 우리 사이의 간극을 넓히고 결핍을 확인시킨다. 또한 우리에게 인간은 '하나'가 아니며 신이 아니라는 사실을 상기시킨다.

알랭 핑켈크로트와 파스칼 브뤼크네르는 공저 『새로운 사랑의 무질서(Le nouveau désordre amoureux)』에서 다음과 같은 말로써 위의 고찰에 힘을 보탠다.

"사실, 오르가슴의 숭배는 어쩌면 단 한 가지 기능밖에 없는지도 모른다. 유일한 감정을 섹스에 집중하고, 모든 욕망으로부터 육체를 자유롭게 하는 것이 그것이다. (……) 바람직한 성적 관계는 이질감을 극복하고, 생식기의 후견 하에 완전한 발산을 통해 다스려지지 않는 힘을 길들일 수 있는 관계다. 사랑은 긴장을 완화시켜주며, 그를 위해 인내가 요구되는 행위이다. 에로티즘은 안정시켜야만 하는 혼란스러움이며, 최종적인 쾌락으로서의 오르가슴은 이러한 무질서를 기존의 질서로 복원시키는 역할을 한다. 바람직한 충동은 죽어버린 충동이다."

하지만 관계의 목표가 누군가와 하나를 이루고, 그 누군가를 나와 똑같은 사람으로 만드는 게 아니라, 그 반대로 그와의 차이를 인정하고, 심지어 그 차이를 맺어짐의 조건으로 내세우는 것이라면?

레비나스가 특별히『전체성과 무한』에서 상기하고 있는 것처럼, 타인은 하나의 얼굴을 가지고 있는데, 이는 그를 한마디로 규정될 수 없게 한다. 누군가의 얼굴은 언제나 그를 구성하는 요소들을 모두 합친 것 이상의 것이기 때문이다. 누군가의 얼굴에는 언제나 나의 이해를 넘어서는 그 무엇이, 지적이거나 감정적이거나 관능적인 어떤 방법으로도 '포착할 수' 없는 무언가가 있다.

내가 만약 상대에 대해 알 수 있는 것으로써 그를 규정하지 않고 상대를 잘 살펴본다면, 비로소 나의 의식이 활짝 깨이면서 신의 존재에 생각이 미치게 된다. 이타성 속에서 파악되는 누군가의 모습은 도무지 파악되지 않는 무한성을 띠고 있다. 우리는 그제야 다른 누군가와 '알게 된다는 것'은 미지의 누군가를 알게 되는 것이며, 신과 알게 되는 것임을 더욱 잘 이해할 수 있다. 인간관계는 눈에 보이지 않고, 표현할 수 없으며, 불가지의 것이라는 사실에 근거하여 '신의 이미지'를 닮았다고 할 수 있다.

인간관계를 생리적이거나 정신적인 구성 요소들로 한정 짓는 것은 물론 신성한 것과의 모든 연관성을 배제하는 것이 될 터이다.

교미가 끝난 후(Post coïtum), 동물은 슬픔을 느낄지도 모른다. 상대의 얼굴을 보지 못한 채, 이타성이라는 감정 또한 알지 못한 채 육신의 결합이 이루어지기 때문이다. 이 점에 관해서는 「창세기」에서 '스스로 있는 자'인 야훼가 흙으로 만든 온갖 동물들, 공중의 새로부터 들짐승까지를 아담의 앞으로 지나가게 했지만 아담은 그것들 중에 '그를 도울 수 있는 배필(히브리어로 ezer kenegdo)'을 발견하지 못했다고 쓰여 있음을 주목하는 것은 흥미롭다.

어떤 랍비들의 상세한 기술에 의하면, 그의 앞에서 동물들이 교미를 했지만 아담은 그런 속에서 자신에게 행복하고 풍요로운 관계가 될 수 있는 것을 발견하지 못했다. 동물들의 성적인 행위가 그 충동적인 강렬함에도 불구하고 인간을 행복하게 해주지는 못하리라는 것을 알고 있었던 것처럼.

따라서 사람이 혼자 있는 것(히브리어로 lo tov)은 좋지 않다. 다시 말하면, 사람은 혼자서는 완전히 행복해질 수 없으며, 나르키소스나 양성구유나 '종(種)'의 번식을 위해 봉사하는 동물들처럼 이타성이라는 미끼에 만족하는 삶을 살 수는 없다.

인간을 창조하기 전에는, '존재하는 모든 것을 있게 하는 자'는 존재하는 모든 것에 대해 흡족해했다. 흔히 하는 말로, "하느님이 보시기에 좋았더라". 그러나 온갖 식물들과 별들과 동물들에게 좋은 것이 아마도 인간에게는 좋지 않은 듯했다. 우주와 속(屬)들과 종(種)들이 이루는 조화는 인간이 갈망하는 조화로움의 형태가 아니었던 듯하다. 해체, 융합, 재통합. 이것 역시 사랑은 아니었다. 그리하여 『성경』은 뒤이어 이런 말을 하고 있다.

(……) 그에게 알맞은 협력자를 만들어주겠다.

히브리어로 ezer kenegdo는 '마주하며 돕는 자', '관련하여 돕는 자', '거스르며 돕는 자'의 뜻을 모두 포함하고 있다. 따라서 글자 그대로의 의미는 아마도 마주 보는 것에 포함된 반목, 갈등 그리고 대립의 뉘앙스를 모두 포함한 '돕는 배필'이 될 것이다.

그러나 개별적인 사랑에 다가가는 것도 이러한 마주 보

기 속에서만 가능하다. 개별적인 사랑 속에는 하나의 얼굴에 두 개의 반쪽이 아닌 두 개의 얼굴이 존재하며, 두 개의 이타성, '서로에게 고개를 숙이거나' 분쟁을 일으키려 하는, 절대 하나가 될 수 없는 두 개의 주체가 존재한다.

'흙으로 만들어진' 두 남녀는 이러한 마주 보기와 '서로의 얼굴 맞대기' 속에서, 즉 말과 숨결을 함께 나누는 가운데 온전한 인간성을 지닌, 말하는 자유로운 주체로서의 존재가 될 수 있는 것이다. 이전에는, 그들은 온갖 종류의 유기적이고 충동적이고 기능적인 필요성에 종속된 대상에 불과했다.

히브리인들의 전통에서는, 특별히 『미드라시』에서는 여자를 알지 못한 남자는 '인간'으로 불릴 수 없었으며, 그건 여자도 마찬가지였다는 사실을 강조하고 있다. 또한 『성경』의 주석자들은 여자, 즉 이타성을 경험하기 전의 인간 남성은 단지 아담(Adam)이라고만 불렸으며, 여자를 알고 난 뒤의 남자는 ha-adam, 즉 그 아담(l'adam)이라고 불렸다는 사실을 상기시킨 바 있다.

유대교 신비주의자인 카발리스트들이 그랬던 것처럼 이 말들을 구성하는 철자가 지닌 수치상의 가치를 따져보면,

ḥa-adam은 히브리어로 '누구'를 뜻하는 mi와 똑같은 수치상의 가치를 지닌 것으로 드러난다. 반면, adam은 '무엇'을 의미하는 단어 mah에 부합하는 수치상의 가치를 지니고 있다.

조지 아이젠베르크와 아르망 아베카시스가 설명하는 것처럼, 인간은 남자와 여자 간의 상보성(相補性)을 깨달을 때에야 비로소 '무엇'에서 '누구'로, 즉 대상인 존재에서 주체인 존재로 옮겨 가게 된다. 인간은 다른 누군가를 만날 때, 그 만남을 통해 진정한 그 자신이 된다. 인간은 혼자서는 '온전할 수' 없으며, 이러한 만남과 이러한 관계가 우리를 지고한 근원인 주체의 형상을 닮은 '누구'가 되게 하는 것이다.

그리하여 '사랑'이라는 말은 또 다른 의미를 띠게 된다. 사랑은 이제 에로스가 아닌 '결합'을 의미한다. 자유로운 두 영혼, 두 주체 간의 결합. 두 사람은 더 이상 상보성의 차원에 머물지 않는다. 그들은 서로의 결핍을 메워주기 위해 존재하는 게 아니기 때문이다. 그들은 그 자체로 온전한 두 명의 주체다. 이 두 자유로운 영혼 간의 관계에서는 신성하거나 미지의 무언가가 드러난다. 이는 의존적인 사랑이거나 유혹하는 사랑이 아니라 열매를 맺는 결합이다. 그 열매는 자식일 수도 있고, 어떤 작품이나 성취 또는 기쁨일 수도 있다.

그러한 관계의 중심에는 신적(神的)인 무언가가 있다. 은혜로운 존재, 삼위일체로 드러나는 존재가. 삼위일체는 신이 사랑의 관계임을 말하고 있다. 여기서의 신은 일원론의 하나도, 이원론의 둘도 아닌, 결합의 숫자인 셋을 의미한다. 할라즈*나 루미와 같은 위대한 일신론자들은 이런 말을 했다. "신은 하나다. 사랑과 사랑하는 이와 사랑받는 이가 하나이듯이." 사랑의 관계는 하나이자 셋인 신, 통합된 삼위일체가 모습을 드러내는 것이다. 「빌립보서」가 이야기하는 것처럼,

두 존재를 이어주는 신비는 위대하다.

이러한 결합이 없다면 세상은 존재하지 않을 것이다.

앞서 살펴본 것처럼, 그리스의 신화와 사상에서는 남자

---

*   만수르 알할라즈(Mansūr al-Hallāj, 858~922): 페르시아 출신의 이슬람 신비주의자이자 시인, 순교자. "나는 진리다"라는 선언으로 잘 알려져 있으며 이단으로 몰려 처형당했다.

와 여자의 분리가 벌로 간주되고 있다. 그러나 히브리의 신화와 사상에서는 똑같은 행위가 창조주의 축복이자 은혜("그는 사람이 혼자 있는 것이 좋지 않다"라고 생각했다)로 간주된다. 남녀의 분화(分化)는 살아서 숨 쉬는 모든 것의 창조적 근원과 '알게 되는' 기회가 되기 때문이다.

사랑의 관계의 목적은 단지 우리에게 부족한 반쪽을 다시 찾아 개별화를 꾀하거나 양성구유의 본질에 다가가고자 하는 것이 아니다. 자신의 또 다른 반쪽을 찾아 헤매는 반쪽은 스스로를 사랑할 수밖에 없다. 이타성에의 접근은 차단되어 있고, 시의적절하지 않고 고통스러울 것으로 판단되는 일종의 내적 분화만을 이룰 수 있을 뿐이다.

「빌립보서」에서 알 수 있는 것처럼 히브리인들의 전통에서는, 사랑은 한 '온전한' 존재가 또 다른 '온전한' 존재를 찾아 나서는 것으로 인식되고 있다. 사랑은 결핍이 아닌, 다른 누군가를 향한 넘치는 감정(사랑은 페니아의 아들이 아니라 플레로마*의 아들이다)에서 비롯되는 것이다.

인간은 수컷이나 암컷으로 태어나 남자나 여자가 되어간다. 한 사람, 하나의 주체가 되는 것이다. 그리하여 필요

---

* pleróma, 충만함, 신성(神性)의 충일(充溢)을 가리키는 말.

성과 요구에서 벗어난 사랑, 의식적이고 확신에 찬 포옹으로 표현하는 사랑 속에서 또 다른 사람과 또 다른 주체를 만날 수 있게 된다.

히브리인들의 전통을 이어받은 몇몇 저자들은 각기 다른 성으로 나뉘어졌지만 똑같은 영혼이나 똑같은 숨결을 나누는 두 존재의 만남이 탄생 이전에 이루어진다고 보았다. 그들은 형이상학적인 접근으로, 인간은 한 쌍을 이루기 위해 창조되었으며, 그것이 실현될 때 야훼가 모습을 드러낸다는 사실을 강조했다.

이처럼 훗날 기독교적 전통(「막달라 마리아 복음서」, 「필리피 신자들에게 보낸 서간」)에서 알 수 있는 것과 마찬가지로 히브리인들의 전통에서는, 인간이 스스로의 완성을 위해 관계를 이용하는 게 아니라, 관계 자체를 인간 자신의 완성이자 제3항—사랑하는 사람과 사랑받는 사람 사이에 존재하는 사랑—의 발현으로 보고 있다. 결합과 분화의 근원인 이 '3항'은 『성경』적 전통에서는 하느님, 복음서적 전통에서는 두 존재를 이어주는 숨결이라는 의미로 프네우마* 또는 영(靈)이라고 불린다. 이와 관련하여 크리스티앙 보뱅은 다음과 같은 말을 한 바 있다. "우리는 사랑을 나눌 때 그

사람의 육체가 아닌 그 사람의 얼굴과 관계를 맺는 것이
며, 그 사람의 얼굴이 아닌 그 얼굴을 비추는 빛과 관계를
맺는 것이다."

---

* Pneuma, 생명의 원리로서의 숨결, 호흡을 가리킨다.

3

하느님이
남자와 여자를
창조하셨으니

그에게 알맞은 협력자를 만들어주겠다.
「창세기」2장 18절

둘이 함께 있는 것은 좋은 일이다. "사람이 혼자 있는 것은 좋지 못하니" 다음에는 "내가 그에게 어울리는 배필을 만들어주어야겠다"라고 쓰여 있다. 또는 장이브 를루프의 해석대로 이렇게 말할 수도 있을 것이다. "(……) 내가 그를 위해 (마주하며) 돕는 배필을 만들어주어야겠다."

혼자 있지 않다는 것은 단지, 누군가의 시선에 유일한 존재로 비치면서, 그렇게 불릴 때 자신이 살아 있음을 느끼고, 그의 존재 속에서 안도감과 무조건적인 사랑을 발견함을 뜻하는 것이 아니다. 혼자 있지 않다는 것은, 내 앞에 누군가를 마주하고 있음을 의미한다. 그의 반응으로 나를 반응하게 하고, 나를 변화시키며, 나 자신에 대한 생각에 혼란을 야기하고, 나 자신을 극복하고 넘어설 수 있게 해주며, 그럼으로써 내가 편협한 자아, 성장하기를 거부하는 자아에 갇혀 있지 않게 해주는 누군가와 마주하고 있다는 뜻이다.

마주하기는 진실에 대한 시험과도 같다. "나를 똑바로 보고 진실을 말해." 사람은 상대를 똑바로 바라보면서는 거짓말을 하지 못한다. 또한 똑바로 서 있을 때도 거짓말을 하지 못한다고들 한다. 그렇다면 누군가와 똑바로 마주하고 있으면 어떻게 될까. 나는 당신 눈을 똑바로 바라보고, 당신은 내 눈을 똑바로 바라보지. 나는 당신의 눈길을 받아들이고, 당신은 내 눈길을 받아들여. 우리는 서로의 시선이 말하는 진실을 맞아들이며, 각자는 상대의 시선 속에서 그의 감정의 진실을 읽지. 우리가 서로의 눈길을 피하거나, 약간의 실수에 서로를 비딱하게 바라보는 일은 없을 거야. 당신이 내게 말했고 나 또한 당신에게 말했듯이, 행여 무언가가 잘못되더라도, 우리 각자는 시선을 낮추거나 상대가 눈길을 돌릴까 두려워하지도 않으면서 서로의 감정에 대한 진실을 똑똑히 듣게 될 거야. 우리는 서로에게 관대함을 기대하지만 사탕발림을 원하진 않아. 나는 당신을 높은 곳에서 내려다보거나 당신을 좌대 위에 올려놓기를 원하지 않아. 또한 당신이 나를 무조건 치켜세우거나 당신이 나를 판단하는 것도 원하지 않아. 이러한 마주 보기에는 오직 당신과 나만이 있을 뿐이야. 나와는 다른 당신과 나만이.

내가 만약 끊임없는 찬사가 아닌 말은 듣지 않으려고 한다면, 나 자신에게서 보고 싶은 것만을 수용한다면, 나는 오비디우스가 "감탄을 불러일으키는 자신의 모습에 경탄한다"라고 이야기한 나르키소스와 다를 바 없는 거야. 그렇다면, 내가 당신을 바라볼 때 난 당신이 아닌 나 자신을 바라보는 것이 될 테니까.

"당신은 정말 멋져, 당신이 세상에서 가장 아름다워." 난 나머지 이야기는 듣고 싶어 하지 않지. 내가 나를 위해 당신에게서 듣고 싶어 하는 게 아니라면 아무것도 알고 싶어 하지도 않아. 그리고 당신에게서 나 자신의 가장 아름다운 반영을 보지 못한다면 난 당신을 더 이상 보려고 하지 않을 거야. 나는 있는 그대로의 당신이 마음에 들어. 그러니 아무것도 바꾸려 하지 마. 거기 그대로 멈춰 서서 꼼짝하지 마.

"내가 지금과 조금이라도 달라지면 그가 나를 더 이상

사랑하지 않을 것 같아." 자기애적인 강박관념은 상대방과 두 사람의 관계를 매 순간 자신의 가치를 돋보이게 해야 하는 거울로 간주하게 한다. 자신이 꿈속에서 그렸던 삶과, 자신이 꿈꾸던 여자나 남자와 아주 많이 닮아야 하는 누군가를 보여주는 거울. "난 늘 두려워. 언젠가 내가 그의 기대에 정확히 부응하지 못하면 그 즉시 그가 날 버릴 것만 같아서." 상대를 통해 자신을 사랑하는 것은 자신도 사랑하지 않고 그 사람도 사랑하지 않는 것이다.

"그는 자신이 누구인지도 모르면서 스스로를 욕망한다." 상대에게서 거울―당신이 잘생기면 나도 예쁜 거야, 당신이 아름다우면 나도 잘생긴 거야―을 보고, 상대를 거울처럼 보는 것―내가 아름다운지, 내가 잘생겼는지 말해줘―은 자신의 모습―아주 보잘것없는 모습―을 보완해주는 꿈속의 이미지를 좇는 것이다. 이 모든 것은 자신의 인생이 아닌 삶, 자신이 하지 못하는 사랑, 종종 자신이 결코 해본 적이 없는 사랑을 꿈꾸게 한다.

자신만을 사랑하는 사람은 제대로 사랑받아본 적이 없는 사람이다. 그는 자신이 받지 못했던 사랑을 끊임없이 요구하게 마련이다. 그의 안에는 다른 사람을 위한 자리는 없다. 그에게는 다른 사람이란 결코 없었기 때문이다. 그는 진심 어린 눈길로 그를 배려하며 그를 온전한 한 사람으로 만들어주는 그 누군가를 알지 못했다. 그는 자신의 욕망을 존중해줄 것만을 기대하며 다른 사람의 기대 따위는 안중에도 없다. "사랑하는 아들(딸), 엄마는 널 위해서 이러는 거야. 그러니 부디 그렇게 해줘, 이 엄마를 위해서라도 그렇게 해줘." 이렇게 해서 우리는 아주 어릴 적부터 다른 누군가의 꿈속으로 편입된다. 그리고 어른이 되어서도 사랑하는 사람의 꿈속으로 들어간다, 그를 기쁘게 해주기 위해. 우리는 이처럼 우리 자신의 꿈이 아닌 다른 누군가의 꿈인 '꿈속의 삶'을 살아간다. "난 꿈같은 삶을 살고 있어요. 하지만 이건 그가 꿈꾸던 삶이지 내가 바라던 삶은 아니라고요."

"난 우리가 다른 사람이 부러워할 만한 삶을 살고 있다는 걸 알아요. 하지만 난 사랑받고 있다는 생각이 들지 않는다고요." 대화의 빈약함과 서로에 대한 사랑의 부재를 감추고 있는 가식적인 이야기처럼 허울뿐인, 겉보기에만 화려한 삶이 있다.

남자들과 여자들은 끊임없이 자신의 사랑을 이야기하며, 그러는 자신의 이야기를 듣고 싶어 한다. 자신이 위대한 사랑을 하고 있다는 확신을 스스로에게 심어주며 거기서 희열을 느끼는 것이다. 하지만 그들은 정말 그런 사랑을 하고 있는 것일까? 그들은 그 사랑을 직접 하는 것보다 그것을 말하는 데에서 더 큰 기쁨을 느끼는 것은 아닐까? 지나치게 많은 이야기는 커다란 공허를, 감정의 죽음을 감추고 있는 경우가 많다.

시인들과 음악가들은 그들이 사랑했던 여인에 대한 사랑을 노래로 표현했다. 그러나 그들의 말에는 그들의 마음에 간직된 것보다 더 많은 사랑이 담겨 있다. 그들은 자신들이 사랑했던 아름다운 여인에게보다 자신들이 쓴 아름다운 말들에 더 많은 사랑을 느낀다. 이와 관련하여 아라공에 대한 엘자—아라공은 그녀에 대한 사랑의 글을 많이 남겼다—의 재치 있는 말이 전해져온다. "혹시 당신을 방해하는 건 아닌지 물으면 당신은 이렇게 대답하곤 했지. '응, 지금은 좀 바빠. 엘자에 대한 시를 쓰는 중이거든.'" 나는 당신 생각을 하는 게 좋고, 내가 당신을 얼마나 사랑하는지, 그런 내 사랑이 얼마나 아름다운지를 이야기하는 게 좋아. 그러니 부디 나를 방해하지 말아줘.

우리는 스스로 만들어낸 전설 속에 우리 자신을 가두기도 한다. 이상적인 한 쌍으로 살기보다는, 다른 이들의 눈에 이상적인 한 쌍으로 비치고 그렇게 남는 것을 더 중요하게 생각하기 때문이다. 평소 완벽하게 이상적인 이미지를 과시하여 그들의 결별을 사람들이 이해하지 못하는 커플들이 얼마나 많은가. 그들은 두 사람 사이에 점차 생겨나는 거리를 그들의 것이 아닌 다른 이야기로 메워나간다. 그들은 새로운 이야기를 꾸며내는 기술 못지않게 감추는 기술도 뛰어나 남들로 하여금 그 이야기를 진지하게 믿게 만든다. 그러다 그들 스스로가 자신들이 하는 이야기를 진심으로 믿게 된다. 아라공이 '진실을 거짓말하다(mentir-vrai)'라는 표현으로 말하고자 했던 게 바로 이런 것이었을까?

이 거짓말, 즉 기만적인 시선으로 재해석하는 이 현실 속에서는, 자신의 진실과 마찬가지로 상대의 진실에도 너무 가까이 다가가지 않는 게 좋다. 너무 지속적으로 가까이에서 그를 지켜보다 보면 자신이 꿈꾸었던 모습과 일치하지 않는 그의 모습을 발견하게 되기 때문이다. 엘자는 아라공에게 보낸 편지에서 이런 말을 했다. "특히 당신과는 그게 무엇이든 같이할 생각을 하지 말아야 해." 당신을 사랑하는 것을 내가 얼마나 사랑하는지 모를 거야, 당신이 없이 말이야.

누군가와 함께 살아가는 것이 실은 자신과 함께 사는 것과 다를 바 없다면, 그런 걸 사랑이라고 말할 수 있을까?

"아담은 이브를 알았다."* 누군가를 안다는 것은, 그를 만지고, 그에게 감동받고, 그에게 깊은 인상을 주고, 그에게 어떤 영향을 끼치며, 그의 삶을 흔들어놓는 것을 의미한다.

나는 당신에게 감동받고 당신으로 인해 마음이 흔들린다. 둘은 관계를 의미한다. 또한 둘은 움직임이다. 한 사람에게서 다른 사람에게로 전해지며, 각자가 스스로에게 전하는 움직임. 나는 상대가 나의 살갗과 나의 아픔을 '어루만질 수' 있게 함으로써만 나 자신이 누구인지를 알 수 있다. 그가 어루만지는 것은 나의 몸, 나의 삶, 나의 역사 그리고 나의 비밀이다.

그는 아무도 알지 못하는 자신에 대한 진실을 손안에 쥐고 있다. 그의 귀에는 우리가 혼자였다면 결코 듣지 못했을 말들이 들린다. 나는 그의 팔 안쪽에서 그가 없었다면 결코 알지 못했을 부드러움을 느낄 수 있다. 모든 만남은 상호적인 인식의 증거가 아닐까? 내가 당신을 알아보는 것은 당신이 나를 알아보기 때문이다. 당신이 나를 알아보

---

* 「창세기」 4장 1절에서는 "사람(아담)이 자기 아내 하와(이브)와 잠자리를 같이 하니"라고 쓰여 있다. 저자는 여기서 '알다'라는 동사에 '육체관계를 맺다'라는 뜻보다 광범위한 의미를 부여하고 있다.

는 것은 내가 당신을 알아보기 때문이다.

"난 그를 만나기 전부터 그를 잘 알고 있었던 것 같은 느낌이 들어." 눈길과 미소와 몸짓이 이토록 익숙하게 느껴지는 이 남자(여자)를 만나게 된 것은 그(그녀)가 나와 영혼과 생각이 똑같은 '가족'에 속하기 때문이 아닐까? 아니면 내가 오랫동안 꿈꾸던 사람과 그가 닮았기를 간절히 바라다 보니 내 눈에 그가 낯익은 존재로 비치는 것일까? 이러한 질문에 대답하기란 쉬운 일이 아니다. 대개는 어느 정도 시간이 지나야만 그 답을 알 수 있다. 오직 시간만이 상대가 진정으로 어떤 사람인지, 내가 그에게 무엇을 기대했었는지를 분명히 알게 해준다. 그리고 시간이 지나도 사랑은 여전히 눈먼 장님일 수 있다. "어떻게 이렇게까지 착각할 수가 있지? 난 그를 아주 잘 안다고 생각했는데!"

누군가를 안다는 것은 매 순간 그를 새롭게 발견하는 것을 의미한다. 누구도 상대를 단번에 모두 알지는 못한다. 나는 매 순간 그를 다시 알아가는 것이다. 매번 이전보다 조금 더 잘. 나는 너무 자주 그를 잘못 알고 있기 때문이다. 그리고 나 또한 이해받지 못하고 있음을 느낀다. 나의 시선과 그의 실체 사이에는 너무도 많은 고통과 실수의 근원들이 존재한다. 물론 행복한 순간들도 많다. 그러나 꿈속의 행복, 지나간 행복은 비교할 수 없는 것들을 비교하게 하고, 살아내야 할 삶을 살지 못하게 한다. 나는 채워지지 못한 기대, 이해받지 못한 욕망, 충족되지 못한 희망이 뒤섞인 눈빛으로 상대를 바라본다. 이 말은 즉, 그를 바로 보지 못한다는 뜻이다.

나는 그의 자리를 아쉬움과 기대와 실망과 환멸로 채운다. 그리고 지금 내게 일어나고 있는 일들을 잘 이해하지 못한 채 그 자리에 계속 머물러 있다. 어쩌면 단지 이 모든 것이 나를 아프게 하기 때문에 그러는지도 모른다. 나는 나 자신의 이야기와 함께 홀로 남는다. 다른 누군가는 어쩌면 그 이야기를 살아내고 다시 살아내기 위한 핑계일지도 모른다. 나는 끈을 놓아버린다.

나는 그 누군가와 나를 이어주는 끈을 놓아버린다. 무엇보다 나 자신과 나 자신의 본질과의 끈을. 나의 욕망, 나의 기쁨, 나의 잠재적인 사랑과 관대함, 사랑하고 사랑받는 능력. 이 모든 것을 망각 속에 버려둔다. 나의 꿈들을 사라져버리게 하고, 아름다운 것과 선한 것을 날아가게 놔둔다. 이 모든 것은 내가 알고 있는 것 너머로는 보려고 하지 않았기 때문에 일어난 일이다. 내가 알고 있는 불행과 내가 잘 알고 있다고 생각하는 누군가의 저편을 보려 하지 않았기 때문이다. 그리고 나 자신과 나 자신일 거라고 믿었던 실체 너머로는 보려 하지 않아서이다. 때로는 그 누군가를 더 잘 보게 되기도 전에 그를 놓쳐버리고 만다. 그를 더 이상 보려 하지 않거나, 더 이상 볼 수 없어서. 그리고 나 자신을 더 잘 알게 되기 전에 스스로를 잃어버리고 만다.

놓아버린 끈을 다시 잡는다는 것은, 상대가 내가 꿈꾸었던 사람과는 다른 사람임을 받아들인다는 의미이다. 그에 대해서 알지 못했던 것들에 마음이 움직이는 것을 허용한다는 뜻이다. 그에게 매료되고 감탄하지만, 절망하기도 하고 때로는 당혹스러울 수도 있음을 받아들이는 것이다. 놓아버린 끈을 다시 잡는다는 것은, 나 자신에 대해, 누군가에 대해 알지 못했던 것들에 마음이 움직이는 것을 허용한다는 것이다. 그리하여 누군가가, 내가 알지 못했던 누군가가 나의 삶 속으로 들어오는 것을 받아들이는 것이다. 그가 나를 지금과는 다른 사람으로 만들어줄 수 있도록.

사랑은 관계를 의미한다. 관계란, 오직 '나'만이 존재하는 닫힌 이야기의 종말을 뜻한다. '나'는 '당신'을 향해 나아가는 순간에조차도 오직 자신에게만 관심을 기울일 뿐이다. "그녀는 나한테 얘기할 때도 마치 혼자 이야기하는 것 같아. 내게 질문을 하고는 내 대답조차 들으려 하지 않는다니까."끊임없이 떠들어대는 사람들은 스스로 다른 사람과의 진정한 대화를 가로막고 있는 셈이다. 이야기는 본질적인 것의 전달을 가로막는 소리의 막과도 같다. 이야기의 목적은 상대를 더 잘 알기 위한 것이거나, 그에게 나 자신을 알리려는 것이 아니다. 그 반대로, 이야기는 자신을 드러내지 않게 하는 것이다. 이야기의 어조는 거리를 만들어내고 침묵을 금함으로써 숙고와 감정의 공감을 가로막는다. 너 자신에 대해 이야기해봐. 하지만 난 너에 대해서는 아무것도 알고 싶지 않아.

"그는 내 의견을 묻고는 내 말을 들으려고 하지도 않아."다른 사람의 말은 나에게 잠재적인 위험으로 간주될 수 있다. 나만의 세계로 불쑥 쳐들어와 내게 해를 입힐 수 있기 때문이다. 아직 채 아물지 않아 언제라도 되살아날 수 있는 상처들과 과거의 상처들을 일깨울 수도 있다. 만약 그 말이 비판적이라면 나 자신에 대한 생각에 혼란을 초래할 것이며, 그 말이 실망스럽다면 내가 상대에 대해 가졌던 생각을 바꿔놓을 수도 있을 것이다. 여기서 또다시 다른 사람으로 인해 나 자신에 대해 가졌던 생각이 흔들리는 것을 느끼게 된다. 당신이 내가 생각했던 그런 사람이 아니라면, 난 당신을 믿었던 나 자신에게 실망할 것이며, 나를 안도하게 했던 이상적인 사람을 잃게 된다. 난 당신에 대해 느꼈던 내 감정을 사랑했어. 당신을 사랑하는 것을 사랑했다고. 나는 당신을 통해 나 자신을 사랑했던 거야.

자신을 내세우며 끊임없이 자신에 대해 이야기하는 사람들은 실은 상대와의 모든 대면을 피하려고 하며, 자기 자신을 똑바로 보려 하지 않는다. 그들은 사랑받지 못할 것을 너무나 두려워한 나머지 그런 사실을 암시하는 것 같은 말과 생각을 듣지 않으려 하는 것이다. 그들은 자신들이 잊고자 하는 과거의 고통스러운 감정들이 되살아날 것을 두려워하며 아무도 들어오지 못하는 자신만의 공간을 만들어낸다. 관계이자 움직임이며 감정이기도 한 삶은 다른 사람을 통해 그들을 지나치게 '흔들어놓는다'. "난 그녀를 더 잘 알고 싶은데 그녀는 내가 다가가는 것을 허용하지 않아." 사랑받지 못할 것을 지나치게 두려워하는 사람은 자신이 사랑받는다는 사실을 받아들이지 못하는 법이다.

"나는 절대 슬퍼하거나 화를 낼 수가 없어. 그 사람이 너무 예민해서 말이야. 별것 아닌 일에도 상처를 받곤 한다니까." 아버지들과 어머니들 중에는 결코 고통을 소리 내어 말하진 않지만 침묵 속에서조차 그것을 미세하게 느끼게 하는 이들이 있다. 그들은 아주 민감해서 어떤 말에도 즉각적으로 과도한 반응을 보이곤 한다. 눈물을 흘리거나 화를 내거나 비난하는 듯한 침묵 속으로 잠겨 들기도 한다. 또한 그들은 어떤 반론도 허용치 않는 권위적인 태도나 거절, 단호한 말이나 거부, 아이러니나 신랄한 지적 뒤에 자신들의 민감한 감성을 숨기기도 한다. 그럼으로써 다른 누군가가 자신의 생각을 이야기할 여지가 없게 만드는 것이다.

이런 분위기 속에서 자라나는 아이들은 차츰 자신의 생각과 바람에 대해 침묵하고 혼자만의 것으로 간직하는 법을 배워간다. 그렇게 성인이 된 그들에게 자신을 주장하는 행위는 그들의 마음속에 죄책감을 일깨울 뿐이다. 그들이 어떤 입장을 취하게 되면 언제나 누군가가 대신 희생을 해야 한다. 따라서 그들이 아프다고 이야기하는 것은 다른 누군가를 아프게 하는 것과도 같다. "난 용기를 내어 그에게 내 마음속에 있는 말을 했어. 그래 놓고는 난 계속 울어야 했어. 내가 그를 아프게 했다는 사실이 나를 고통스럽게 했던 거야." 내가 말하기 위해서는 너를 아프게 해야만 해. 하지만 내가 침묵하면 내가 아파야만 하는 거야. 난 어쩌면 좋을까?

마주 보기는 두 사람이 대면하는 것이다. 한 사람을 위해 상대를 희생시키는 것이 아니라, 두 사람의 진실을 확고히 하는 것이다. 폴린 베베*는 그의 저서 『이샤(Isha)』에서 '그에게 어울리는 배필'을 이렇게 해석하고 있다. "이는 말 그대로는 근접이나 반목의 의미를 포함한 '그를 거스르는 배필'이라는 뜻이다. 이 모순되는 두 단어(거스르는/배필)는 두 성 사이의 관계를 간략하게 묘사하고 있으며, 여자들에 대한 창조주의 이중적인 태도를 시사하고 있다."

하지만 하나가 없이 다른 하나가 존재할 수 있을까? 서로 가까워지기 위해서는 서로 대립할 수도 있어야 하지 않을까? '네'라고 말하기 위해서는 '아니오'라고 말할 수 있어야 하며, 기트리의 표현대로 '아주 가까이' 다가가려면 때로 맞설 수도 있어야 한다.

혹여 나를 닮은 누군가를 만난다고 해도, 우리 각자가 유일한 존재라는 사실에는 변함이 없다. 따라서 그가 나처럼 생각하고 나처럼 살며 나처럼 사랑할 수는 없다. 그런

*   Pauline Bebe(1965~): 프랑스 최초의 여성 랍비.

데 우리 각자가 자신을 표현할 방법이 없다면 서로의 차이점이 어떤 것인지 어떻게 알 수 있겠는가. 나는 공격성과 과격함을 배제하고 다정하고도 존중하는 마음으로, 시간과 공을 들여 당신 말에 귀 기울이며 당신의 기쁨과 어려움을 알아갈 거야. 때로는 당신의 고통을 알게 되는 것이 나를 힘들게 할지라도. 그다음에는 가장 명료하고 단순하게 나의 느낌과 나의 슬픔과 나의 행복에 대해 이야기하는 시간을 가져보고 싶어. 밖으로 꺼내놓기가 몹시 고통스러운 이야기도 있는 거니까. 나는 당신이 나에 대해 모든 것을 알고 있고, 난 당신에 대해 모든 걸 알고 있다는 원칙에서 출발하진 않을 거야. 나는 당신에게 나를 더 잘 알아가는 법을 가르쳐줄 거야. 그러니 당신도 내게 당신을 더 잘 알아가는 법을 가르쳐주길 바라.

"난 그를 나 자신보다 더 잘 알고 있어. 그래서 그가 무슨 짓을 하든 놀라지 않을 거라고." 이런 말을 하는 사람은 자신이 상대를 잘 알고 있다고 생각한다. 상대가 어떤 것에 어떤 반응을 보일지 잘 알고 있다는 이유로. 무엇이 그를 기쁘게 하는지, 무엇보다 그에게 불쾌감, 슬픔, 분노의 감정을 불러일으키는 게 어떤 것인지를 훤히 꿰고 있다는 이유로. 이런 사람은 상대를 판에 박힌 틀 속에 가둬놓으면서 그와 함께 스스로를 가둔다. 어떤 행위, 어떤 몸짓이나 말이 상대에게 어떤 행위, 어떤 몸짓이나 말을 야기할 거라고 생각하는 것이다. 두 파트너는 끝없는 반복으로 점철된 끔찍한 각본에 따라 언제나 똑같은 역할을 연기한다. 그러면서 그들은 자신에 대해 어떤 것을 알게 될까? 상대에 대해서는 어떤 것을 알 수 있을까? 아무것도. 매번, 자신이 상대에 대해 알고 있거나 안다고 믿는 것에서 멀어지지 않음을 확인받는 것 외에는 다른 어떤 것도 새롭게 알 수가 없다. 익숙한 불행이 낯선 행복을 압도하는 것이다.

　각자가 새로운 파트너를 만나게 되면, 그는 자신에 대해 알지 못하던 부분을 발견하게 된다. 그의 성장을 가로막았던 상대에 대해 안다고 생각했던 것들과는 다른 새로움을 접하면서 이전에는 불가능하게 여겨졌던 것들을 느끼고 말하고 경험할 수 있게 된다. "그녀하고 함께 있으면 너무도 달라진 내가 느껴져. 매일 우리가 함께하는 삶이 더 아름다워질 수 있도록 노력하게 되거든. 예전에는 내가 아는 것에 안주하면서 조금씩 관계가 나빠지도록 방치해두었는데 말이지." 우리는 평생 동안 자기 자신조차 제대로 알 수 없다. 그런데 어떻게 자신보다 다른 사람을 더 잘 안다고 생각할 수 있단 말인가? 그렇게 생각하는 것은 그를 언제나 똑같은 사람으로 간주하면서 그의 차이점을 부인하는 것이다. 나 자신과의 차이점이 아니라 그 자신과의 차이점을. 그런 생각은 그가 발전할 수 있다는 가능성을 부인하는 것이기 때문이다. 당신은 영원히 지금의 그 모습으로 머물러 있어야만 해. 상대가 다른 사람이 될 수 있게 하는 것은 서로를 위한 선물이다.

"우리가 함께 산 지 벌써 30년이 넘었어. 그런데 난 매일 아침, 낯선 사람 곁에서 잠에서 깨어나곤 해." 사랑은 다른 이를 통해 자신을 알아가게 하고, 그가 자신을 더 잘 알 수 있도록 그를 도울 수 있게 해주는 가장 아름다운 길이 아닐까? 그럴 때 우리는 비로소 우리가 함께 발견해나가야 하는 것들 중에서 언제나 더 너른 것을 향해 열려 있게 되는 것이다.

"하느님께서는 (……) 남자와 여자로 그들을 창조하셨다." 여기서 남자와 여자란 서로의 차이점과 상보성을 지닌 남자와 여자를 말하는 것이다. 여자는 남자를, 남자는 여자를 필요로 한다. 그 첫 번째 이유는, 인간은 누구나 자기 안에서 남성성과 여성성이 합쳐진 존재를 발견할 수 있기 때문이다. 따라서 각자 남자나 여자를 만남으로써 갈라지고 분리되어 잃어버린 단일성을 되찾을 수 있다.

"우리 집안의 모든 여자가 남자들 때문에 얼마나 고통을 받았는데 어떻게 내가 남자랑 잘 지낼 거라는 생각을 할 수 있어?" 너와 나 사이에는, 내가 꿈꾸던 너와 삶이 만들어놓은—또는 망가뜨린—나 사이에는 너무도 많은 상처와 고통과 원망이 가로놓여 있어서, 당신을 내 삶과 내 역사 속으로 들이기 위해서는 먼저 내 마음의 문 앞을 깨끗이 청소해야만 해. 내 안에 있는 여자가 바라는 것은 오직 자신에게 주어진 삶을 살아가는 것뿐이야. 이런데도 내가 과연 당신을 사랑할 수 있을까?

당신과 나 사이에서, 내가 그토록 오랫동안 찾아 헤매던 이상적인 여인인 당신과, 그런 여인을 발견했다고 믿었다가 다시 잃는 것을 반복하는 데 지친 나 사이에서 어떤 길로 가야 당신을 만나고 당신을 알아보며, 당신을 사랑하는 행복에 빠져들 수가 있을까?

각자가 자기 안에 지니고 있는 여성성과 남성성을 화해시키기 전에 해소해야 할 불화와 고통과 오해가 얼마나 많은가! 문을 열어 사랑하는 사람을 자신의 집에 맞아들이기 전에, 너무나 복잡한 과거의 상징인 떨쳐내야 할 생각들과 처분해야 할 물건들은 또 얼마나 많은가! 그리하여 새로운 삶을 시작할 수 있도록 새로운 빈 공간을 만들어야만 할 터이다. 또한 사랑하는 사람의 집 문을 밀고 안으로 들어가기 위해서는, 두려움을 떨쳐버리고, 지난날의 슬픔과 강박관념을 멀리, 아주 멀리 날려 보내야 할 것이다.

"그의 집에 들어갔을 때 나는 벽이 온통 과거의 사진들로 뒤덮여 있는 걸 발견했어. 그의 삶에 내 자리는 없었던 거야." 누군가가 살아온 과거의 모습들을 첫눈에 알아보기란 쉽지 않다. 하지만 그것들은 진실한 만남을 가로막는 장애물이 될 수 있다. "나는 내 아버지처럼 살지 않을 거야. 나를 사랑하지도 않는 여자하고, 그리고 더 기막히게도 다른 사람을 사랑하는 여자랑 살 수는 없어. 나를 경멸하고 걸핏하면 화를 내는 그런 여자하고 어떻게 살겠느냐고." 세상에 어떤 남자가 그런 상황에 놓이기를 바라겠는가? 그의 아버지도 그렇게 살고 싶지 않았을 것이다. 마찬가지로 딸에게 여자로서 잘못 살았다며 맹렬한 비난을 받는 어머니도 그렇게 살고자 선택을 한 게 아니었다. 어머니는 다르게 사는 법을 몰랐고, 어떻게 해야 하는지도 알지 못했던 것뿐이다. 부모의 삶을 답습하는 것을 맹렬하게 거부하는 자식들은 자신들도 부모가 살았던 삶을 살게 될까 봐, 그 삶을 다시 살게 될까 봐 두려운 것이다. 그들은 그러한 삶을 이미 살아봤기 때문이다.

아버지와 어머니가 그들의 삶을 감내했다면, 그 자식들 역시 그들의 방식대로 삶을 감내하는 것이다. 그들의 애정사는 그들에게 속하지 않으면서 그들 안에 감춰져 있는 관계에 대한 상처로 얼룩져 있다. "한 여자와 평생을 함께할 수 있으려면 그녀에 대한 확신을 가질 수 있어야만 해. 그런데 난 절대 그럴 수가 없어. 그러니 언제나 동시에 두 여자를 만날 수밖에 없는 거라고." 그들의 부모가 겪었던 것을 다시 겪을지도 모른다는 두려움은 논리나 이성과는 상관없는, 거의 본능적인 것이다. 유일한 관계에서 확신을 가질 수 있으려면 한 번도 존재한 적이 없었던 아버지와 어머니의 화합을 자기 안에서 발견해야만 한다. 즉, 아버지와 어머니를 화해시켜야만 하는 것이다.

서로 사랑했던 부모의 자식들은 충만하고 행복한 애정사를 반복하기가 훨씬 쉽다. 그들에게는 두 사람이 이루어낼 수 있는 조화로움이 내재되어 있기 때문이다. 갈등만을 보고 자란 사람들에게는 둘이 되고 싶은 욕망이 아무리 강해도 그 둘은 갈등의 근원이 될 수밖에 없다. "나도 둘이라서 가능한 감미로운 행복이 뭔지를 느껴보고 싶다고. 하지만 내가 본 것이라곤 비극과 싸움밖에는 없어. 그래서 남들이 키스하는 건 참 쉬워 보이지만, 내게는 언제나 어려운 일이 되고 말아."

부재로 인해 고통을 겪었던 이들처럼 그들에게 누군가는 언제나 부재할 수밖에 없다. "내가 그를 필요로 할 때 그는 언제나 없었어. 내 아버지가 언제나 없었던 것처럼." 아주 오랫동안 응답받지 못한 필요는 종국에는 더 이상 말하거나 생각할 수조차 없게 된다. 그 누군가는 언제나 부재하면서 상대와 함께 있어주지도 이야기를 들어주지도 그에게 관심을 기울이지도 않는다. 어차피 들어줄 사람도 없는데 말을 해서 뭐 하겠는가? 자신을 행복하게 해주기는커녕 이야기를 들어줄 사람조차 없는데 자신에게 좋은 게 뭔지 어찌 알겠는가?

이러한 '그 누군가'는 무엇보다 나 자신을 의미한다. 먼저 내 마음이 들려주는 말에 귀 기울여보자. 내가 어떤 사람을 사랑할 준비가 되어 있는지, 누가 나를 사랑할 준비가 되어 있는지는 누구보다 내가 가장 잘 알고 있지 않을까? 나는 나 자신을 위해 그 사실을 명확히 하면서 그의 존재와 있는 그대로의 그가 주는 느낌 속에 나를 내맡겨야 한다. 마치 그가 실제로 내 곁에 있는 것처럼. 혹시 내가 그와 같은 '파동' 속에 있게 되면, 우리는 즉시 서로를 알아볼 수 있을 것이다. 상대는 나의 상태를 보여주는 거울과 같은 존재다. 내가 그를 사랑할 준비가 되어 있다면, 그 역시 나를 사랑할 준비가 되어 있을 것이다.

따라서 그를 떠올리면서 나는 앞으로 한 걸음 나아갈 수 있게 된다. 그를 향해서. 그리고 나의 행복을 향해서도 일보 전진하는 것이다. 할 수 있는 한 마음껏 상상하는 것만으로도 나는 행복해질 수 있다. 나를 옥죄는 과거와 가족의 아픈 내력에서 멀어짐으로써, 더 이상 내 것이 아닌 역사에서 벗어남으로써. 그리하여 나의 남성성과 여성성이 조화로운 균형을 이루는 한 쌍을 꿈꿀 수 있는 또 다른 역사를 만들어가야 한다.

"그는 나를 여자로 만들어주었어." 남자가 한 여자를 여자로 만들어줄 수는 없다. 그녀 스스로 길을 나설 용기를 내지 않는다면. 그녀는 더 이상 상대에게 모든 자리를 내주는 순종적인 여자이거나, 두려움이나 자신의 여성성에 대한 부정 때문에 어떤 자리도 내주려 하지 않는 여자가 아니다. 지나치게 권위적인 아버지나, 그 반대로 '자신의 존재를 각인시킬 줄 몰랐던' 아버지의 모습으로 인해 남성성에 대해 좋지 않은 인상을 갖고 있던 여성은 자신의 경우에도 자신의 존재를 각인시키지도 못하고 다른 사람이 끼어드는 것을 용납하지도 못한다. "나의 여성적인 모습 이면에 아주 남성적인 태도가 엿보인다는 걸 나도 알고 있어. 나는 모든 결정을 내가 해왔어. 우리 어머니처럼 남자한테 휘둘리면서 살게 될까 봐 언제나 모든 걸 내가 통제하기를 원했기 때문이지. 하지만 이젠 더 이상 그런 게 두렵지 않아. 그래서 누군가가 나를 낯선 곳으로 이끄는 대로 따라갈 수 있어. 얼마든지 그럴 수 있다고." 자신의 삶을 스스로 이끌 수 있는 여성은 다른 사람이 자신을 이끄는 것을 얼마든지 받아들일 수 있다.

마찬가지로 자신에게 내재된 여성성과 조화롭게 지내는 남자는 거세 콤플렉스를 일으키거나 죄책감이 들게 하거나 지나치게 간섭하는 어머니를 애써 피할 이유가 없다. 그는 자기 내면의 수수께끼를 아무런 위험 없이 맞아들이고, 민감함과 나약함, 부드러움과 비겁함, 감정과 감상(感傷)을 혼동하지 않고 자신의 감수성을 표출할 수 있다. "이제 내 감정을 마음껏 드러낼 수 있어. 그래서 얼마나 행복하고 얼마나 마음이 편한지 몰라! 이제 더 이상 하고 싶은 말들을 가슴속에 담아두지 않아도 되고, 힘든 일이 생겨도 어디론가 달아나고 싶다는 생각이 들지 않아. 사람들과의 대화도 훨씬 더 풍부하고 솔직하게 할 수 있게 되었고 말이지." 그는 자신에게 더욱더 솔직해질 수 있음으로써 다른 사람이 가까이 다가오는 것을 아무런 두려움 없이 받아들일 수 있게 된다. 진정한 대화가 가능해지는 것이다.

진정한 대화란 서로가 거리낌 없이 자신을 표현할 수 있는 대화를 의미한다. 여자는 여성성으로 인해 겁먹는 남자 앞에서는 자신의 여성성을 마음껏 펼칠 수 없다. 남자는 끊임없이 있는 그대로의 자신의 모습과 행동을 비난하고, 자신의 기를 꺾으며 종종 모욕하기까지 하는 여자 앞에서는 자신의 남성성을 분명히 내보일 수 없다. 진정한 대화란, 지배와 복종의 관계밖에 모르던 두 내면의 마주 보기라는 의미에서 각자가 자신의 아버지와 어머니의 굴레를 벗어났음을 전제로 한다. 그래야만 서로가 동등한 관계에서 마주 보기가 가능한 대화를 할 수 있기 때문이다. 이를테면 각자 상대에게 왕관을 씌워주면서, 서로가 서로의 왕과 여왕임을 인정하는 것이다.

이와 관련하여 나탈리 사로트는 다음과 같은 말을 한 바 있다. "'나는 당신을 사랑해.' 이 말은 각자가 상대의 머리

위에 왕관을 씌워주는 축성식(祝聖式)에서 서로에게 하는 말과도 같다. 그럼으로써 이 세상에서 어떤 천부적 재능을 지니고 어떤 은총을 입은 사람이라 할지라도 감히 경쟁할 엄두를 내지 못하는 우월함을 서로에게 부여하는 것이다."

  하지만 얼마나 많은 '왕들'—그것도 별로 대단하지도 않은 왕들—이 홀로 군림하고자 했던가. 그들은 여왕이 될 수도 있었을 여자들을 그들의 옆자리가 아닌 그들의 발 아래에 두고자 했다. 그들이 결혼할 당시 알마에게 이런 말을 했던 구스타프 말러가 그 좋은 본보기이다. "작곡가 부부는 웃음거리가 될 거야." 플로랑스 몽테르노가 상기하는 것처럼, 그는 그녀에게 단 하나의 '직업'만을 허용했다. 그를 행복하게 하는 것. "당신은 무조건적으로 내게 헌신해야만 해. 당신의 미래의 삶을 나의 필요에 맞추어야 하며, 나의 사랑 외에는 아무것도 바라서는 안 돼. (……) 지금부터 당신의 음악은 내 것이 되어야 해……." 그토록 아름답고 재능이 많았던 알마는 훗날 이렇게 자신의 절망감을 드러내며 절규한다. "난 종종 그가 내 날개를 꺾어놓았다는 생각을 해요. 구스타프, 왜 하필 나였나요, 이토록 날고 싶어 하고 찬란한 빛깔을 지닌 나를 당신은 왜 여기에 묶어놓았느냐고요. 이럴 거면 하얀 거위만으로도 충분했을 것을." 그러자 그는 이렇게 대답한다. "당신은 거위니까."

듣는 이를 전율케 하는 그의 짧은 대답은 그가 지난날 수많은 좌절을 겪었음을 말해주고 있다. 어떻게 여자가 남자에게 왕관을 씌워줄 것을 요구할 수 있는가? 그녀 이전의 여자들이 감히 요구하지 못했으며, 그녀 역시 머리와 마음으로 그럴 수 없을 거라는 생각을 여전히 하고 있으면서? 그녀가 스스로 여왕임을 인정하지 않는다면 그 누구도 그녀를 여왕으로 만들어줄 수 없다. 또한 여왕이 될 수 없는 여자가 자신의 남자를 왕으로 만들 수 있을까?

충만하고 아름다운 여성성의 표출이 허용되며, 존재하기 위해 더 이상 투쟁할 필요가 없는 여자는 자기 옆에 있는 남자의 남성성을 거부감 없이 받아들인다. 그러나 단지 여성으로서가 아닌 인간으로서의 존재가 위협받는 즉시 그녀는 남자의 통제 욕구에 대항해 투쟁한다. 그리고 이런 것들에 과도한 반응을 보이는 여자는 남자가 남자로 살게끔 내버려두지 않는다. 그녀는 남자의 매 행위를 지배와 억압의 관계로 간주하고, 이번에는 자신이 집에서 유일한 주인으로 지배하고 군림하고자 한다. 또한 자신이 발언권을 독점하기 위해 남자에게 침묵을 강요한다. 그녀는 두 사람의 관계에서 주인이냐 노예냐 하는 양자택일밖에는 알지 못한다. 주인도 노예도 아닌 관계가 존재함을 알지 못하는 것이다.

폴린 베베의 설명에 의하면,「창세기」의 텍스트는 "비평적 주석가들이 각기 다른 두 가지 기원에서 출발한 것으로 보는, 창조에 관한 두 가지 버전의 이야기를 제시하고 있다. 첫 번째 버전의 이야기에서는, 여자는 인간을 뜻하는 아담이라는 통칭으로 남자와 함께 창조된 것으로 나온다. 두 사람은 하느님의 형상대로 만들어졌다. 인류는 남성과 여성의 두 가지 형태로 등장한다. 서로를 보완해주는 이러한 인류의 모습은 신성의 반영이다. 두 사람의 결합은 신성한 것이다. 그리고 여자는 남자와 동등하다.

『성경』에 딱 한 번 언급되는 이 여성은 릴리트(Lilith)[*]이다. 그녀는 남자의 지배적인 위치를 결코 허용하지 않았을

---

[*]　『성경』의 이브는 아담의 갈비뼈로부터 비롯되었으나 유대 신화의 릴리트는 아담처럼 흙으로 빚어졌으며 이브보다 앞서는 아담의 첫 번째 아내이자 인류 최초의 여자이다. 음탕하고 사악하여 신은 아담을 보호하기 위해 순종하지 않았다는 죄를 물어 그녀를 악마로 변하게 한 뒤 낙원에서 추방시켜버렸다고 한다.

것이다…….

또 다른 버전의 이야기는 여성의 창조를 남성의 고독에
대한 치유책으로 설명하고 있다. 여자는 남자의 옆구리에
서 생겨났거나 남자의 갈빗대로 만들어졌다는 것이다.
『미드라시 랍바』(「창세기」 18장 2절~)에 따르면, 신은 "여자가
교만해질 것을 염려해 아담의 머리로부터도, 호기심이 많
아질까 봐 그의 눈으로부터도, 경솔해질까 봐 그의 귀로부
터도, 거만해질까 봐 그의 목으로부터도, 험담을 즐겨할까
봐 그의 입으로부터도, 질투심에 사로잡힐까 봐 그의 심장
으로부터도, 탐욕이 생길까 봐 그의 손으로부터도, 그녀가
달아날까 봐 그의 발로부터도 그녀를 만들지 않기로 마음
먹었다. 그리고 아담의 신체 중 가장 겸손한 부위인 갈빗
대로부터 그녀를 창조했다. (……) 그럼에도 불구하고 그녀
는 모든 결점을 고루 지니게 되었다".

그녀는 또 다른 반쪽일 뿐이다. 남자와 여자는 하나를 이
루며, 각자는 자기 안에 남성과 여성의 부분을 지니고 있
기 때문이다. 처음에는 이샤라고 불렸던 이 여자를 사람들
은 이브 또는 하바(Hava)*라고 불렀다. 하바는 '생명'을 뜻하
는 하이(Haï)와 같은 어원을 갖고 있다. 그녀는 후에 어머니
가 된다.

하느님께서는 이렇게 당신의 모습으로 사람을 창조하셨다.

하느님의 모습으로 사람을 창조하시되

—「창세기」1장 27절

세상이 처음 생겨났을 때는 두 여자가 존재했다. 남자의 옆에는 그의 또 다른 반쪽이자 생명을 탄생시키는 이브가 있고, 남자와 동등한 존재이며 신성한 결합으로 그와 맺어진 릴리트가 있다. 첫 번째 결합은 생식(生殖)을 상징하고, 두 번째 결합은 그 속에 신의 축복과 신성의 현현이 느껴진다. 첫 번째 여자는 인간을 인식(認識)으로 이끌지만 원죄를 포함하고 있다. 두 번째 여자는 복종을 알지 못하며, 남자의 또 다른 자아로 그와 마주하며 동등한 존재로서 이야기한다. 그녀는 남자 뒤에 자신의 존재를 숨기기는커녕 남자와 맞서고 대립하기를 주저하지 않는다.

여성은 이브이자 릴리트이며, 생식과 동등함을 동시에

---

* 이브의 히브리어 이름은 하와다. 「창세기」3장 20절에서 하와라는 이름이 최초로 언급된다. "사람은 자기 아내의 이름을 하와라 하였다. 그가 살아 있는 모든 것의 어머니가 되었기 때문이다." 불가타『성경』의『구약성경』부분에서는 그녀가 '하바'라고 기록된 반면,『신약성경』부분에서는 '에바(Eva)'라고 기록되어 있다.

의미하는 게 아닐까? 자녀와 작품을 탄생시키며 탐구와 꿈을 공유하는 존재로서.

"나는 그들을 꿈속의 세계로 끌어들였어요. 그들은 내 꿈들을 쌓아 올릴 수 있는 기반을 제공해주었지요." 니키 드 생팔은 그녀의 창작에 도움이 되어주었던 남자들에 대해, 그중에서도 특히 팅겔리*에 관해 이렇게 말하고 있다. "그는 나의 양극(陽極)과도 같았어요. 내게는 유일한 존재였지요. 그는 혼자서 강력한 터보 발전기의 역할을 해냈어요." "그는 기계장치와 모터와 전기를 담당하고, 그녀는 형태와 입체감과 색깔을 담당하는 역할 분담 속에서" 두 사람은 함께 창작을 했다.

상보성의 예를 잘 보여주는 또 다른 아름다운 커플은, 물리학자와 화학자의 결합으로 유명한 피에르와 마리 퀴리일 것이다. 두 사람이 공동으로 연구를 진행한 사실은, 두 사람의 필체가 함께 담긴 연구 노트와 그들이 함께 서명한 수많은 공동 출판물이 잘 말해주고 있다. 두 사람은 서로

---

* 장 팅겔리(Jean Tinguely, 1925~1991): 스위스 출신의 조각가. 여러 가지 못 쓰는 기계류를 조합하고 동력을 이용해 움직임과 소음을 일으키는 금속 조각 작품을 만들어 기계문명이 지닌 부조리성을 풍자했다. 니키 드 생팔의 동료이 자 배우자였다.

마주 보고 연구를 진행하며 함께 수많은 밤을 지새웠다.

"하느님이 남자와 여자를 창조하셨으니." 서로 닮은 점이 있는 두 사람은 함께 걷고 서로를 이해할 수 있다. 서로를 보완해주는 두 사람은 새로운 것을 창조할 수 있다. 그들은 창조 행위를 통해 근원과 접촉한다. 두 사람의 결합, 되찾은 단일성의 근원인 창조적인 하나와 만나는 것이다. 이반 아마르*가 말한 것처럼, "한 남자(여자)와 함께, 둘로 이루어진 세상에서 하나를 창조하는 궁극의 탄생을 실현하기 위해."

* Yvan Amar(1950~1999): 프랑스의 철학가이자 영성 작가.

II

욕망의
변천

*Qui aime
quand je t'aime?*

1

나는 남편이 없나이다

예수님께서 그 여자에게, "가서 네 남편을 불러 이리 함께 오너라."
하고 말씀하셨다. 그 여자가 "저는 남편이 없습니다." 하고 대답하자,
예수님께서 말씀하셨다. "'저는 남편이 없습니다.' 한 것은 맞는 말이다.
너는 남편이 다섯이나 있었지만 지금 함께 사는 남자도
남편이 아니니, 너는 바른 대로 말하였다."
「요한 복음서」 4장 16~18절

"결혼을 하고 나니, 혼자였을 때보다 훨씬 더 외로워." 이
여인은 이렇게 말할 수도 있을 것이다. "결혼을 했지만 내
게는 남편이 없어. 남편은 내 기대에 들어맞는 사람이 아니
거든." 마찬가지로 남자도 이렇게 말할 수 있을 것이다.
"난 아내가 없는 거나 마찬가지야. 결혼은 했지만 아내는 내
이상형과는 너무도 다르다고." 여자는 이상적인 여자를
찾는 멋진 왕자를 기다린다. 그들은 언젠가는 서로 만날
수 있을까?

남자와 여자는 결혼을 하면서 이상적인 여자, 멋진 왕자
를 발견했다고 믿었을 것이다. 그러나 그들은 지금 자신들

이 발견했다고 믿었던 그 반쪽—마침내 그들의 결핍을 메워줄 여자나 남자—으로 인해 외로움을 느끼고 있다. 그들은 모든 것을 기대했지만, 이제 더 이상 서로 아무것도 나누지 않는다. 아니면, 그들이 각자 품었던 희망에 비해 아주 조금만 나눌 뿐이다. "난 연애할 때는 그를 정말 사랑했어. 그런데 그가 남편이 되고 나니까 더 이상 사랑하지 않는 것 같아." "그녀를 처음 만났을 때 난 그녀가 내 이상형이라고 생각했어. 그녀의 모든 게 마음에 꼭 들었거든. 그녀는 다정다감하고 유쾌하고 사려 깊고 호기심이 많았지. 우린 서로 많은 얘기를 나누느라 시간 가는 줄 몰랐어. 그런데 막상 결혼을 하고 나니 그녀의 단점만 눈에 들어오는 거야." 내 남편, 내 아내, 당신은 분명 내 옆에 있는데, 나는 남편이 없고, 당신은 아내가 없다.

그들 각자는 더 이상 혼자이지 않으려면 둘이 함께 있는 것으로 충분하다고 생각했을 터이다. 그런데 고독이 다시 그들을 찾아온다. 새로운 환멸과 짝을 이루어 예전보다 더 강력해진 모습으로. 그들이 함께 맺은 계약—이 경우 결혼 계약—이 그들이 바랐던 대로 지켜지지 못하는 이유가 무엇일까? 대체 무슨 일이 있는 걸까? 아니, 그들이 알지 못하는 새에 무슨 일이 있었던 걸까? 그들은 두 사람의 행복한 삶을 만들어나가겠다는 그들의 약속을 지킬 수가 없다. 무언가가 빠져 있다. 그들이 꿈꾸었던 결혼 생활은 이런 게 아니었다고 생각하게 만드는 아주 중요한 무언가. 이건 그들이 기대했던 남편이나 아내의 모습이 아니다. 내가 같이 살고 있는 당신은 내가 원하는 당신이 아니고, 나역시 당신이 원하는 내가 아니다. 당신은 내가 기대했던 당신, 내가 찾아 헤맸던 당신이 아니다.

"나는 당신을 오랫동안 기다려왔어. 내 인생을 바꿔줄 당신을. 그리고 당신에게서 많은 것을, 거의 모든 걸 기대했지. 난 많은 남자들을 만났지만 그들은 나를 스쳐 갔을 뿐이야. 난 언제나 혼자였고 그래서 불행했어. 남자들과의 만남은 아무리 아름다운 것이라 할지라도 언제나 내게 고통만을 안겨주었어. 내 삶은 기다림으로 점철되어 있었지. 불확실한 미래의 삶을 위한 오랜 준비 기간처럼. 마치 경작을 멈춘 땅, 아니 아예 버려진 땅 같았지. 나를 진정한 여자로 만들어주고, 내 삶을 진정한 여자의 삶으로 만들어줄 수 있는 것은 오직 사랑밖엔 없었던 거야." 그런데 나는 남편이 없어. 이젠 결혼을 했는데, 난 여전히 여자가 된다는 게 뭔지 모르겠어. 진정한 여자의 삶이 어떤 건지도 모르겠다고.

"나는 아주 오래전부터 당신을 찾아 헤맸지, 나의 동반자가 될 당신을. 난 만나기도 전부터 당신을 아주 잘 알고 있는 것 같았어. 당신은 내 꿈속에 아주 자주 나타났거든. 당신은 나의 다정한 아내요, 나의 연인이요, 나의 가장 가까운 친구가 될 거야. 당신은 내 어깨에 기대어 위로를 받을 것이며, 당신의 다정한 말은 나를 안도하게 하겠지. 당신은 언제나 내 곁에 있을 거야. 순수하게 아름다운 젊음과, 여자들만이 그 비밀을 알고 있는 타고난 노련함을 보여주는 원숙함을 동시에 간직한 채. 당신은 내 아내가 되어, 내게 삶에 대한 욕구와 앞으로 나아가고 싶은 욕망을 불러일으킬 거야." 그런데 나는 아내가 없다. 결혼을 한 지금 나는 모성적인 다정함에 굶주린 채 남자의 일상적인 삶에서 외로움을 느낀다. 그리고 내 욕망을 일깨우고 채워줄 그 무엇을 여전히 찾지 못하고 있다.

이처럼, 결혼을 했을 수도, 사마리아 여인처럼 이전에 다섯 번의 결혼—또는 다섯 번이나 "이 남자가 분명해"라거나 "이 여자가 분명해"라는 희망을 가져본—경험이 있으면서도, "나는 남편이 없다"라거나 "나는 아내가 없다"

라고 말할 수 있다. 이런 말들을 혼잣말처럼 스스로에게 말하거나, 나 자신보다 내 마음을 더 잘 읽는 누군가에게 속내를 들킬 수도 있다. 예수는 그녀 안에서 진실을 보는 능력을 지니고 있다. 사마리아 여인도 그 사실을 인정한다. "주여, 당신이 선지자임을 알겠나이다." 그리고 좀 더 나중에는 이렇게 말한다. "내가 행한 모든 것을 내게 말한 사람을 와서 보라. 이는 진정 메시아가 아닌가?" 이 세상에는 겉모습 뒤에 감춰진 진실, 관습과 체면과 예법 등의 사회적 이유를 핑계로 가면으로 감추고 있는 진실이 존재한다. 그리고 사람들은 대부분 겉으로 드러나 보이는 진실을 믿는다. 그러나 더 이상은 진실을 감출 수 없는 순간이 오게 마련이다. 적어도 자신에게만큼은.

한 남자나 여자는 법과 사회의 눈으로 보기에는 결혼을 했을 수도 있지만, 그의 욕망의 진실에 비추어 볼 때는 아내나 남편이 없을 수도 있다. 자신의 남편이나 아내에 대해 깊은 감정을 느끼지 않아서가 아니라, 자신들의 결혼의 합당함을 끊임없이 문제 삼게 되기 때문이다. 결혼 생활에서 자신을 더 이상 알아볼 수 없으며, 자신의 변한 모습이 마음에 들지 않을 때도 많다. "때로는 이 남자와 결혼한 여자가 좋기도 해. 여성스럽고 유쾌하고, 무엇보다 그의 마음에 들기 위해 애쓰는 여자가 말이야. 난 그가 내게서 기대하는 그런 여자인 거야. 하지만 다른 사람들의 눈에 비친 나란 여자는 나를 짜증 나게 해. 아니, 그건 내가 아니야. 나를 조금도 닮지 않았다고. 그 여자의 모습에선 나를 알아볼 수가 없어." "가끔은 그녀와 함께 있는 게 즐거울 때도 있어. 우린 별것 아닌 것에도 웃음을 터뜨리기도 하고, 그녀가 아주 섹시해 보일 때도 있긴 해. 하지만 난 종종 우리가 함께 할 수 있는 게 별로 없다는 생각이 들어. 내 인생이 끝난 것 같은 생각 말이야." 누구나 어떤 때는 결혼을 했다고 느끼기도 하고, 또 어느 순간에는 더 이상 그렇지 않은 것 같다고 느끼기도 한다.

그리고 각자는 모든 잘못을 대부분 상대에게로 떠넘긴다. 그의 행동과 심지어 그의 사람됨에 문제가 있어서라고 생각하면서. "난 그를 사랑해, 하지만……." "난 남편을 사랑해, 하지만 그와 함께 사는 건 너무 힘들어. 그 사람은 나한테 도무지 관심이 없다고. 내가 어떤 사람인지, 내가 어떻게 살고 있는지, 내가 꿈꾸는 삶이 어떤 건지 알려고도 하지 않아." "난 내 아내를 사랑해, 하지만 그녀의 변한 모습이 마음에 들지 않아. 그녀는 자기 일이나 살림에만 신경을 쓰느라 삶을 즐길 줄을 몰라. 그녀는 예전에 내가 사랑했던 여자가 아니야." 나는 당신을 사랑하지만, 지금의 당신과 우리에게서는 실망과 불만을 느낄 뿐이야.

남자나 여자는 자신의 삶이 불만스럽다. 자신에게 꼭 맞는 사람—함께 행복을 만들어나가는 게 가능한 여자나 남자—을 만나지 못했거나, 그 무엇도 그 누구도 오래전부터 그를 따라다니는 사랑의 결핍을 충족시켜줄 수 없기 때문이 아닐까? 때로는 동반자의 역할을 대신하기도 하는 사랑의 결핍. 그것은 너무도 오랫동안 그를 따라다녀 이제는 따로 떼어놓고 생각할 수가 없다. 그것이 온통 차지해버린 삶에는 사랑할 자유조차 남아 있지 않다. 자기 안에서 커져버린 사랑의 결핍은 실제로 사랑할 수 있는 누군가의 존재 자체를 허용하지 않는다. "그냥 체념하고 받아들이기로 했어. 나는 사랑하고는 인연이 없는 것 같아." 사랑받지 못했다는 사실로 인해 고통받는 사람은 충족되지 못한 사랑의 욕구에 대한 고통스러운 느낌을 안고 살아가게 된다. 그것을 자신의 운명으로 받아들이면서.

이러한 과거의 결핍이 현재나 미래의 관계에서 계속 되풀이될 수밖에 없으리라는 확신과 함께 그는 또 다른 결핍, 사랑의 결핍뿐만 아니라 사랑과 존재 자체에 대한 자신감의 상실을 되풀이해 겪도록 운명 지어진 게 아닌지 불안해한다. 이처럼 제대로 사랑받지 못했음을 느끼는 사람은 사랑하는 데에도 어려움을 겪게 마련이다. 과거에 겪었던 결핍이 모든 관계 속으로 스며들면서 그 관계를 불가능한 것으로 만들어버리기 때문이다. 그는 이러한 결핍에 대한 책임을 끊임없이 상대에게 전가하면서, 이전에도 다른 이들이 그에게 주지 않았던 것을 주지 않는다고 상대를 비난한다. "내가 필요로 하는 걸 가져다주지 못하는 건 당신이야." 그는 상대가 자신을 사랑하지 않는다고 비난한다. 정작 사랑할 줄 모르거나, 사랑할 수 없는 사람은 그 자신인데도. 하지만 그는 그 반대의 사실을 주장한다. "사랑할 줄 모르는 것은 당신이야, 내가 아니라." 마찬가지로 그는 상대에게 사랑에 대한 욕구가 결여되어 있다고 불평한다. 자신의 욕구에 대해 제대로 알지 못하는 사람은 그 자신인데도. 당신은 내게 무엇을 바라는지 전혀 이야기하지 않지. 나 역시 당신에게 무엇을 바라는지 알지 못하고 말이지. 당신이 나를 원하지 않는데 나 자신을 위해 무엇을 바랄 수 있을까?

우리는 우리 자신의 욕구에 대해 얼마나 알고 있을까? 그 근원에 대해 이야기하는 것은 쉬운 일이 아니다. 욕구의 부재에 대해 말하는 것 또한 쉽지 않다. 욕구의 결핍은 종종 욕망하는 대상의 부재와 같은 모습을 띤다. "나는 내가 꿈꾸는 여자(남자)를 만나지 못했어. 그 빈자리가 너무도 고통스럽게 느껴져서 이제 더 이상 무언가를 바랄 수가 없어. 사는 것조차 힘이 들어." 또는 "내가 사랑하는 남자(여자)는 내가 원하는 대로 행동하질 않아. 실망이 너무 큰데도 자꾸만 내가 가지지 못한 것만 생각하게 돼. 다른 걸바랄 수가 없어." 덧없는 욕망의 대상에 기대는 덧없는 욕망인 셈이다. 내가 바라는 것은, 자신이 무엇을 바라는지도 잘 알지 못하는 당신, 오직 당신뿐이야. 그런데 나는, 나는 내가 무엇을 바라는지 알고 있는지? 나 역시 나 자신에 대해 아는 것이 거의 없다.

우리가 스스로의 욕망에 대해 알고 있는 것이라고는 자신이 가지지 못한 것에 대해 불평한다는 사실뿐이다. 우리의 불평은 대부분 부재에 관한 것이다. 부재하는 남자와 여자. "난 그녀와 같이 살지만, 그녀는 나하고 사는 것 같지가 않아." "우리가 약혼했을 때만 해도 결혼한 지금보다 그 사람을 더 자주 봤어." 심지어 상대와 함께 있을 때조차도 또 다른 그의 부재를 느끼게 된다. "난 그 사람하고 살면서도 내가 꿈꾸던 남편의 모습과 그를 자꾸만 비교하게 돼." 나는 당신을 사랑하지만 당신은 내 옆에 없어. 나는 당신을 사랑하지만, 이건 내가 꿈꾸던 사랑이 아니야.

나는 당신을 사랑하지만, 지금과는 다른 당신을 더 사랑할 거야. 지금과는 다른 말, 다른 생각을 하고, 다른 재능을 갖춘 당신을. 심지어 지금과는 다른 꿈을 꾸는 당신을. "난 내가 어렸을 적에 알던 것을 바라는 게 아니야. 내가 경험한 것들을 다시 겪고 싶진 않다고. 난 그가 내게 다른 것을 가져다주기를 바라, 언제나 다른 것을 말이야." 우리 중에는 어린 시절에 겪었던 결핍에 대한 기억을 간직하고 있는 사람들이 많다. 그들은 자신의 욕망을 어디로 향해야 할지를 알지 못한다. 그들의 욕망은 존재하지 않는 것, 그들이 갖지 못한 것으로 향한다. 그들에게는 있는 그대로의 자신을, 즉 자신이 가진 것을 사랑하고픈 욕망을 불러일으키는 사랑이 결여되어 있다.

욕구의 결핍은 부재하는 것에 대한 욕구에서 그 근원을 찾을 수 있지 않을까? 내가 바라는 것은 당신이 내게 줄 수 없는 것이다. 내가 한 번도 가져보지 못한 사랑이다.

다른 사람과의 관계는 모두가 결핍의 바탕 위에 이루어진다. 갓난아기는 자신이 무얼 바라는지 어떻게 알 수 있을까? 아기는 자신이 사랑을 받고 있는지 아닌지를 의식적으로는 알 수 없다. 그는 자신이 느끼는 것, 좀 더 정확히 말하면 자신의 몸이 느끼는 것을 알 수 있을 뿐이다. 그에게는 욕구가 충족되는 것이 정상이다. 어떤 불편함과 거북함, 고통이 느껴지는 상태는 정상이 아니다. 보살핌, 누군가의 존재, 정성, 온기, 부드러움과 같은 것이 결여된 상태. 그에게 먹을 것과 마실 것을 주는 누군가가 없이 배고픔과 갈증을 느끼는 상태. 누군가에게 철저히 의존해야만 하는 그의 상황 속에서는 누군가의 부재가 심각한 문제를 야기한다. 그에게 결핍은 누군가의 부재를 의미한다.

아이는 사랑보다 결핍을 먼저 경험한다. 아니, 그보다는 사랑 중에서 결핍, 즉 그가 갖지 못한 사랑을 먼저 알게 된다는 게 더 맞을 것이다. 따라서 아이는 자신이 갖지 못한 것을 계속 요구하게 된다. 그에게 만족이란 결코 없다. 아이가 가장 먼저 하는 말 중 하나는 "더"라는 말이다. 그는 충분하다는 게 어떤 의미인지 알지 못한다. 놀이, 말, 움직임 등 모든 것이 끝없이 반복될 수 있다. 이토록 커다란 즐거움을 주는 것을 왜 그만둬야 하나? 그가 느끼는 즐거움은 언제나 다른 누군가와 연관되어 있다. 어떤 자폐아들이 몸을 흔드는 것은 그들에게 고통스럽게 결여된 외부 자극을 찾기 위해서다. 어린아이는 다른 누군가와의 관계에 목말라 있다.

그가 경험하는 모든 것과 그가 가진 모든 것은 또 다른 살아 있는 누군가와의 관계 속에서만 진정한 의미를 지닐 수 있다. 그 누군가는, 아이를 어르고 어루만지고 그에게 이야기하는 다정하고 부드럽고 따뜻한 존재, 함께 있는 것만으로도 안심이 되고 마음이 편안해지는 존재다. 아이가 어떤 물건에 집착하는 것은, 그것을 통해 자신을 사랑하고 자신이 사랑하는 누군가와 늘 함께 있다고 느끼기 때문이다. 이는 누군가가 부재할 때에도 그와 늘 함께 있음을 의미한다. 더 이상 형체를 알아보기 힘들 정도로 닳아빠진 동물 모양의 털 인형은 그것만의 역사―사랑의 역사―를 지니고 있으며, 그 어떤 비싼 장난감보다 훨씬 더 아이를 기쁘게 한다. 그에게 털 인형의 가치는 다른 무엇과도 비교할 수 없는 감정적인 가치를 지니고 있기 때문이다. 사람들은 그런 것들을 보며 "이건 값을 매길 수가 없어"라고들 한다. 하찮아 보이지만 귀한 가치를 지닌 것들이다.

시간이 흐름에 따라 사랑받던 물건이 무관심의 대상으로 변질되어가며, 아이에게 가치를 지니던 것이 그 가치를 잃어간다. 아이는 점차 비교의 세계, "다른 아이는 내가 갖지 못한 것을 갖고 있어"로 대변되는 지옥 속으로 들어간다. 그의 눈에 그를 부자로 만들어주었던 것이 이젠 다른 사람들의 눈에 그를 초라해 보이게 하는 것이다. 그리하여 아이는 또다시 자신이 갖지 못한 것을 보게 된다. 누군가와의 관계에서 느껴지는 결핍뿐만 아니라—당신은 내가 원하는 것을 충분히 주지 못해—다른 아이는 갖고 있고 자신은 갖지 못한 사실에서—내가 갖지 못한 것과 네가 가진 것을 내게 줘—느껴지는 결핍이다. 그가 무언가를 갖고자 하는 것은 그 자신과 다른 사람들을 위해서다. 그 자신의 즐거움뿐만 아니라 다른 사람들의 시선을 충족시키기 위한 것이다.

"남편이 있다"와 "아내가 있다"라는 말은 무엇을 의미하는 걸까? 결혼이 '소유'와 '무소유'의 개념으로 평가될 수 있는 것일까? 사랑의 크기를 무엇으로 측정할 수 있을까?

성 아우구스티누스는 "사랑의 척도는 측정할 수 없다는 데 있다"라고 말한 바 있다. 하지만 실제로 사랑의 크기는 우리에게 주어지거나 주어지지 않은 것으로 평가되고 있지 않은가? 사랑은 종종 수량으로 나타내진다. 이는 분명 사랑을 그 질로 따지는 것보다 훨씬 쉬울 것이다. "나를 얼마큼 사랑해, 땅만큼, 하늘만큼?" 크든 어리든 아이들은 대개 이렇게 묻곤 한다. 만약 사랑이 뭐냐고 묻는다면 그 누가 명확하게 대답할 수 있을까? "당신을 사랑해"라는 말을 하는 것만으로는 상대에게 사랑받는다는 확신을 심 어주기 힘들다. 그 말들에 사랑의 증거이자 그 진실성을 강조하는 어떤 행위가 동반되지 않는다면. 당신은 나를 조 금, 많이, 미치도록 사랑해? 당신이 나를 사랑한다는 것을 증명해봐. 나를 얼마만큼 사랑하는지 증명해보란 말이야.

내게 사랑을 끊임없이 증명해봐. 쓰다듬고, 입 맞추며, 달콤한 말을 속삭이고, 선물을 주면서. 그런 아이들의 기 대는 오랜 시간이 지난 뒤에도 여전히 우리의 기대로 남아 있다. 우리는 우리에게 행해지는 모든 애정 표시를 즐긴 다. 그러면서 우리에 대한 상대의 관심을 말해주는 것들에 온통 마음이 쏠려 있다. 동시에 상대의 무관심을 말해주는 것들에도 마찬가지로 신경을 곤두세운다. "그는 내게 전 화하겠다고 하는 시간에 전화를 하지 않아." "그녀는 뭐가 날 기쁘게 해주는지를 도무지 모르는 것 같아." "그 사람 은 내게 달콤한 편지 같은 걸 쓸 생각을 전혀 하지 않아." "그녀는 내가 하는 말을 제대로 듣질 않아." "그 사람은 내 게 사랑한다는 말을 절대 하지 않아." "그녀한테 또 기분

나쁜 잔소리를 들었어. 그 여잔 내가 자기를 위해 얼마나 애쓰는지 조금도 모르는 것 같아." 또다시, 언제나, 심지어, 결코, 결정적으로, 적어도와 같은 부사들은 두 사람의 관계를 망치는 적이라고들 한다.

우리는 어떻게 사랑받는다는 확신을 가질 수 있는 걸까? 어떤 형태로든 우리를 향한 달콤한 말과 몸짓과 선물 등에 연연하지 않을 수 있도록, 그런 것 때문에 상대를 죄인 취급하지 않도록—"당신은 내게 이걸 주었지만, 저건 주지 않았고……"—상대와, 무엇보다 나 자신을 믿어야 하지 않을까? 우리의 가치를 상대가 우리에게 주는 선물의 가치로 평가할 수 있을까? 당신이 내게 주는 선물의 가치로 나는 당신에게 내가 얼마만큼의 가치를 지닌 존재인지를 알 수 있어.

"꽃을 주면서 고백해봐." 꽃은 단지 바라보는 즐거움을 선사하는 것을 넘어서서 누군가에 대한 생각의 상징으로 여겨지고 있다. 꽃의 부재는 상대에 대한 생각의 부재와도 같다. "그 사람은 지금까지 내게 꽃을 선물한 적이 한 번도 없어. 그러니까 그는 날 사랑하지 않는 게 확실해." 때로는 상대의 말을 제대로 듣지 않고, 상대가 무엇을 원하는지를 잘 모른다는 사실이 그에 대한 생각의 부재, 즉 사랑의 부재로 해석되기도 한다. "난 그 사람한테 단순한 꽃다발을 좋아한다고 몇 번이고 얘기했어. 그런데도 그는 내게 여러 꽃들을 섞은 꽃다발만을 선물했어. 이것만 봐도 그는 날 사랑하지 않는 게 분명해." "꽃을 주면서 고백해 봐", 하지만 아무 꽃이나 주어서는 안 돼. 아이들은 들꽃을 선물해도 되지만, 매력적인 왕자님은 아름다운 공주에게 에델바이스를 선물해야 하는 거니까. 죽음을 무릅쓰고 구하러 가야 하는 희귀한 꽃을 말이지. "이것 봐, 난 당신을 위해서라면 내 목숨까지도 내놓을 수 있어. 당신은 내 목숨보다 더 소중한 존재니까." 이런 경우 이 꽃이 지니는 가치를 측정할 수 있을까? 당신의 마음을 내게 줘, 물론 아무렇게나는 말고.

보석은 그것을 제작한 '명성 있는' 보석상의 이름이 부여하는 가치를 지니고 있다. 따라서 보석상들은 자신의 서명을 더욱더 잘 눈에 띄게 표시한다. 하지만 이런 서명들은 이미 희소성을 상실한 부(富)의 외적인 표식이라는 모순을 포함하고 있다. "솔직히 난 그 사람이 선물한 목걸이가 별로 마음에 안 들어. 하지만 아주 비싼 거라는 건 알아. 그래서 내가 진짜 여자로 대접받는 기분이 들어." "당신에게 나는 당신이 나를 위해 쓰는 돈 만큼, 딱 그만큼 가치가 있는 존재인 거야", 이 여성은 이렇게 말할지도 모른다. 나는 당신에게 소중한, 값비싼 여자인 거야. 당신이 내게 하는 선물이 비싼 거라면 나 역시 당신에게 소중한 존재인 거야. 그리고 비로소 나는 나에 대한 당신의 사랑과 나의 여성성에 안도할 수 있어.

  그런데 그녀는 정말로 마음을 놓아도 되는 걸까? 값비싼 선물이 여자를 감동시키고 그녀의 여성성과 더 나아가 그녀의 존재 전체를 어루만진다면, 그건 선물 자체보다 더 은밀하고 섬세한, 선물하는 이의 마음 때문일 것이다. 선물은 말로 표현하지 않더라도, 그 무엇보다 달콤하고 감미롭게 느껴질 마음의 징표일 수 있기 때문이다. 그러나 때로 선물이란 것은 그것을 받는 사람보다 그것을 주는 사람에게 더 중요한 의미를 지니기도 한다. 여자는 자신이 받은 선물의 가치와 남자의 가치를 혼동하며, 남자는 자신이 선물을 준 여자보다 선물을 한 스스로에게 더 큰 가치를 부여하게 된다. 어떤 여성은 자신의 남편에 대해 이런 말을 했다. "그는 나보다 자기가 내게 준 선물을 더 좋아하는 것 같아. 자기 선물의 가치를 나를 통해 확인하면서 그런 자신을 자랑스러워하는 것 같다니까." 이런 경우, 여자는 어디 있는 것일까? 사랑은 어디 있는 것일까?

　리처드 버튼은 엘리자베스 테일러에게 세상에서 가장 큰 다이아몬드 중 하나를 선물함으로써 그녀에 대한 자신의 위대한 사랑을 증명하고 그 사랑을 온 세상에 알리고자 했다. 하지만 그는 자신을 위해서 자신의 능력을 스스로에게 입증하고자, 어쩌면 이미 가물거리는 불꽃의 힘을 과시하기 위해 그랬던 것은 아닐까? 모든 선물과 모든 사랑의 징표는 그것이 상대를 위해 생각되어지고 그의 깊은 갈망을 향해 있을 때, 그리고 진실한 사랑의 감정에 의한 것일 때만 진정한 사랑의 증거가 될 수 있다. 또한 그 선물을 통해 존재하지 않거나 더 이상 존재하지 않는 사랑을 상대에게 납득시키려 하지 않거나, 자신의 잘못된 행위들을 용서받고자 하지 않을 때, 상대를 배려하는 모습을 보임으로써 그의 사랑을 얻거나 자신이 바랐던 방식으로 사랑받고자 하지 않을 때만이 선물을 진정한 사랑의 증거로 간주할 수 있을 것이다. 나는 선물로 당신을 향한 내 사랑을 당신에게 확인시켜주고 싶어. 그럼으로써 당신을 향한 내 사랑을 나 자신에게 확인시키듯이. 그럼으로써 나를 향한 당신의 사랑을 확인하고 싶어. 내가 나 자신을 사랑할 수 있도록 부디 나를 사랑해줘.

마치 사랑이, 누군가에 대한 사랑과 나 자신에 대한 사랑이 모두가 알 수 있고 모두에게 인정받을 수 있는 외적 대상을 필요로 하는 것처럼. 우리에게 사랑에 대한 좋은 기억을 떠올려주는 무언가가 필요한 것처럼. 하지만 그러한 대상은 사랑의 주체들을 이어주는 대신 종종 서로를 더 멀어지게 한다. 애초부터 존재하지 않는 사랑, 또는 더 이상 존재하지 않는 사랑을, 좀 더 정확히 말하면, 자신이 꿈꾸었던 사랑이 아닌 사랑을 믿게 하려는 사람에게 속아 넘어가는 사람은 아무도 없을 것이다. "나는 남편이 없어" 또는 "나는 아내가 없어"가 말해주듯이, '내' 아내, '내' 남편이 나의 결핍을 채워줄 수는 없다. 그래서 나는 여전히 마음의 평안을 찾지 못하고, 언제나 타는 듯한 갈증을 느낀다.

그러나 나는 내게 주어지지 않은 사랑을 끊임없이 요구한다. 나는 내가 사랑받지 못한다는 사실을 받아들일 수가 없다. 여자는 자신이 버림받았다고 느끼면 남자에게 더 많은 것을 요구하게 된다. 그리고 정당한 남편의 사랑을 자신의 몫으로 요구한다. 그러나 이러한 '정당성'에 대한 요구는 종종 더 오래된 것에서 기원을 찾을 수 있다. 서로를 사랑하고 인정하는 시선 속에서 '정당화되지' 못한 아버지와 딸 사이의 관계가 그것이다. 그녀는 자신을 사랑하지 않는 남편을 보며 과거에 자신을 인정하지 않고 떠나버린 아버지를 떠올린다. 그녀는 아버지에게 사랑을 받지 못했을 뿐만 아니라 그에게 존경심을 느껴본 적도 없다. 자신이 더 이상 존중하지도 않으며, 자신에게 주지 못한 것 때문에 자신의 경멸의 대상이 된 남자에게 자기 몫이라고 생각하는 사랑을 요구하는 여자. 그녀에게 남자란 대체 어떤 존재일까?

또한 마음속 깊은 곳에서 우러나오는 것이 아닌 허울뿐인 사랑으로 그녀와의 관계를 유지해나가는 남자는 그의 죄책감에 다름 아닌 관대함을 베풀고 있는 것뿐이다. 그는 자신이 사랑했어야 하는 첫 번째 여자인 자신의 어머니를 사랑하지 않았다는 죄책감에 대한 대가를 치르고 있는 것이다. 그의 눈에 그녀는 충분히 사랑할 만한 어머니가 아니었고, 따라서 충분히 상냥한 어머니도 될 수 없었다. 단지 그가 바라고 갖고 싶었던 어머니상에 부합하지 않는다는 이유로. 그가 결코 채워줄 수 없는 지나친 사랑을 그에게 요구했던 어머니. 그런 요구에 시달렸던 아이는 그가 결코 채워줄 수 없었던 불만족스러운 느낌을 마음속 깊이 숨긴 채 자라나게 된다. 그리하여 훗날 여자에게서 그러한 느낌을 다시 발견하게 되면 또다시 그것을 어떻게 충족시켜주어야 할지 알지 못한다. 그녀를 만족시켜주기 위해 무엇을 어떻게 해야 할지 알지 못하는 것이다. 그래서 그는 다정한 애정의 표시나 입맞춤, 사랑의 눈길 대신 수량화할 수 있고 돈으로 환산할 수 있는 것을 제공한다. 하지만 그게 어떤 형태든 돈이 마음의 갈증을 채워줄 수 있을까?

만약 그것을 주는 사람의 마음이 느껴지지 않는다면, 그것을 받는 사람은 언제나 더 많은 것을 요구하게 될 것이다. 그로 인해 진정한 만족감을 느끼지도 못하면서. 상대가 나를 사랑한다는 것을 어떻게 알 수 있을까? 그것은 손으로 만질 수 있는 증거물이 아닌 각자의 마음으로 알 수 있는 게 아닌가?

남자나 여자를 나의 필요를 충족시켜주어야 하는 '대상들'과 동급으로 여길 수 있을까? 마치 제 기능을 충분히 발휘하지 못하는 물건처럼, 자신의 남편이나 아내를 두고 채워야 하는 결핍을 이야기할 수 있을까? 끝없이 자신의 몫을 요구하면서 상대가 줄 수 없는 것만을 요구하는 사람은 상대를 대상화하여 말한다. "그는 내가 이렇게 해라, 저렇게 해라, 아무리 얘기해도 내 말을 도무지 들으려고 하질 않아. 그렇게 오랫동안 귀에 못이 박이도록 얘기했는데도 말이지!" 그는 시간이 감에 따라 점점 커지는 결핍에 집착하고, 각자는 상대가 주지 않는 것과 자신이 줄 수 없는 것으로 인해 고통받는다. 자신의 상대를 대상화하고자 하는 사람은 그 역시 상대에게 지속적인 불만족의 대상이 될 수 있으며, 그로 인해 고통받을 수 있다. 채워지지 않는 기대 속에서 사랑은 멀어지고, 그와 더불어 두 사람에게 주어질 수 있었을 행복도 사라져가는 것이다.

장이브 를루프는 "상대에게 나를 행복하게 해줄 것을 요구하지 않을 때 행복이 시작된다"라는 말을 했다. 마찬가지로 이렇게 말할 수도 있을 것이다. "유한한 존재에게 무한한 것을 바랄 수는 없다." 그토록 상대를 통해 그와 함께 발견할 수 있기를 바라는 마음의 평화, 모든 만남을 넘어서서 나를 채워주는 마음의 평화, 만남의 종착점이 아닌 출발점이 되어야 하는 마음의 평화를 내 안에서 찾을 수는 없는 것일까? 모든 한계를 지닌 미약한 인간일 뿐인 한 남자나 한 여자에게 진실한 나 자신, 삶, 그리고 절대적인 것과 나를 영원히 화해시켜주기를 기대하면서 나의 요구만큼이나 끝없는 결핍 속에 스스로를 가두는 대신, 먼저 내 안에 있는 상대성을 받아들인 뒤 상대 안에 있는 상대성을 받아들이고, 서로를 알아가기 전에 먼저 나 자신을 좀 더 잘 알고자 노력할 수는 없는 걸까? 상대에게 사랑하는 법을 가르쳐줄 것을 기대하기 전에 먼저 나 스스로 사랑하는 법을 배울 수는 없는 걸까? 누군가에게 사랑받는 사람이 되기 전에 내가 먼저 사랑을 주는 사람이 될 수는 없는 걸까?

내가 헛된 기대와 무익한 요구를 버리고, 내면의 우물 속에서 스스로의 깊은 열망을 알아보며, 두 사람이 함께 살아낼 수 있는 것들을 이미 사랑하고 있음을 누군가에게 거울에 비추듯 보여줄 수 있다면, 오랜 나의 갈증을 축여줄 샘물이 내게로 오듯 그가 나의 갈망을 향해 다가올 수 있을 것이다. 나는 내 영혼과 내 마음을 다해 그를 기다린다. 내가 예감하는 사랑, 지나치게 세세한 정의 속에 가두지 않겠노라고 다짐하는 사랑을 만나기 위해 내게로 올 사랑이 있을 거라는 확신과 함께. 나는 어떤 두려움이나 불안도 느끼지 않는다. 나의 기다림에는 확신과 평온함이 함께하고 있기 때문이다.

에티 힐레숨은 이런 말을 했다. "만약 나의 진정한 근원대로 살아야 한다면 난 아마도 독신으로 머물러 있어야 할 것이다. 어쨌거나 그런 일로 골머리를 썩이는 것은 아무 소용이 없다. 내면의 목소리에 진정으로 귀 기울인다면, 나는 언제 '신이 보내주는' 남자를 만날 수 있을지를 알 수 있을 것이다. 하지만 이건 끊임없이 되새겨야 할 문제가 아니다. 온갖 허울 좋은 이론들에 휘둘려 타협하거나 섣불리 결혼을 해서도 안 된다. 나 자신에 대해 확신을 갖고, 나는 특별한 길을 걷고 있다고 스스로에게 거듭 말해야 한다. 그리고 무엇보다 너무 늦어버리기 전에 결혼을 하지 못하면 고독하게 생을 마칠 거라는 강박관념을 가져서는 안 된다."

우물가에서 서성이다가 나를 만족시켜줄 수 있다고 말하는 누군가를 덥석 받아들이고, 그가 내게 가져다줄 수 있는 것에만 관심을 쏟는 것은 나의 진정한 욕구에 문을 닫아거는 것과 다를 바 없다. 나는 일생의 위대한 사랑을 만나지 못할까 봐 불안해하다가, 일단 만났다고 생각되면 그 사랑을 제대로 해내지 못할까 봐 또 불안해한다. 상대가 내게 줄 수 있거나 줄 수 없는 것에만 신경을 곤두세우느라 정작 내가 무엇을 원하는지에 대해서는 진지하게 생각하지 않는다. 좀 더 정확히 말하면, 내가 상대에게 무엇을 바라는지는 알고 있지만, 과연 내가 나의 인생 파트너가 될 이 남자나 이 여자를 진정으로 원하고 있는지는 확신하지 못하는 것이다. "어떤 삶을 내게 선사해줄 수 있는지 그에게 물었을 때, 내가 그에게 기대하는 것을 말해주기를 끈질기게 요구했을 때, 그는 아무 대답도 하지 못했어. 그런데 이젠 내가 꿈꾸던 모든 것을 자신도 원하고 있다고 하더라고. 하지만 내가 과연 이 사람하고 그런 삶을 살고 싶은 건지 아닌지를 잘 모르겠어. 단지 너무 오래 기다리느라 지쳐서 이러는 건지도 모른다는 의구심이 들거든." 기다림이 너무 길었던 것일까, 아니면 나 자신의 욕구에 대해 잘못 알고 있었거나 그 대상을 착각한 것은 아닐까?

자신의 욕구에 대해 제대로 알지 못하는 것은 언제까지나 충족되지 못하는 욕구 불만을 낳는다. 그리고 그러한 욕구 불만은 자기 자신에 대한 불만으로 이어지게 마련이다. "난 더 이상 이런 나 자신을 봐줄 수가 없어. 그래서 더 이상 그와 함께 있을 수가 없어. 그는 내 삶 속으로 너무 깊숙이 들어와 있다고." 나는 모든 것을 밀어내고자 한다. 나 자신에게 속하는 것, 따라서 그에게 속하는 것까지 모든 것을. 그에게 속하는 것, 따라서 내게 속하는 것까지 모든 것을. 내가 버려버리고자 하는 삶과, 그 삶에 깊숙이 연관되어 있는 그를 더 이상 구분할 수 없기 때문이다.

"난 커튼 색깔도 싫고, 그 사람하고 같이 사는 것도 싫고, 그 사람도 싫고, 나도 싫어." 누군가가 자신의 삶에서 모든 걸 바꾸고 싶어 할 경우, 그가 바꾸고 싶어 하는 것은 과연 누구일까? "그는 더 이상 나를 꿈꾸게 하지 못해. 나 자신도 나를 꿈꾸게 하지 못해." 스스로를 똑바로 바라볼 수 없다면, 상대가 나 자신과 그에 대해 보여주는 것은 결코 나를 만족시키지 못할 것이다. 더 이상 스스로 꿈꿀 수 없으면서 상대가 나를 꿈꿀 수 있게 해주기를 바랄 수 있을까? 더 나아가 그가 나 자신의 꿈을 실현시켜주기를 바랄 수 있을까?

"나는 남편이 없어"나 "나는 아내가 없어"라는 말은, 내가 사랑하기를 원하는 방식대로 내 남편이나 내 아내를 사랑하지 않는다는 것을 의미한다. 또는 그나 그녀가 내가 사랑받기를 원하는 방식대로 나를 사랑하지 않는다는 것을 의미한다. 그 결핍감이 너무도 크다 보니 때로는 나 자신도 무엇이 문제인지 잘 모를 때가 많다. 그가 문제인 걸까, 내가 문제인 걸까? 그가 나하고 맞지 않기 때문일까, 아니면 내가 나 자신을 사랑하지 않고, 나는 누구에게도 사랑받을 수 없을 거라고 믿고 있기 때문일까? 나는 내 남편이나 내 아내가 내가 결코 받아보지 못했던 사랑, 내가 믿지 않거나 더 이상 믿지 않는 사랑, 불가능해 보이는 사랑을 내게 선사해줄 것을 기대한다. 내가 오랫동안 꿈꾸던 사랑을. 비록 더 이상 꿈꾸지 않는다고 하더라도. 이는 사랑에 대한 내 갈증이, 그 어떤 사랑도 해소시켜줄 수 없는 사랑에 대한 갈증이 그만큼 심하다는 것을 말해주는 게 아닐까?

나는 비로소 내 갈증을 돌아본다. 이러한 갈증의 실체는 무엇이며, 갈증은 어디로부터 비롯되는 것일까? 그리고 나는 내 욕망의 근원을 돌아본다. 내 안에 숨겨진 욕망의 실체를 찾아서.

2 사마리아 여인: 욕망하는 존재

예수님께서는 당신이 요한보다 더 많은 사람을 제자로 만들고
세례를 준다는 소문을 바리사이들이 들었다는 것을 알게 되셨다.
─사실은 예수님께서 친히 세례를 주신 것이 아니라
제자들이 준 것이다.─
그래서 예수님께서는 유다를 떠나 다시 갈릴래아로 가셨다.
그때에 사마리아를 가로질러 가셔야 했다.
그렇게 하여 예수님께서는 야곱이 자기 아들 요셉에게 준 땅에서
가까운 시카르라는 사마리아의 한 고을에 이르셨다.
그곳에는 야곱의 우물이 있었다.
길을 걷느라 지치신 예수님께서는 그 우물가에 앉으셨다.
때는 정오 무렵이었다. 마침 사마리아 여자 하나가 물을 길으러 왔다.
그러자 예수님께서 "나에게 마실 물을 좀 다오." 하고
그 여자에게 말씀하셨다. 제자들은 먹을 것을 사러 고을에 가 있었다.
사마리아 여자가 예수님께 말하였다.
"선생님은 어떻게 유다 사람이시면서 사마리아 여자인 저에게
마실 물을 청하십니까?" 사실 유다인들은 사마리아인들과
상종하지 않았다. 예수님께서 그 여자에게 대답하셨다.
"네가 하느님의 선물을 알고 또 '나에게 마실 물을 좀 다오.' 하고
너에게 말하는 이가 누구인지 알았더라면,
오히려 네가 그에게 청하고 그는 너에게 생수를 주었을 것이다."

그러자 그 여자가 예수님께 말하였다.

"선생님, 두레박도 가지고 계시지 않고 우물도 깊은데,
어디에서 그 생수를 마련하시렵니까?
선생님이 저희 조상 야곱보다 더 훌륭한 분이시라는 말씀입니까?
그분께서 저희에게 이 우물을 주셨습니다.
그분은 물론 그분의 자녀들과 가축들도 이 우물물을 마셨습니다."
예수님께서 그 여자에게 이르셨다.

"이 물을 마시는 자는 누구나 다시 목마를 것이다. 그러나 내가 주는
물을 마시는 사람은 영원히 목마르지 않을 것이다. 내가 주는 물은
그 사람 안에서 물이 솟는 샘이 되어 영원한 생명을 누리게 할 것이다."
그러자 그 여자가 예수님께 말하였다.

"선생님, 그 물을 저에게 주십시오. 그러면 제가 목마르지도 않고,
또 물을 길으러 이리 나오지 않아도 되겠습니다."
예수님께서 그 여자에게,

"가서 네 남편을 불러 이리 함께 오너라." 하고 말씀하셨다.
그 여자가 "저는 남편이 없습니다." 하고 대답하자,
예수님께서 말씀하셨다.

"'저는 남편이 없습니다.' 한 것은 맞는 말이다.
너는 남편이 다섯이나 있었지만 지금 함께 사는 남자도 남편이 아니니,
너는 바른 대로 말하였다." 여자가 예수님께 말하였다.

"선생님, 이제 보니 선생님은 예언자시군요. 저희 조상들은 이 산에서
예배를 드렸습니다. 그런데 선생님네는 예배를 드려야 하는 곳이
예루살렘에 있다고 말합니다."
예수님께서 그 여자에게 말씀하셨다.

"여인아, 내 말을 믿어라. 너희가 이 산도 아니고
예루살렘도 아닌 곳에서 아버지께 예배를 드릴 때가 온다.
너희는 알지도 못하는 분께 예배를 드리지만,
우리는 우리가 아는 분께 예배를 드린다.

구원은 유다인들에게서 오기 때문이다.

그러나 진실한 예배자들이 영과 진리 안에서

아버지께 예배를 드릴 때가 온다. 지금이 바로 그때다.

사실 아버지께서는 이렇게 예배를 드리는 이들을 찾으신다.

하느님은 영이시다. 그러므로 그분께 예배를 드리는 이는

영과 진리 안에서 예배를 드려야 한다." 그 여자가 예수님께,

"저는 그리스도라고도 하는 메시아께서 오신다는 것을 압니다.

그분께서 오시면 우리에게 모든 것을 알려 주시겠지요." 하였다.

그러자 예수님께서 그 여자에게 말씀하셨다.

"너와 말하고 있는 내가 바로 그 사람이다."

바로 그때에 제자들이 돌아와 예수님께서 여자와 이야기하시는 것을

보고 놀랐다. 그러나 아무도 "무엇을 찾고 계십니까?" 또는

"저 여자와 무슨 이야기를 하십니까?" 하고 묻지 않았다.

그 여자는 물동이를 버려두고 고을로 가서 사람들에게 말하였다.

"제가 한 일을 모두 알아맞힌 사람이 있습니다.

와서 보십시오. 그분이 그리스도가 아니실까요?"

「요한 복음서」 4장 1~29절

무엇이 우리의 부족함을 채워줄 수 있을까?

인간은 다양한 방법들로 결핍을 메우고자 애쓴다. 그러나 그 방법들이란 것은 언제나 불만족스럽기 때문에 매번 그를 좀 더 공허하고 목마르게 하며, 그 결핍과 공허감으로 인해 조금씩 더 고통받게 만든다. 그리고 이러한 공

허감은 그를 결정지으면서, 그를 규정하는 그의 일부가 된다.

"내가 아는 것은 두 가지밖에 없다. 고통과 고통이 멈추는 것." 붓다가 남긴 말이다. 이는 곧 불행한 삶과 행복한 삶을 의미한다. 행복은 언제나 우리 곁에 있다. 그것은 우리의 진정한 본질이기 때문이다. 그런데 어째서 이러한 본질적인 실재를 누군가는 '잘' 받아들이고, 또 누군가는 그것을 받아들이지 '않거나', '잘못' 받아들이는 것일까?

어째서 누구는 결핍으로 인해 고통받고, 또 누구는 그 결핍을 오히려 즐기는 것처럼 보이는 걸까? '결핍을 즐기는 것', 즉 우리의 공허감을, 우리가 느끼는 본질적인 공허감을 즐기는 것이 가능한 걸까?

예수와 사마리아 여인의 만남은 이러한 질문의 한가운데로 우리를 밀어넣는다. 이 여인은 욕망하는 여인이다. 그녀는 한순간이 아니라 평생 동안 자신의 갈증을 해소해 줄 수 있는 물을 갈구한다. 예수는 가르치는 자이며, 그녀가 목말라할 때 그녀에게로 온다. 그리고 차츰 그녀를 자신의 근원으로 이끈다. 그는 그녀로 하여금 자신의 욕망을 채워 줄 수 있을 거라고 믿는 대상들로부터 벗어나 욕망하는 주체 자신에게로, 그 어떤 욕망의 '대상들'(감각적, 감정적 또는 종교적인 실체 그 어떤 것이든)로도 채워질 수 없는 욕망의 주체에게로 향하도록 그녀를 이끈다. 욕망하는 주체는 그 주체를 욕망 속에서 생생하게 살아 있도록 유지시켜준다. 욕망이 살아 있다는 것은 그 주체가 살아 있다는 것이며, 이는 곧 삶 자체를 의미한다.

사마리아 여인의 이야기는 그 어떤 물질로도 충족될 수 없는 욕망, 그 무엇으로도 채워질 수 없는 공허감, 살아가는 동안 수없이 만나게 되는 그 어떤 물질적, 심리적 그리고 정신적인 환상으로도 결코 메워지지 않는 결핍에 대한 이야기이다.

이러한 여정을 따라가는 것은 어쩌면 현기증을 동반할 수도 있고, 어쨌거나 환상과는 거리가 멀다. 이는 그 어떤 물로도, 불순물이 섞이거나 병에 든 물뿐만 아니라 '생명수'에 속하지 않는 그 어떤 물로도 해소될 수 없는 갈증에 대한 대답이 될 것이다. '생명수'는 그러한 갈증을 불러일으키는 원천의 물이며, 인간에게 그러한 욕망을 일깨우고 그러한 결핍과 틈새, 또는 무한만이 채울 수 있는 무한한 공간을 만들어내는 실재인 것이다.

이러한 원천을 향해 가기 위해, 가르치는 자 예수는 사마리아 여인으로 하여금 자신만의 우물을 팔 것을, 즉 자신의 욕망이나 자신의 결핍과 마주하기를 권한다. 그리고 자신이 채워졌음을 느끼는 순간 원천에의 추구가 중단될 수 있음을 깨닫게 한다. 그는 결코 그것에 만족하지 않고 더 깊이 파나가도록 그녀를 계속 부추긴다. 그리하여 우리에게와 마찬가지로 그녀에게도, 가장 은밀한 곳에서 '충족되지 않은 채' 남아 있는 욕망의 목소리를 향해 나아갈 때 넘어야 할 단계들로 이루어진 수직의 여정이 펼쳐진다.

—우리 선조들의 우물, 또는 자신이 언제나 알고 있던 것으로 결핍을 메우기.

—우리 사랑들의 우물, 또는 수많은 강렬한 감정적인 관계들로 결핍을 메우기.

—우리 믿음들의 우물, 또는 다양한 종교들에 의해 제시된 신에 대한 개념들이나 표상(表象)들로 결핍을 메우기.

—각성의 우물, 또는 숨결(프네우마)과 깨달음(알레테이아)*으로 결핍을 동반하기.

---

*   aletheia, 희랍어로 '진리'를 뜻하며, 망각을 의미하는 '레테(Lethe)'라는 말에 부정적 접두사 아(a)가 붙어서 기억 또는 상기의 의미로 사용되었다.

우리 조상들의 우물

사마리아 여인에게 우리 조상들의 우물은 야곱의 우물이다. 그곳에서 그녀는 어릴 때부터 자신의 혈족과 마을 사람들을 위해 물을 길어 왔다. 그것은 어린 소녀에게는 더없이 힘겹고 끝없이 이어지는 고된 일이었다. 그녀의 형제들과 사촌들은 그녀가 우물에서 길어올 수 있는 물로는 결코 모든 갈증을 해소할 수가 없었다. 그녀의 노력은 헛되지 않았지만—사람들은 언제나 그녀의 물동이를 반갑게 맞이했다—물로 목을 축일 때마다 되살아나는 갈증을 누그러뜨리기엔 역부족이었다.

"이 물을 마시는 자는 누구나 다시 목마를 것이다." 예수는 그녀에게 이렇게 말했으며, 앞으로도 언제까지나 그럴 것이다. 가르치는 자 예수는 민중의 지혜를 요약한 것뿐이다. 우리는 잠시 동안 이런저런 물질로 자신의 욕망을 채울 수 있다고 생각한다. 최초의 우물의 물은 세상의 모든 부와 소유물과 재산을 상징한다. 우리는 이런 것들이 언제나 불안한 우리의 정신세계를 달래주며, 행복과 깊은 평화로움을 느끼지 못할 때라도 어떤 안정감이나 만족감을 줄 수 있으리라고 생각한다. 그러나 모두가 알고 있듯이, 우리는 결코 충분히 '가질 수' 없으며, 많이 가질수록 더 많은 것을 원하게 된다. 우리 안에는 결코 '충분하다'고 말하지 않으며 언제나 '더 많이, 더 많이'라고 말하는 갈증(자아)이 존재하고 있기 때문이다.

나는 어떤 물건을 사는 것으로 내 꿈을 실현했다고 생각하지만, 내 욕망은 여전히 강렬할 뿐만 아니라, 때로는 내 결핍을 채워줄 것으로 믿었던 재물의 축적에 의해 더욱더 격화되기도 한다.

"이 물을 마시는 자는 누구나 다시 목마를 것이다." 이는 모든 물질적 실체에 대한 이야기이기도 하다. 우리는 물질로써 자신의 욕망을 누그러뜨릴 수 있으리라는 허망한 기대를 품는다.

결핍이나 욕구를 채워줄 수 있는 것은 상대적인 실체가 아닌, 예수의 말 속에서 그 존재를 예감할 수 있는, 훨씬 더 거대한 실체인 절대자이다.

그러나 내가 주는 물을 마시는 사람은 영원히 목마르지 않을 것이다. 내가 주는 물은 그 사람 안에서 물이 솟는 샘이 되어 영원한 생명을 누리게 할 것이다.

예수가 사마리아 여인에게 약속한 것은 물질적 실체에 좌우되는 평안함이나, 그 존재 이유나 명분을 외부의 상황이나 자신이 알고 있는 것에서 찾는 행복이나 기쁨이 아니다. 그것은 자기 안에 있는 원천으로부터 비롯되는 평안함과 기쁨과 행복이다. '영생이 솟아나는 샘물'인 원천은 시간이 흘러도 결코 메마르지 않는다.

누가 우리에게 이러한 물을 줄 것인가? 더 이상 알고 있는 것에서, 우리의 유전자와 기쁨과 두려움 속에 각인된 오랜 기억 속에서 캐내지 않아도 되도록, 마음의 평화를 얻기 위해 '애쓰지' 않아도 되도록, 마침내 '흐르는 물처럼' 우리에게 주어진 평온함을 다른 사람에게도 전해줄 수 있게 하는 원천인 생명수를 어디에서 얻을 수 있을까?

"네가 만약 신의 선물이 어떤 것인지 알았다면." 수수께끼 같은 말이다. 그리고 우리는 당연히 알지 못한다. 어쩌면 무지는 우리의 고통과 불행을 이해하게 해주는 열쇠인지도 모른다.

이에 대해서는 더 깊이 파들어갈 필요가 있겠다.

우리 사랑들의 우물

만약 우리의 욕구가 어떤 물질적 실체에 의해서도 충족될 수 없고, 마음의 공허를 그 어떤 것으로도 채울 수 없다면, 사랑의 관계에서 약간의 유예기간을 가져보는 것은 어떨까.

모두가 알고 있는 것처럼 "돈이 행복을 보장해주지는 않는다"라는 말이 약간의 도움은 될 수 있다고 해도, 그 누가 "사랑이 행복을 선사해주지는 않는다"라고 감히 말할 수 있을까? 누가 감히 사랑을 한 번도 믿은 적이 없다고 말할 수 있을까?

예수는 사마리아 여인에게 "가서 네 남편을 불러 이리 함께 오너라"고 말했다. 이 말은 곧, 지금 네가 함께 화합과 사랑과 평온함을 누리기를 바라는 사람을 데려오라는 의미이다.

이에 여자는 "저는 남편이 없습니다"라고 대답한다. 이 말은 곧, 지금 나와 함께 있는 사람은 내가 갈망하는 화합과 사랑과 평온함을 주지 못한다는 것을 의미한다. 이에 예수는 다음과 같이 이야기한다. "'저는 남편이 없습니다.' 한 것은 맞는 말이다. 너는 남편이 다섯이나 있었지만 지금 함께 사는 남자도 남편이 아니니, 너는 바른 대로 말하였다."

여기서 이 여인의 욕망의 강렬함, 사랑에 대한 신념, 결혼이나 인간관계 가운데서 그녀가 끊임없이 찾고 있는 것을 발견할 수 있으리라는 확신에 대해 경의를 표하는 바이다.

그녀의 용기와 믿음에 대해서도 경의를 표한다. "한 번 사랑의 실패가 영원한 사랑의 실패를 뜻하는 것은 아니다." 이혼했거나 어떤 관계에서 쓰라림을 경험했다고 해서 두 번, 세 번 또다시 사랑할 수 없는 것은 아니다. 심장은 다시 뛰기 시작하고, 어쩌면 네 번, 다섯 번, 그리고 다른 이들에게도 그랬듯이 자신에게도 마지막이며 결정적인 것이 될 거라고 믿는 여섯 번째 시도를 할지도 모른다. 그리고 또다시 똑같은 사실을 확인하게 된다. "나는 결혼을 하지 않아서 남녀의 진정한 결합이 뭔지 모른다. 그러나 비록 상처받고 무뎌지긴 했지만 난 아직 뜨거운 열망으로 가득하다."

예수는 여인에게 "이 물을 마시는 자는 누구나 다시 목마를 것이다"라고 거듭 말하지 않는다. 그는 그녀를 비난하지도 않으며, 그녀 자신이 이미 알고 있는 것에 관심을 쏟을 뿐이다. 어떤 사람도 그녀 안에 있는 사랑에 대한 갈망을 충족시켜주지는 못했다는 사실이 그것이다.

그렇다면 내게 마음의 평화를 가져다줄 그 사랑은, 끝나지 않을 것처럼 느껴지는 내 안의 결핍을 적어도 견딜 만하게 해줄 그 사랑은 대체 어디 있는 것일까? 종교에서 마음의 평안을 찾아야만 하는 것일까?

우리 믿음들의 우물

이것은 많은 이들이 알고 있는 여정이다. "행복을 보장해주지는 않는" 재물과 "우리의 갈망에 부응하지 않는" 감정적 관계에 실망하여 우리는 몇몇 종교들이 우리에게 제시하는 정신적 실체로 관심을 돌리게 된다. 신성한 산, 사원, 교회, 첨탑, 파고다 등이 비록 '궁극적인' 원천은 아닐지라도 각기 하나의 원천을 감추고 있을 거라는 확신과 함께—"우리에게로 오라, 그러면 더 이상 목마르지 않을 것이니!"—그 종교들이 우리의 타는 듯한 목마름을 진정시켜줄 수 있을 거라고 믿으면서.

사마리아 여인은 종교에 입문하기에 '무르익은' 마음을

지니고 있다. 그러나 그녀는 이 모험의 초기부터 그녀를 떠나지 않았던 양식(良識)으로 물음을 던진다. 어떤 종교를 받아들일 것인가?

우리 사마리아인들은 여기 이 산 위에서 예배하는데, 당신들 유대인들은 예루살렘에서 예배해야 한다고 하지 않는가! 오늘날이었다면 사마리아 여인은 또 다른 곳들을 제안했을지도 모른다. 후지산, 카일라스산, 메카, 바라나시, 부다가야, 키예프의 동굴 수도원, 로마 등등.

하지만 예수의 대답은 언제나 같았을 것이다. "예배해야 하는 곳은 이 산 위도, 예루살렘도, 이 신전도, 이 회교성원도, 이 도장(道場)도, 이 교회도 아니다." 그의 대답은 우리에게 끊임없이 놀라움을 안겨준다. 우리는 그 어떤 종교나 어떤 종교 기관이나 종교의식에도 우리의 갈망을 충족시켜줄 것을 요구할 수 없다. 기껏해야 약간의 위안만을, 부와 명성 또는 "기적 같은 내 사랑!"이 우리에게 줄 수 있는 것 정도의 위안을 기대할 수 있을 뿐이다. 다시 말하면, 절대자를 나타내는 어떤 표상도 절대자가 될 수는 없으며, 우리가 신에 대해 가지고 있는 관념들은 어쩌면 최악의 우상(아이디어, 이데올로기, 아이돌은 모두 같은 어원을 갖고 있다)일지도 모른다. 또한 우리는 이러한 우상과 절대자의 상대적인 표상을 내세워 권력에 대한 의지와 위선을 유지해나가며, 서로서로 반목하고 대립한다.

사람들은 20세기도 더 전과 마찬가지로 여전히 예수의 말에 귀 기울이지 않고 있다. 반면, 그들이 느끼는 결핍을 '대상들'로 채우려는 욕구는 더욱더 강해졌다. 완전하고 근사한 대상이 신을 대신할 수는 있겠지만, 내가 숭배하며 소유하고 싶어 하는 '탁월하고 지고한 대상' 역시 내게 실망을 안겨줄 뿐이다. 또한 그 대상과 그것을 섬기는 이들에게 내 욕망의 전부를 쏟은 만큼 거기서 느끼는 실망 또한 절대적일 수밖에 없다. 이에 대한 이반 아마르의 설명은 매우 설득력 있게 들린다.

"우리가 우리 자신의 욕구에 대해 아는 것은 그 욕구가 투영되는 대상뿐이다. 욕구의 진정한 성질은 욕구의 대상에 의해 희미해지게 마련이다. 그리고 욕구의 대상이 그 효용을 다하고 나면 욕구는 다시 살아난다. 욕구의 대상이 약속을 지키지 못했으므로 우리는 자신의 욕구와 그 대상을 싸잡아 단죄한다. 실제로는 우리 자신의 욕구에 대해 제대로 알고 있었던 적이 한 번도 없었으면서 말이다.

그 효용 가치를 다하지 못한 욕구의 대상 때문에 좌절감을 느낀 사람에게는 대부분 어떤 일이 일어날까? 그는 또 다시 자신의 욕구가 어떤 것인지를 깨닫지 못하게 하면서 그것을 한데 집중하게 하는 지고한 대상에게로 관심을 돌린다. 앞서 자신의 욕구와 그 대상을 싸잡아 단죄했던 것처럼, 그는 여전히 그 둘을 분리하지 못하는 것이다. (……)

우리는 자신의 욕구에 음식물을 공급하듯 지고한 대상을 찾아 나서고, 그 대상이 소진되면 허기가 다시 고개를 들듯 또 다른 대상으로—그것이 정신적인 것이라 할지라도—그 욕구를 누그러뜨리려 하기보다는, 삶의 원동력으로서의 욕구를 인정하며 그 성질을 파악하고 그것을 단죄하려 들지 말아야 할 것이다.”

누구나 자신의 기대치만큼 실망을 느끼게 마련이다.

그것은 신이나 어떤 종교의 '잘못'이 아니다. 결코 소유할 수 없는 어떤 실재의 표상에 자신의 욕구를 투영해서는 안 되었던 것이다. 유일하고도 진정한 신(神)인 진리는 결코 소유할 수 있는 것이 아니다. 그것을 가졌다고 주장하는 이들은 위험한 사람들이다. 그들은 그것을 가졌다는 명목으로 그렇지 못한 사람들을 망가뜨리고 경멸하기 때문이다. 신은 욕망의 대상이 될 수 없으며, 신을 욕망의 대상으로 간주하는 것은 신을 믿는 것이 아니라 우상숭배주의

자가 되는 것이다. 누군가를 사랑하듯 신을 사랑한다는 것은 그를 소유하기를 포기하는 것이며, 자신만의 신으로 삼는 것을 포기하고 그와 '함께 있을 수 있는' 가능성을 향해 마음을 열고 그와 함께 숨 쉬는 것을 의미한다.

신에게 기도를 하는 것은, 그를 생각하는 것(우리는 누군가와 함께 있으면서 그를 생각하지는 않는다)이 아니라 그와 함께 호흡하는 것이다. "기도하는 것은, 숨 쉬는 것이다." 아토스 산에 살면서 헤시카스트주의*의 전통을 지키고 있는 고결한 신부님이 언젠가 내게 했던 말이다. 사실 그는 오래전 가르치는 자 예수께서 사마리아 여인에게 했던 말을 내게 상기시킨 것뿐이었다……

각성의 우물

나의 욕구를 진정시키기 위해 신성한 장소에 가고, 어느 종교의 특별한 의식을 행하는 게 아무 소용이 없다면, 불쑥불쑥 나를 찾아오면서, 그 어떤 대상—아무리 '정신적인' 것이라 할지라도—도 충족시켜주지 못하는 이 억누를

---

* 　14세기에 그리스 아토스 산의 수도사들이 일으킨 신비주의의 한 교파.

수 없는 욕구를 다스리기 위해서는 뭘 해야만 할까?

> 진실로 섬기는 이들은
>
> 프네우마와 알레테이아로 섬겨야 하리니.
>
> 하느님은 프네우마이시니
>
> 프네우마와 알레테이아로 섬겨야 할 것이로다.

어쩌면 예수의 이 말을 서둘러 번역하지 말고 이 말이 지닌 침묵의 무게를 보존해야 하는 것인지도 모른다. 이 말들이 우리에게 그 의미를 드러낼 수 있는 것은 침묵 속에서만 가능하기 때문이다.

여기서 프네우마는 대체로 '신령(神靈)'으로, 알레테이아는 '진리'로 번역된다. 그러나 '신령'은 정신 혹은 지성을 떠올리게 하며, 희랍어로 숨결, 즉 생명의 숨을 뜻하는 Rouah와는 거리가 멀다. 마찬가지로 알레테이아를 '진리'로 옮기지만, 여기서 진리는 '누구나 알 수 있는 보편적인 법칙이나 사실'을 뜻하지 않는다. 알-레테이아(a-letheia)는 일종의 각성 상태로, 무감각, 망각(Lethe), 잠, 마비 등에서 깨어나는 것을 의미한다.

예수는 "내가 진리를 알고 있다"라고 말한 적이 결코 없다. 그는 "Ego eimi aletheia", 즉 "나는 깨어 있다"라고 말했다.

따라서 '하느님 아버지'를 '숨결과 깨달음'으로 섬겨야 한다는 예수의 말씀은, 우리 존재의 근원을 섬기며 그것과 관계를 맺음을 의미하는 것일 터이다.

가르치는 자 예수는 이처럼 점진적으로 사마리아 여인의 욕망을 파고 들어가며 그녀로 하여금 자신의 우물의 원천으로 다가가게 만든다. 그녀의 갈증을 해소시켜주는 것은 재물, 사랑, 종교와 같은 외부적인 것들이 아니다. 그녀의 갈증을 해소시켜줄 수 있는 물은 그녀의 것이 아닌 우물에서 비롯되는 물이며, 그 물은 그녀로 하여금 생명의 살아 있는 근원과 이어주는 숨결 속으로 뛰어들게 만든다. 우리의 삶은 하나의 숨결에 달려 있기 때문이다. 그 숨결에 귀 기울이며, 들숨과 날숨이 나오고 들어가는 근원에 이를 수 있도록 그 숨결을 따라가야만 한다. 우리의 생명이 비롯되고 태어난 곳도 그곳이며, "살아 있고 숨 쉬는 모든 것의 창조주이신 아버지"를 만날 수 있는 곳도 그곳이기 때문이다.

당신의 숨결과 당신의 성령과 당신에게 생명을 부여한 신령에 귀를 기울여보라. 이 숨결은 또한 의식(意識)이자 깨달음이다. 당신의 욕구가 언제나 생생하게 남아 있도록, 어떤 물질적이거나 정신적인 대상—아무리 멋지고 빛나는 것이라 할지라도—으로 인해 그 욕구가 더 번잡해지거나 충족되는 일이 없도록 잘 살피기를. "신은 욕망의 궁극적인 대상이거나 비(非)욕망에서 비롯되는 의식이 아니다. 신은 욕망 속에 감춰진 욕망 그 자체이다. 그리하여 욕망이 더 이상 어떤 대용품이나 모조품으로도 충족되지 않을 때, 그 욕망은 신의 진정한 본질로서 깨어나게 된다." 이에 나는 신은 좀 더 정확히는, '그 자체로 존재하는 존재(야훼)', '스스로 있는 자(ego eimi)', 즉 욕망의 대상이 아닌 욕망의 주체임을 말하고 싶다.

이처럼 예수는 사마리아 여인이 갈망하는 생명수의 원천뿐만 아니라, 그녀가 느끼는 갈증의 원천 자체로 그녀를 이끈다.

하지만 결코 이 원천의 물을 퍼내거나 물을 말라버리게 해서는 안 되며 있는 그대로 놔두어야 한다. 이 모든 것은 제한된 시간과 공간 속에 살고 있는 보통의 정신세계를 지닌 인간에게는 지나치게 강렬한 경험이 될 수도 있다.

사마리아 여인은 "언젠가는 어쩌면", "메시아가 우리에게 올지도"와 같은 예감을 느꼈고, 이에 예수는 그녀의 말을 가로막으며 놀라움을 안겨주었다. 메시아, 즉 '스스로 있는 자'는 우리 자신의 우물 깊숙한 곳에 있으며, '스스로 있는 자'는 우리가 찾는 그 누군가이자, 우리 자신보다 더 우리와 가까운 존재이다.

또한 이런 것들은 미래의 삶 속에서 발견할 수 있는 게 아니다. 이번 생에서 영원한 삶이 어떤 것인지를 알지 못하는 사람은 다른 생에서도 그것을 알 수 없다. 영원함은 곧 어제, 오늘 그리고 내일을 의미한다. 강물이 유한한 시간 속에서 흘러가듯, 우리의 숨결과 우리의 의식 또한 유한한 시간 속에 존재한다. 그러나 우리의 욕망과 우리의 숨결과 의식의 원천은 유한한 시간이 아닌 영원['비(非)시간'] 속에 존재한다.

그런데 우리가 알 수 있는 것은 모두가 유한한 공간과 시간 속에서 알려진 것인데 어떻게 알려질 수 없는 것을 알 수 있단 말인가?

숨결과 깨달음 속에 머물러 있으라, 그리하면 당신이 진정 누구인지, '스스로 있는 자'가 누구인지 스스로 깨닫게 될 것이다.

다른 보통 사람들처럼 사마리아 여인 역시 이러한 비(非)대답—스스로 보고, '갈증이 더 날 때까지' 마시며, 자기 안에 있는 원천과 갈증이 결국 하나가 아닌지를 확인하게끔 이끄는 것—에 당혹감을 느낄 수도 있을 것이다.

하지만 사마리아 여인은 획득된 앎, 소유할 수 있는 진리, 한순간 욕망에 부응하는 대상들을 상징하는 '그녀의 물동이'를 내버려두고, 이제부터는 그녀가 배우고 획득한 것으로부터가 아니라, 그녀에게 가르침을 준 이처럼 마음으로부터 말을 하게 될 터이다. 그리하여 그녀 안의 샘물이 흘러나오면서, 그녀가 만나는 이들의 목을 축여주기보다는 그들을 더욱더 목마르게 할 것이며, 그들을 굳건하게 하고 그처럼 스스로를 바칠 수 있게 만드는 '스스로 있는 자'를 만나기 위해 숨결과 깨달음 속으로 더 파고들어 가고픈 욕구를 더욱더 커지게 할 것이다.

"네가 만약 신의 선물이 어떤 것인지 알았다면", 그녀는 이제 그게 무엇인지 알고 있다.

그녀의 깊숙한 곳에는 존재에게 부여되는 선물, 모든 욕망을 부추기는 원천이 깃들어 있다. 그 원천은 우리 자신을 더 파고들게 하면서 우리를 채워주고, 우리의 갈증으로 하여금 우리를 괴롭히는 고문이 아닌 우리를 풍요롭게 하는 물에 대한 증거가 되게 한다.

『성경』은 더 이상 이야기하고 있지 않지만, 우리는 사마리아 여인이 예수를 만난 후의 이야기를 추측해볼 수 있다. 예수는 사람들이 흔히들 떠올리는, 잘 알려지거나 손쉽게 구할 수 있는 대상으로 그녀의 욕구와 갈증에 응답하지 않았다. 그는 그녀의 결핍과 함께하며 그 범위를 넓혀 어떤 대상으로 채워질 수 있는 경계를 사라지게 했다. 이제 그녀는 자유로운 존재가 된 것이다.

그녀는 이제 자신들의 산 위나 신전으로 돌아가더라도, 신이나 하나의 표상 또는 '스스로 있는 자'와 같은 특별한 의식 상태에 그 무엇도 바라지 않을 것이다. 상대적인 실재에 절대자가 되어줄 것을 기대하지도 않을 것이며, 그 때문에 실망하는 일도 결코 없을 것이다. 그녀는 이제 그녀의 경이로운 마지막 사랑인 남편에게로 돌아가 마침내 있는 그대로의 그를 사랑할 수 있을 것이다. 이제 더 이상 그에게 언제나 부재했던 아버지나 강압적인 어머니에 의해 생겨난 결핍을 메워줄 것을 요구하지도 않을 것이다.

그녀는 유한한 존재에게 무한하고도 무조건적인 사랑을 요구하지도 않을 것이며, 언제나 냉철함을 유지하면서, 마치 연약한 자식을 배려하는 어머니처럼 그 사랑의 한계와 결함까지도 사랑할 것이다. 그녀는 물질적 부와 그녀의 우물 또는 가족이 사는 집으로 돌아가더라도, 그 모든 덧없고 일시적인 재물들이 그녀가 열망하는 절대적인 마음의 평안을 이루어줄 것이라고 기대하지도 않을 것이다……..

예수는 세속적인 실재들이 아닌 그것들에 대한 맹목적인 숭배로부터 우리를 자유롭게 했다. 우리로 하여금 욕망의 대상에 대한 집착에서 벗어나, 자유롭게 모든 사물을 있는 그대로 사랑하고 무한한 것에만 무한성을 요구할 수 있도록 한 것이다.

"네가 신의 선물이 어떤 것인지 알았다면", 이 말은 즉 "모든 것의 근원과 선물의 근원이 네 안에 있음을 네가 알았다면"이라는 의미와도 같다.

죽음마저도 우리에게서 앗아갈 수 없는 유일한 것, 우리는 그것을 줄 것이다. 오직 소멸하는 것만이 죽을 수 있기 때문이다.

당신은 삶을 소유하는 게 아니라
당신이 삶 자체다.

그 무엇도 그 누구도 당신에게서 삶을 앗아갈 수는 없다…….

당신이 갖고 있는 것만을 빼앗을 수 있기 때문이다.

삶에 대한 당신의 생각과 표현, 당신의 우상들,

감정과 감상, 생각들, 당신이 그리는 삶의 모습들,

당신이 동일시하고자 하는 나 자신,

당신은 이 모든 것을 잃을 수 있다.

그러나 삶 자체는 그 누구도 빼앗을 수 없다…….

당신은 삶을 소유하는 게 아니라

당신이 삶 자체다.

달려가고 지나가는 삶에, 머물 수 있고,

쉴 수 있는 자리와 토대와 숨결과 의식(意識)을 제공하라.

삶이 또다시 자신을 줄 수 있도록,

물을 제공함으로써 더 갈증을 느끼는 원천처럼…….

인간은 존재를 그리워하는 존재라고 형이상학자는 말한다.

인간은 원천을 그리워하는 목마름(욕망)과도 같다고

정신분석학자는 말한다.

인간이라는 존재에게는 또 다른 존재가 주어진다.

인간이라는 갈증에는 원천이 주어진다.

그 원천을 예감하고, 원하고, 숨 쉬고, 그에 동의한다면.

"당신이 신의 선물을 믿는다면", 그리고 더 나아가

"당신이 신의 선물이 어떤 것인지 안다면."

그러나 이 '복음서의 말'은 닫혀 있는 마음이나 이성(理性)을 향해 이야기하는 게 아니라, 불가능한 존재를 받아들이는 언제나 '열려 있는' 마음과 이성을 향해 말하는 것이다.

3

원천이
갈증과 다시
만날 때

예수님께서 그 여자에게 이르셨다.
"이 물을 마시는 자는 누구나 다시 목마를 것이다.
그러나 내가 주는 물을 마시는 사람은 영원히 목마르지 않을 것이다.
내가 주는 물은 그 사람 안에서 물이 솟는 샘이 되어
영원한 생명을 누리게 할 것이다."
「요한 복음서」 4장 13~14절

"만약 어떤 여자가 내가 원하는 모든 걸 내게 준다면, 난 싫증이 날까 봐 두려워질 것이다." 내가 갈망하던 모든 걸 갖게 된다면 내 욕구는 어떻게 할 것인가? 욕구가 충족되지 않고 남아 있는 한 갈증 또한 여전히 생생하며, 그로 인해 나는 살아 있음을 느낀다. 만약 모든 욕구가 사라져버린다면 어떤 일이 일어날까? 사랑에 대한 갈증, 또 다른 사랑에 대한 갈증이 더 이상 느껴지지 않는다면? 죽을 때까지 충족된 상태로 살아가게 된다면? 결핍은 욕구를 유지시켜주고, 욕구는 삶 속에서 살아 있음을 느끼게 해준다. 또한 완벽한 사랑을 떠올리면서 즐거워할 수도 있고, 내 사랑이 완벽할 수도 있다는, 또는 완벽해야만 한다는 생각에 기쁨을 느낄 수도 있다. 하지만 과연 나는 그런 사랑을 살아낼 준비가 되어 있는 걸까? 결핍이 내게 살아 있다는 느낌을 주기를 기대하지 않고 충만하게 사랑할 수 있을까?

"아무리 행복한 관계일지라도 한 사람과의 관계에 안주하는 것은 내게는 죽음과도 같다. 나는 내가 갖지 못한 것과 더 이상 가질 수 없는 것을 본다. 이제 무엇을 기대할 수 있을까?" 내게 가장 탐낼 만한 것으로 여겨지는 것도 일단 손에 넣게 되면 '죽은 것'이 되며, 그것이 있던 자리에는 사라져버린 욕구가 주는 고통스러운 느낌만이 남게 된다. 내가 원했던 대상을 소유하거나, 한 남자나 한 여자로부터 기대하는 것을 얻게 되는 순간부터 더 이상 무엇을 바랄 수 있을까? 나는 욕구의 결핍에 시달리게 될 것이다.

참으로 잔인한 모순이다. 나는 내게 부족한 것을 채우려고 노력하지만, 결핍이 사라지고 나면 욕구 또한 사라지고 만다. 그러면 내가 바라던 것의 결핍과 욕구의 결핍 중에서 어느 것이 더 나쁜 건지 헷갈리게 된다. 이런 조건하에서는 무엇을 어떻게 해야 할까? 결코 충족될 수 없는 욕구와 함께 평생 살아가야 하는 걸까? 내 마음이 원하는 것을 주지 않는 남자나 여자를 만나거나, 그 누구도 만족시켜줄 수 없는 이중적인 욕구—내가 원하는 것을 내게 줘, 그리고 동시에 내게 그것을 주지 말아줘—를 가져야 하는 걸까? 아니면 한 남자나 여자가 마음과 정성을 다해 내게 주는 것을 거부해야 하는 걸까? 바라던 것을 얻게 되면 더이상 바랄 게 없어진다는 이유로 내가 그토록 오랫동안 기다렸던 것, 내 결핍을 채워줄 수 있는 따뜻한 마음을 거절해야 하는 걸까? 내 목표에 도달하고 나면, 또 얼마나 더달려가야 하며 어떤 장해물을 뛰어넘어야 하는 걸까? 당신이 내 옆에 있게 되면, 난 당신을 보지 못할 것이다. 나는 당신을 더 이상 보지 못한다.

당신이 내 곁에 있으면 나는 다른 곳에서 당신을 찾을 것이다. "나는 어떤 여자와 아름다운 사랑을 하고 있으며 그녀를 진심으로 사랑한다고 생각한다. 그런데도 자꾸만 다른 곳을 바라보게 된다. 나를 사로잡는 열정과 내가 평생 함께하고픈 사람이 바로 이 여자라는 확신이 들지 않기때문이다." 얼마나 많은 남자와 여자가 자신의 이중성 때문에 자기 자신과 치르는 전쟁의 무기를 내려놓을 수 있기를 간절히 바라는가. 당신이 나를 사랑하기를 바라지만,

152

막상 당신이 나를 사랑하게 되면 난 어떻게 될까? 그때부터 내 목표는 더 이상 당신을 설득하는 게 아니라, 내 안에 있는 두려움을 이기는 것이 될 것이다. 당신과의 사랑에 갇혀버릴 것에 대한 두려움, 내 생각이 틀렸을지도 모른다는 두려움, 또 다른 여자, 또 다른 삶, 어쩌면 진정한 삶을 지나쳐버릴지도 모른다는 두려움. 진정한 승리는 당신이 아닌 나 자신을 이기는 것이 될 터이다. 나 자신을 넘어서야만 한다. 그래서 당신을 사랑하는 것을 자꾸만 미루게 된다.

"난 이제 한 여자하고만 진지한 사랑을 나눌 준비가 되어 있을 것이다. 예전처럼 길에서 마주치면서 나를 꿈꾸게 하는 여자들에 대한 아쉬움 같은 건 느끼지 않을 것이다." "난 준비가 되어 있을 것이다"라는 말에는 여전히 조건법이 들어 있다. 꿈이 현실이 되려면 어떤 조건이 필요할까? 다른 그 누구도 아닌 이 여자를 선택하기 위해서는 그녀는 어떤 사람이어야 할까? 그게 당신이라는 것을 어떻게 확신할 수 있을까? 다른 그 누구도 아닌 당신임을 어떻게 알 수 있을까? 나는 흠잡을 데 없는 욕구로 당신을 사랑하고 싶다.

"도무지 마음을 정할 수가 없어. 내 주변에는 여자들이 여럿 있어. 그들이 내게 무언가를 기대하고 있다는 걸 알지만 난 그걸 줄 수가 없어. 그들 각각을 놓고 보면 내 마음에 드는 장점을 하나씩은 갖고 있지만, 내 이상형의 여자가 지녀야 할 장점들을 모두 갖추고 있는 사람은 아무도 없거든." 자신의 모든 기대를 충족시켜줄 단 한 여자를 기다리는 동안에는 어떤 여자와도 진지한 관계를 이어갈 수 없다. 게다가 그녀에게서 모든 걸 기대한다면 더욱더 그러할 것이다. 그 관계에서 자유의 종말을 의미하게 될 그 '모든 것'을 발견하게 될까 두려워하기 때문이다. "그녀가 모든 걸 갖고 있고 그녀가 모든 것이라면, 난 아무것도 아닌 존재가 되고 말 거야." 모든 걸 갖춘 여자는 강력한 어머니와도 같다. 그녀가 내 삶을 좌지우지하게 된다면, 난 그녀 앞에서 다시 어린아이가 되고 말 것이다. 그리하여 더 이상 자유롭게 숨을 쉴 수도, 자유롭게 살아갈 수도 없을 것이다.

죽음에 대한 두려움은 남자에게는 사랑하는 여자와 같은 성별인 어머니로의 회귀와 같은 것이 아닐까? 원초적인 관계, 어머니의 욕구의 흔적으로의 회귀. 그를 세상에 내보낸 어머니는 그 존재만으로도, 그 존재의 성질에 따라 그의 욕구에 지대한 영향을 미친다. 그녀의 존재가 곧 부재를 뜻하거나 숨을 막히게 할 수도 있고, 때로는 둘 다일 수도 있다. 그녀는 사랑을 주는 것에 인색할 수도 있고, 사랑을 요구하는 방식이 억압적일 수도 있다. 적어도 그는 자신의 어머니를 그렇게 인식한다. 그리고 훗날 그에게 다가오는 모든 여자를 두려워한다. 그녀가 너무 까다롭거나 잔소리가 심하거나, 충분히 사랑스럽지도 상냥하지도 않다고 지레 짐작하기 때문이다. 내 어머니처럼 굴지 마라.

완벽한 여자에 대한 갈증은 충분히 완벽하지 못한 여자들에 대한 거부로 이어진다. 그는 종종 그들에게서 자신의 어머니를 발견한다. 그는 자신이 살고 싶지 않은 삶과 첫 번째 사랑의 관계에서 다시 경험하고 싶지 않은 것들을 반복하기를 거부하는 것이다. 그 관계가 힘들었을 경우에는 더더욱 그럴 것이다. 만약 나의 어머니를 있는 그대로 받아들인다면, 한 남자나 한 여자를 있는 그대로 받아들이기가 더 쉬워질 것이다. 내가 어머니를 있는 그대로 받아들이는 것은, 아마도 그녀가 나를 있는 그대로 받아들였기 때문일 터이다. 진정한 사랑은 상대의 결점마저도 받아들이는 것이다. 따라서 더 이상 당신을 사랑하기 위해 당신이 완벽해지기를 바랄 필요가 없게 된다.

그러나 내 어머니가 나를 충분히 사랑하지 않았다면, 나는 내가 원하는 대로 그녀가 나를 사랑할 수 있기를 계속 기다린다. 그리고 더 이상 그녀에게서 아무런 기대도 할 수 없게 되면, 내가 만나게 될 여자나 남자, 내가 사랑하는 이들에게서 그런 사랑을 기대한다. 그렇게 난 나를 그토록 힘들게 했던 관계를 나도 모르게 재현한다. 권위적인 어머니 밑에서 자라난 남자는 강압적인 여자의 말을 순순히 따른다. 소유욕이 강한 어머니를 둔 남자는 끊임없는 요구와 비난으로 그를 괴롭히는 여자에게 아무런 저항도 하지 못한다. 차갑고 냉정한 어머니를 둔 남자는 그에게 거리를 두면서 끊임없이 그가 갖지 못한 사랑과 애정을 요구하는 여자를 선택하게 된다. 스스로 늑대 아가리로 뛰어들 만큼 무모해서 그런 걸까? 아니면 고통을 즐기는 무의식이나 취향, 또는 반박하지 못하는 나약함 때문에 그러는 걸까? 혹은 반복을 좋아하는 음울한 성향과 결합된 상상력 부족 때문일까? 사실 그가 선택한 여자는 항상 그의 가장 간절한 욕구에 부응하는 여자가 아니다. 그녀는 그의 과거의 상처를 치유해주어야 하는 여자다. 나를 고통스럽게 해줘, 그럼 난 치유될 수 있을 테니.

그에게 선택된 여자는 그의 어머니를 떠올리게 한다. 하지만 그녀는 여자와 그 자신에 대한 아버지의 시선의 반영이기도 하다. "내 아버지는 정말 굉장한 분이셨어. 그분에게 다가가는 사람들 모두를 매혹시켰지. 아버지 앞에서 난 한없이 초라해지곤 했어. 나는 어떤 여자를 좋아하면서도 그녀가 날 좋아할 수 있을 거라는 생각이 들지 않아. 그래서 내가 먼저 떠나거나, 온갖 방법을 동원해서 결국 그녀가 나를 떠나게 만들고 말아." 내 아버지, 나의 영웅! 그를 닮을 수만 있다면, 그의 마음에 들 수만 있다면! 그랬다면 내가 사랑하는 당신은 분명 나를 사랑했을 텐데!

"아버지, 나는 당신이 나의 영웅이 될 수 있기를 얼마나 바랐는지 몰라요. 그런데 왜 그렇게 되지 못했나요? 어째서 내게 그토록 무심했었나요?" 소녀는 아버지의 부재를 가슴 아파한다. 그녀의 사랑에의 갈증 속에는 아버지에 대한 고통스러운 갈증이 내재해 있다. "내 아버지는 나를 제대로 바라본 적이 한 번도 없어요. 그는 내가 누군지도 몰라요. 사실상 난 아버지가 없는 거나 마찬가지예요. 그래서 내 아버지처럼 나를 돌봐줄 수 있는 사람을 찾았던 것 같아요. 하지만 막상 그런 사람을 만나면 그에게 아무런 욕구가 느껴지지 않아요. 난 내 아버지가 그랬던 것처럼 내게 신경을 쓰지 않는 사람에게만 끌려요." 나는 더 이상

아프고 싶지 않지만, 나를 아프게 하는 사람에게 끌리는
마음을 나도 어쩔 수 없다.

"아버지는 어머니를 사랑하지 않았어요. 어머니를 생각
하면 마음이 아프지만, 한편으로는 그렇게 나쁜 남편을 선
택한 어머니에게 원망스러운 마음이 들기도 해요. 어머니
는 얼마든지 아름다운 사랑을 할 수도 있었을 거고, 그랬
다면 나 역시 그런 사랑을 하기가 훨씬 더 쉬웠을 거예
요." "어머니는 아버지를 사랑하지 않았어요. 어머니는 아
버지를 경멸하고 짜증을 내기가 일쑤였어요. 내가 보는 앞
에서 남자를 끊임없이 깎아내렸어요." 내 어머니가 행복
하지 않았으니 나 또한 당신하고 행복할 수 없다. 내 어머
니는 사랑을 지나쳐 갔다. 나 역시 사랑이 무엇인지 알지
못한다. 내가 당신을 사랑하는지도 잘 모르겠다.

"더 이상 그 누구에게도 함부로 취급받지 않으리라 마
음먹는 데 어째서 그토록 오랜 시간이 걸린 것일까?" 어린
소녀가 자신의 왕자님을 만나려면 먼저 공주로 자라나야
만 한다. 그녀는 어린 시절의 고통을 극복하기 위해 그 기
억을 애써 되살린다. 그리고 자신에게 고통을 줄 수 있는
사람을 선택해 그 고통을 좀 더 잘 살아내고자 한다. "그
사람과 결혼했을 때 난 그가 아주 따뜻하고 다정한 사람인

줄 알았어요. 그가 내 어머니처럼 의뭉스럽고 무서운 난폭함을 감추고 있는 줄 몰랐어요. 난 그 사람 이후에도 여러 남자를 통해 그런 난폭함을 경험해야 했어요. 그러고는 깨달았지요. 그 모두가 나 때문이 아니었다는 것을요. 이제야 난 애정으로 이루어진 균형 잡힌 관계를 맺을 수 있게 된 거예요." 자신에게 맞는 짝을 선택할 수 있기 위해서는 때로 여러 번의 '수업'이 필요하다. 삶에 대한 도전이기도 한 수업들을 거쳐야 하는 것이다.

"어머니는 내게 다정했던 적이 한 번도 없어요. 내게 자신처럼 냉정해지는 법을 가르치셨죠. 하지만 난 어머니가 나를 사랑했다는 걸 의심해본 적이 한 번도 없어요. 내가 사랑했던 남자들은 내게 사랑한다고 했지만, 그 사람들 역시 내게 다정한 모습을 보인 적이 없어요. 그래도 난 아직 내가 바라는 따뜻함을 보여주는 누군가가 있을 거라는 기대를 버리지 않고 있어요." 나는 도전을 사랑한다. 앞으로의 내 삶은 내가 이전에 겪었던 삶과는 다를 거라고 생각하기를 좋아한다. "그가 더 이상 내게 아무것도 주지 않을 거라는 걸 깨달았지만, 그래도 난 그를 떠나지 않았어요. 언젠가는 그가 마음을 바꿀 거라고 믿고 있거든요." 나는 내가 가져보지 못한 사랑을 당신이 내게 주리라는 믿음을 버리지 않고 있다.

우리는 종종 자신이 갖고 있는 것에 만족하기보다 새로
운 것에 도전하기를 더 좋아한다. 도전하는 사람은 자신이
갖지 못한 것 때문에 고통받을 수는 있어도, 자신에게서 소
중한─그것이 비록 고통스럽다 할지라도─갈증의 느낌
을 앗아갈지도 모르는 것을 소유하는 데에 고통을 느끼지
는 않는다. 만약 그 때문에 계속 불평을 한다면, 그 갈증을
충족시켜버리는 것이 앞으로 나아가는 데 도움이 된다. 이
러한 움직임에는 삶에 대한 욕구, 생명의 도약이 내재되어
있다. 비소유에서 소유로, 상처받은 어린아이에서 '치유
된' 어른으로, 부재에서 존재함으로, '충분하지 않음'에서
'언제나 더'로 나아가는 것이다. 그 속에서 기대되는 기쁨
은 과거의 고통을 지우는 데에서 비롯된다.
    도전은 기대뿐만 아니라 희망 또한 생겨나게 한다. 자신
이 알지 못하는 것으로 마침내 자신의 결핍을 채울 수 있
다는 희망. 자신이 가진 것에 만족함은 더 이상 다른 것을
찾아 나서지 않아도 된다는 것을 뜻한다. 그렇다면 자신의
불만족을 해소하기 위해서는 어떻게 해야 할까? 이에 도
전하는 사람은 과거의 부당함에 대항해 계속 싸우며, 그의

기대에 대해 알지 못했거나 그것을 충족시켜주지 못했던 사람들과 맞서는 투쟁을 멈추지 않는다. 싸움을 멈추는 것은 그들이 했거나 하지 않은 것을 용서하는 것이 될 터이다. 우리를 고통스럽게 했던 이들에게 선사하고 싶지 않은 평화를 선물하고 그들과 평화롭게 지내는 것이 될 터이다. 그 남자나 그 여자는 너무도 나를 아프게 했다. 그런데 어떻게 잊을 수 있겠는가? 또 다른 누구나 또 다른 사람들은 내게 상처를 주었으며, 그들은 곧 세상 사람 모두가 될 수도 있다. "내 어머니가 준 상처 때문에 난 세상 사람 모두가 싫어졌어." 나는 다른 사람들이 내게 가한 고통 때문에 당신을 원망하는 거야.

"어린 시절 내 머릿속은 한 가지 생각으로 가득 차 있었다. 난 늘 어머니에게 '왜 나를 사랑하지 않아요?'라고 묻고 싶었다. 이제야 깨달은 것이지만, 최악은, 내가 가장 사랑했던 사람이 바로 어머니였다는 사실이다. 그녀가 부르기만 하면 난 즉시 달려가곤 했다. 내가 존재하는 것은 그녀가 날 필요로 하기 때문이었다. 하지만 난 내게 언제나 사랑을 보여주었던 이들에게 무심했고, 그들이 나를 필요로 할 때에도 아무런 도움의 손길도 내밀지 않았다. 그러면서 나를 사랑하지 않았던 어머니만을 끊임없이 생각했다. 나를 사랑했던 이들에게는 눈길조차 주지 않았다. 그뿐만 아니라 그들을 몹시 괴롭혔다. 그들이 나를 사랑하지 않는다는 것을 증명하고자 하면서 그들에게 언제나 더 많은 것을 요구했다. 나는 결국 내게 마음을 열지 않고 나를 지배하고자 하는 이들만을 좋아한 셈이었다." 난 당신을 사랑해, 당신과 함께한다면 지난날의 내 고통들을 치유 받을 수 있을 것 같아서. 나는 내가 한 번도 가져보지 못한 것을 갖기 위해 당신을 사랑해. 또한 당신이 내게 그것을 줄 수 없기 때문에 당신을 사랑하는 거야.

나의 갈증을 결코 해소시켜줄 수 없을 당신, 난 그런 당신을 사랑해. "그 누구도 나를 행복하게 해줄 수 없다. 내가 여자에게 기대하는 것은, 내가 가져보지 못한 어머니, 모성애를 느낄 수 없었던 어머니를 대신하는 것이다. 그래서 여자가 나를 어머니처럼 돌봐주는 것에 행복감을 느낀다. 하지만 금세 싫증이 나면서 그녀에 대해 어떤 욕망도 느낄 수 없게 된다." "어머니의 죽음 이후 나는 받아들일 수 없는 것을 받아들여야만 했다. 그녀가 내게 주지 않았던 것을 이제는 결코 줄 수 없으리라는 사실을. 내가 사랑하는 당신, 당신은 그것을 내게 어떻게 줄 수 있는지?" 사랑에의 갈증이 우리를 사랑으로 이끌면서 누군가를 만나게 하고 자신에게 주어질 수 있는 행복을 누릴 수 있게 해 준다면, 지나치게 강렬하고 고통스러운 갈증은 누군가를 만나 사랑을 하고 진정한 삶을 사는 것에 장해물로 작용한다. 나의 고통은 너무나 뿌리가 깊다. 당신이 누구든 내가 느끼는 결핍은 결코 채워지지 않은 채 계속 나를 따라다닐 것이다.

> 인간이 가질 수 있는 것은 아무것도 없다.
> 자신의 힘도, 자신의 나약함도, 자신의 마음조차도.
> 그가 두 팔을 벌린다고 생각할 때 그의 그림자는
> 십자가의 모습을 보여주며, 그가 자신의 행복을
> 껴안는다고 생각할 때 그는 그것을 부서뜨린다.
> 그의 삶은 낯설고 고통스러운 반목일 뿐이다.
> 행복한 사랑이란 것은 없다.

아라공은 그의 아름다운 시에서 이런 말을 했다. 우리가 가질 수 있는 건 아무것도 없다. 우리가 얻고자 하는 것은 언제나 다른 곳에 있기 때문이다. 다른 공간과 다른 시간 속, 우리의 손길이 닿지 않는 곳에. 우리는 너무 어리거나, 여전히 어린아이로 머물러 있다. 높은 선반 위에 있는 것을 갖고자 하는 어린아이. 우리는 자신의 것이 아닌 것을 경험하기를 원하고, 종종 자신이 알고 있거나 알지 못하는 이야기, 그것도 슬픈 사연들을 바로잡고자 하는 어린아이와도 같다. 자신의 것이 아닌 사연들을. 사랑은 우리를 아프게 한다. 사랑은 나를 위한 것이 아니다.

"내가 가질 수 있는 건 아무것도 없다. 아무리 작은 즐거움이라 해도 일단 느끼고 나면, 아직 느껴보지 못한 또 다른 즐거움에 대한 기대로 인해 그것을 잊게 된다. 그리고 끊임없는 의문들이 내게 주어진 행복을 흔들어놓는다. 이 사람이 정말 내가 원하던 사람일까? 난 충분히 사랑받고 있는 걸까? 난 충분히 사랑하고 있는 걸까? 내가 지금 겪고 있는 것들이 내가 겪어야 했던 것들이라면 확신을 가질 수도 있을 것이다. 그러나 끊임없는 의문들이 나의 불안을 커지게 한다." 내가 가질 수 있는 건 아무것도 없다. 지금 있는 것은 언제나 의문을 남기며, 무언가를 소유한다는 것은 또 다른 세계로 향하는 문을 닫아버리는 것이 될 터이다. 따라서 내게는 내가 갖지 못한 무언가가 필요하다. 내가 이미 알고 있는 것에 나를 가두지 말라.

내가 가질 수 있는 것은 아무것도 없다. 그만큼 나의 갈증 또한 커질 수밖에 없다. 거대하고 무한하게. 나는 나를 넘어서면서, 내 품에 안기자마자 나를 벗어나는 행복을 갈망한다. 당신은 내가 기대하는 것을 내게 줄 수 없다. 내가 삶에 기대하는 것을 삶이 내게 줄 수 없듯이. 나의 갈증은 너무도 강렬하기 때문이다.

갈증이 너무 강렬할 때는 그 무엇도 그 누구도 그것을 해소시켜줄 수 없다. 절대적인 사랑, 완벽하지만 상상 속의 삶을 꿈꾸는 것만이 그러한 기대에 부응할 수 있다. 현실과의 대면은 그게 어떤 것이든 실망을 안겨줄 수밖에 없다. 다른 누군가는 또 하나의 결핍을 확인시켜줄 뿐이다. 그의 존재는 부재하는 이상형으로 인한 고통을 일깨워준다. 우리는 꿈속에 머물고, 현실은 달아날 것을 부추긴다. 또는 우리가 현실을 외면하기도 한다. 삶의 청사진이 아무리 근사해 보여도 실현되지 않은 채 미완성으로 남아 있으며, 미래에 대한 약속이 아무리 넘쳐나도 그 역시 앞날을 보장할 수 없는 것들뿐이다. 나는 당신이 내 곁에 있는 것보다 당신에 대해 갈증을 느끼는 것을 더 사랑한다.

몹시 강렬한 갈증은 살아가는 하나의 이유가 된다. 해소하고 싶으면서도 잊고 싶지는 않은 갈증. 순간의 결핍감을 지속시키는 것은, 더욱 커다란 결핍, 특정한 대상도 알지 못한 채 심연 속으로 우리를 빠뜨리는 막연한 결핍을 느끼는 것을 피하게 해준다. 욕구를 느끼는 한 나는 살아 있는 것이다. 더 이상 아무것도 바라는 게 없게 되면, 나는 더 이상 존재하지 않는 것과도 같다. 나는 내가 느끼는 갈증을 사랑한다, 당신보다 더 많이.

갈증이 너무 강렬할 때는 다른 사람은 존재하지 않는다. 그는 상처의 치유나 덧없는 쾌락에 도움을 주거나 사랑을 재확인하는 데 필요한 존재가 될 수는 있다. 나는 있는 그대로의 그를 사랑하는 게 아니라, 그가 어떻게 사랑하는가를 알기 위해서 그를 필요로 한다. 그가 무엇을 줄 수 있는지를 알기 위해서. 그는 비록 자신이 무엇을 주어야 하는지 알지 못하더라도. 때로 끝 모르는 요구의 대상이 된 그는 높은 좌대 위에 놓이기도 한다. 그러다 그 요구에 부응하지 못하면 땅보다 더 깊숙이 아래로 추락하고 만다. 사람들은 그의 겉모습과 그가 했던 일과 그가 했던 말에 주목하지만, 그가 진정으로 바라는 것이 무엇이었는지는 알지 못한다.

갈증이 너무 강렬할 때는 욕구가 부재하듯 '다른 누군가' 또한 부재한다. 욕구와 '다른 누군가'는 둘 다 이름이 없으며, 그 어떤 이름으로도 지칭될 수 없다. 나는 어떤 대상에 욕구를 집중시키지만, 정작 그 대상은 내 눈에 들어오지 않는다. 또한 나의 욕구는 여러 곳으로 흩어져 결코 어느 한군데에 머물거나 멈추는 법이 없다. 모든 여자나 모든 남자를 원하는 것은 아무도 원하지 않는 것과 같다. "한 여자와 함께하는 것은 모든 여자를 잃어버리는 것과 같다." "한 남자로 하여금 당신을 사랑하게 하는 것은, 당신을 사랑하는 다른 모든 남자를 버려두는 것과 같다." 따라서 나의 욕구는 특별한 한 사람을 향하는 법이 없다.

갈증이 너무 강렬할 때는 인내심과 분별력이 부족해진다. 나는 순간의 갈증을 해소시켜줄 수 있는 남자나 여자에게 관심을 보이지만, 다급하고 초조한 마음에 종종 그릇된 선택을 하게 된다. 내가 선택한 사람은 나의 이상형과는 거리가 멀고, 그의 존재나 부재는 나의 갈증을 더욱더 씁쓸하거나 고통스럽게 느껴지게 할 뿐이다.

갈증이 지나치게 강렬할 때는, 나는 나 자신과 나의 진정한 욕구에서 멀어지게 된다. 욕구의 원천에서 멀어지는 것이다. 나는 더 이상 그러한 원천이 있기는 한 것인지, 어디서 그것을 찾을 수 있는지를 알지 못하게 된다.

그러자 그 여자가 예수님께 말하였다. "선생님, 두레박도

가지고 계시지 않고 우물도 깊은데, 어디에서 그 생수를 마련하시렵니까?

그러자 그 여자가 예수님께 말하였다. "선생님, 그 물을 저에게 주십시오. 그러면 제가 목마르지도 않고, 또 물을 길으러 이리 나오지 않아도 되겠습니다."

나의 갈증을 진정시켜줄 '생명수'는 어떤 것일까? 결핍을 바탕으로 하지 않고 다른 방식으로 누군가와의 관계를 이루어나갈 수 있을까? 아무리 채워도 끝이 없는 우물처럼 채우는 게 불가능한 허공과 같은 고통스러운 느낌이 아닌 충만한 행복을 누리는 게 가능하긴 한 것일까? 그럴 수만 있다면, 내 안에서 얻을 수 있는 것을 밖에서 구하고자 하는 격렬하고도 지속적인 욕구에 시달릴 일은 없을 터이다. 나는 한 남자나 한 여자가 사랑과 생명수의 원천이 되어주기를 기대하면서, 삶에 대한 새로운 욕구―갈증이기 이전에 그 자체로 원천인―와 사랑에의 갈망으로 고무될 것이다.

내 안의 삶과 삶의 원천의 발현인 욕구는 고통을 동반하지 않을 것이다. 나는 너무 자주 당신과 당신의 사랑, 당신에 대한 나의 사랑이 내 삶에 어떤 의미를 부여해주기를 기대한다. 하지만 내 사랑에 어떤 의미와 방향과 길, '왕도'를 부여해주는 것은 삶이 아닌가? 다른 그 무엇도 아닌 내 안의 삶이 당신을 부르고 당신을 사랑하고 당신을 갈망하는 것이다.

"우리를 살아가게 하는 원천은 언제나 다른 누군가가 아닌 삶 자체가 되어야 한다. 그런데 대부분의 사람들, 특히 여자들은 자신들의 힘을 또 다른 존재에게서 찾는다. 삶 자체가 아닌 다른 누군가를 자신들의 삶의 원천으로 삼는 것이다." 에티 힐레숨의 이 말은 의미심장하다.

사마리아 여인에게 원천은 늘 메말라 있다. 물동이가 채워지자마자 금세 비워지기 때문이다. 그녀의 마음 또한 메말라 있다. 그 어떤 원천의 물로도 갈증이 해소되지 않는 모든 남자나 여자가 그런 것처럼. 남편이나 아내 또는 가까이 어울리는 그 누구에게서도 자신의 갈증을 해소할 수 없는 모든 남자나 여자처럼. 또는 자신의 결핍을 메워줄 수 있는 자신의 쌍둥이 영혼을 아직 만나지 못한 모든 이들처럼. 내가 여전히 다른 누군가에게서 내 안에 있는 생명수의 힘을 발견하기를 기대한다면 원천은 언제나 메말라 있을 것이다.

예수가 사마리아 여인에게 다가가 마실 물을 청할 때, 그는 이 여인이 갈증을 느끼며 그 갈증이 고통스럽다는 것을 알고 있다. 예수는 병을 치유하는 사람이며, 그렇게 행동한다. 그는 여인에게 자신이 그녀의 갈증을 이해하고 있으며, 그녀가 그녀의 원천을 찾는 일을 도울 것임을 알게 한다. 자신의 갈증을 먼저 표현함으로써—"나에게 마실 물을 좀 다오"—이야기를 시작한 그는 대화 내내 사마리아 여인을 그녀의 갈증과 마주하게 함으로써, 더 이상 결코 갈증을 느끼지 않을 수 있게 하는 물을 마시도록 그녀를 이끈다. 그리하여 그녀가 더 이상 결핍과 결핍의 고통을 느끼지 않으며, 그녀 안에서 삶의 원천을 발견할 수 있게 한다.

그녀의 말처럼 "물을 길으러 이리 나오지 않아도 되"게 하기 위해서다. 생명수와 사랑을 찾아다니는 것은 그녀를 지치게 한다. 끊임없이 물 긷는 일을 해야 하고, 그 깊이를 헤아릴 수 없는 자신의 욕망을 들여다보고, 희망으로 가득 차 있다가 다시 실망하고, 또 다른 사랑을 찾아 나서야 하는 모든 과정이 그녀의 진을 빼는 것이다. 그녀는 이와 같은 욕망의 들고 남이 얼마나 하찮은 것인지 잘 알고 있다. 때로는 강렬한 욕구가 더 이상 느껴지지 않기도 한다. 그러나 그녀는 자신의 욕망이 들여다보라고 충고한 곳, 선조들의 우물에서 고집스럽고 끈질기게 물을 긷는다. 그녀는 대대로 전해온, 그녀가 잘 알고 있는 곳의 원천으로 향한다. 그리고 아마도 가족의 법을 어기기를 원치 않으면서 자신이 배운 것을 반복하게 될 것이다. 그녀의 갈증은 다른 이들의 욕구가 이끄는 길 외에는 다른 길을 알지 못한다. 그녀는 아직 자신의 욕구가 이끄는 길을 알지 못한다.

그녀는 자신의 삶을 충만하게 살아내기를 간절히 원하면서도 올바른 방향으로 나아가지 못할 수도 있다. 자신의 진정한 욕구가 어디에 감추어져 있는지 알지 못하기 때문이다. 그녀는 욕구의 반대편에 있는 결핍만을 알고 있을 뿐이다. 그녀는 반드시 자신의 것만이 아닌 자기 부모와 조부의 결핍을 채우기도 한다. 또한 선조들의 짐까지 감당해야 한다. 깊은 우물처럼 그 기억이 오래된 만큼 그 무게 또한 무거운 짐을. 그녀는 언제나 과거 또는 미래에 살면서 근본적인 질문에 대한 대답을 나중으로, '메시아가 올 때로' 미룬다. "저는 그리스도라고도 하는 메시아께서 오신다는 것을 압니다. 그분께서 오시면 우리에게 모든 것을 알려주시겠지요." 예수는 그녀로 하여금 현재와 직면하게 만들고, 그녀가 지금 겪고 있는 결핍과 마주하게 만든다.

또한 그녀에게 그 질문에 지금 대답할 수 있는 방법을 알려 준다.

그는 그녀에게 이렇게 말한다. "대답은 네 안에 있다." 너의 욕망의 우물을 파라. 네 욕망의 우물은 다른 사람들의 우물이 아니다. 기도를 하기 위해 이 산 위나 다른 산 위로 가라고 네게 말하는 이들의 말을 더 이상 듣지 마라. 네가 가야 할 길이 어떤 것인지 알기 위해 메시아의 강림을 더 이상 기다리지 마라. "너와 말하고 있는 내가 바로 그 사람이다." 너의 욕망의 원천을 발견할 수 있는 것은 지금, 너의 안에서다. 이제 더는 목마를까 두려워하지 마라. 너는 이제 갈증이 가실 때까지 물을 마실 수 있으리니. 마음껏.

내가 주는 물은 그 사람 안에서 물이 솟는 샘이 되어 영원한 생명을 누리게 할 것이다.

그러나 욕망의 원천인 우물 깊은 곳은 지난날의 믿음과 환상과 환멸로 가득 차 있다. 그리고 욕망은 수많은 제약과 장해물 아래 파묻힌 채 의무와 걱정거리로 뒤덮여 있다. 사마리아 여인은 자신의 욕망에 대해 더 이상 아무것도 알지 못한다. 오직 좌절된 기대들만을 기억할 뿐이다. 이에 대해 에티 힐레숨은 다음과 같이 이야기한다. "내 안에는 아주 깊은 우물이 있다. 이 우물 속에는 신이 있다. 때로 나는 신에게 이르기도 한다. 그러나 그보다 더 자주 돌무더기가 우물의 입구를 막고 있고, 신은 그 속에 파묻혀 있다. 따라서 신을 다시 밖으로 꺼내야만 한다."

우물 깊은 곳에는 신, 데우스(Deus), 빛이 있다. 또한 삶의 원천이 있다. 내 마음속 깊은 곳, 내 영혼의 가장 깊숙한 곳에는 절대 꺼지지 않는 빛이 있다. 돌무더기 속에는 아주 소중한 보석, 영원함의 상징인 작은 불꽃이 타오르고 있다. 고통의 가장 깊은 곳에서도 나는 살아 있으며, 그곳에도 삶이 존재한다. 비록 내가 바라는 것처럼 사랑받지 못하고, 사랑받기를 바라는 만큼 누군가가 나를 원하지 않더라도, 내 핏속에는 여전히 삶의 기운이 흐르고 있다. 우리 모두는 삶으로 가득하지만 그 사실을 깨닫지 못한다. 우리의 삶이 지극한 기쁨과 행복으로 넘친다는 것을 우리 자신은 보지 못하는 것이다.

사마리아 여인은 자기 안에 삶의 원천이 숨겨져 있음을 깨닫지 못한다. 그녀는 잠들어 있는 것과도 같다. 자신의 삶과 자기 자신에 대해 알지 못하기 때문이다. 예수는 여인을 잠에서 깨어나게 한다. "진실한 예배자들이 영(프네우마)과 진리(알레테이아) 안에서 아버지께 예배를 드릴 때가 온다. 지금이 바로 그때다." 프네우마는 숨결, 알-레테이아는 마비, 잠에서 깨어나는 것을 의미한다. 진정한 숭배자들은 숨결과 깨달음으로 아버지를 섬길 것이다. 삶의 원천이자 삶 자체인 숨결로써.

사마리아 여인이 자신이 누구인지를 다시 깨닫게 ─또는 비로소 깨닫게─ 되는 날, 자신이 지닌 부(富)에 대한 믿음이 우물을 생명수로 가득 채우게 될 것이다. 그녀는 생명수를 자기 남편에게 줄 수 있을 것이며, 갈증을 해소한 남편은 그녀에게 사랑과 감사의 마음을 전하게 될 것이다. 그녀는 이제 기대하는 것을 그만두고 베풀고 봉헌하는 삶을 살아가게 될 것이다. 장이브 를루프는 "삶은 곧 베풂이다"라고 말한 바 있다. 그녀는 사랑과 삶의 무한한 원천으로서 다른 이들에게 자신과 사랑과 삶을 나눠주고 베풀게 될 것이다.

내 사랑은 바다만큼 깊다.
그렇다, 더 많이 줄수록

나는 더 많은 것을 얻게 된다.

사랑과 바다는 무한하기 때문이다.

—셰익스피어, 『로미오와 줄리엣』 2막 2장

우물가의 여자, 사마리아 여인처럼 자기 안의 원천을 자각하게 된 여자는 남자에게 갈증을 해소시켜주는 물을 선사할 수 있다. 그녀는 그에게 자기 곁으로 와서 마을과 그 소란스러움과 유흥에서 멀리 떨어져 잠시 휴식을 취할 것을 권유한다. 그러나 남자는 비록 열렬하게 갈구했던 삶을 살게 되더라도 그로 인해 삶의 역동성이 중단될 것을 두려워한다, 여자보다 훨씬 더 많이. 이러한 사실은 자코메티의 조각 작품들에서도 잘 드러나 있다. 걸어가는 모습의 남자와는 반대로 여자는 그 자리에 머물러 있는 모습으로 표현되고 있다. 남자는 자신의 운명을 향해 똑바로 걸어가는 반면, 여자는 삶과 영속성의 상징처럼 정지된 시간 속에 머물러 있다. 여자는 생명을 세상에 내보내고, 인간에게 허락된 충만함을 자기 안에 품고 있다. 여자는 곧 삶의 원천이다.

여자는 남자에게 자신의 시간을 함께 나눌 것을 제안한다. 두 사람은 평온함 속에서 흘러가는 시간, 불안감이 배제된 시간, 아름다움을 관조하기 위해 멈춰진 시간, 영감과 성찰의 시간, 원천으로 되돌아가는 시간을 함께하게 될 것이다. 여자는 남자에게 자신에게 다가와 함께 우물 속 깊은 곳을 들여다볼 것을 허락한다. 욕망의 우물, 진실의 우물, 영혼의 우물, 삶의 신비를 간직한 우물 속을. 두려움 없이 우물 깊은 곳을 들여다보며 정신을 복잡하게 만들고 마음을 무겁게 하는 모든 것과 돌무더기를 함께 걷어낼 것을 제안한다. 지나치게 꽉 찬 마음과 어수선한 정신으로 어떻게 사랑을 할 수 있을까? 잔을 다시 채우려면 먼저 비워내야 하지 않을까?

우리 각자가 자신의 우물 속 깊은 곳을 들여다보려면 그를 위한 시간이 필요하다. 그리고 그곳에서 충분한 시간 동안 머물면서 자신의 일에 집중해야만 한다. 한 사람, 어떤 장소, 하나의 종교, 하나의 치료법에 충실하며, 무엇보다 자신의 추구, 그 추구의 근본에 충실해야 한다. 라마크리슈나*는 우물을 파고자 했던 한 남자의 이야기를 우리에게 들려준다. 남자는 세 번씩이나 장소를 바꿔 매번 더 깊이 땅을 파내려갔지만 어디에서도 물을 발견할 수 없었다.

---

* Ramakrishna(1836~1886): 인도의 종교 개혁가, 신비 사상가.

절망한 그는 물을 찾는 일을 포기하고 말았다. "그가 지금까지 했던 노력의 반만큼이라도 한군데에 집중하는 끈기를 가졌더라면 그는 분명 물을 발견했을 것이다." 그가 자신의 욕구를 그대로 묻어두지 않고 자신의 목표를 향해 부단히 노력했더라면, 그는 분명 그 욕구의 원천을 만날 수 있었을 것이다.

자코메티 조각상의 이미지대로라면 걸어가는 남자와 멈춰 서 있는 여자가 서로 어떻게 만날 수 있었을까? 잠시 함께 머물면서 '관계의 깊이를 더하기 위해' 우물 속으로 내려가거나, 나란히 서서 함께 걸어갈 수는 없는 것일까? 그러면 남자는 여자를 그녀만의 우주로, 형이상학적 추구와, 자신만의 공간과 자유에 대한 필요성, 그리고 다른 곳, 언제나 더 먼 곳을 바라보고자 하는 욕망의 실현으로 그녀를 이끌 수 있을 것이다. 여자가 남자를 바라본다면, '그녀의' 남자는 그녀를 바라보는 동시에 그녀 너머를 바라보고픈 욕구를 느낄 것이기 때문이다. 그는 자유로이 다른 곳으로 떠날 수 있다고 느낄 때에만 그녀 곁에 머물 수 있을 것이며, 그녀는 자신의 있는 그대로의 모습을 인정받는다고 느낄 때에만 또 다른 세상을 향해 자신을 열어 보일 수 있을 것이다. 두 사람이 서로를 향해 한 발씩 다가갈 때 비로소 서로의 시간과 공간이 만나고, 여성과 남성이 한데 합쳐져 충만한 현재를 살아갈 수 있을 터이다. 삶의 숨결이 두 자유로운 존재를 통과해 그들을 다른 곳으로 데려갈 수 있을 것이다.

삶의 숨결을 의식하며 사랑하는 것은 각성으로 그들을 이끈다. 두 사람의 관계가 생명수로 남아 있기 위해서는 언제나 깨어 있는 것이 요구된다. "남녀가 한 쌍을 이룰 때는 언제나 깨어 있어야 한다. 스스로가 자신의 초병(哨兵)이 되어야 하는 것이다." '깨어 있음'은 '스스로를 보살피는 것'을 의미한다. 어린아이를 보살피듯 관계를 보살피는 것. 관계가 자라나는 것을 지켜보며 관계를 키우는 것. 즉, 관계가 성장하는 것을 지켜보는 것이다. 불꽃처럼 아름답고 빛나게 성장하는 것을. 그러나 불꽃은 매우 취약하기 때문에 계속 지켜보는 것이 요구된다. 입김을 세게 훅 불기만 해도 불꽃은 꺼지고 만다. 공기가 차단되면 불꽃은 흔적도 없이 사라진다. 우리를 통과해 지나가는 숨결을 의식하며 사랑하는 것은 우리의 원천으로 되돌아가는 것이며, 갈증으로 인해 길을 잃지 않는 것이다.

만약 사마리아 여인이 갈증이 아닌 원천을 바탕으로 사랑하는 법을 알았더라면 그녀의 여섯 남편들 중에서 '한 명의 남편을 얻을 수 있었을' 터이다. 그녀가 '한 명의 남편을 얻을 수' 있었다면, 그녀의 남편들 중 한 사람은 '한 명의 아내를 얻을 수' 있었을 것이다. 자신에게 아내가 있다는 느낌을 갖지 못하는 남편을 남편이라고 말할 수 있을까? 그래서 부부 중 한 사람이 언제나 갈증을 느낀다면, 다른 한 사람이 그에게 자신의 원천을 나눠줄 수 있을까? 언제나 갈증을 느끼는 사람은 아무리 결혼을 반복하더라도 자신이 결혼했다는 느낌을 결코 갖지 못할 것이다. 그리고 그의 파트너는 사랑하고 사랑받는 데 아무런 힘을 발휘할 수 없다는 무기력함과 불만족을 느끼게 될 것이다. 이처럼 고통스러운 갈증을 끝내기 위해 사랑하는 법을 배울 수 있을까?

충분한 시간을 가진다면 분명 사랑하는 법을 배울 수 있다. "이제 또다시 누군가를 사랑할 수 있을지 잘 모르겠어." 이별 후에는 대개 이렇게들 이야기하곤 한다. 그 말은 즉, 내가 다른 방식으로 사랑할 수 있을지 잘 모르겠다는 말과도 같다. 내 안에서 지금까지의 나와는 다른 누군가를, 또 다른 사랑으로 사랑할 수 있는 누군가를 발견할 수 있을까? 우리는 똑같은 사람을 또 다른 사랑으로 사랑하는 법을 배울 수 있다. 시간이 감에 따라 계속 발전하고 피어나는 또 다른 사랑으로.

나는 인내와 끈기를 익혀 내 욕망의 원천과 당신에게로 향하는 길을 발견하고, 당신 모습 속에서 사랑을 발견하며, 당신과 나의 유사성과 차이 속에서 당신을 더 잘 알아가며, 고통이 아닌 갈증을 체험함으로써 종국에는 사랑의 가능성을 믿게 될 것이다. 나는 결핍이 아닌 욕구와 함께, 나의 갈증뿐만 아니라 나의 원천과 함께 당신에게 갈 것이다.

"나의 관계는 원천에서 비롯된다." 누군가와 나의 관계는 결핍이 아닌 충만함의 기반 위에 이루어진다. '지금 없는 것'이 아닌 '지금 있는 것'으로 살을 찌우는 것이다. 관계는 소란스러움이 아닌 정적 가운데서 생겨난다. 고독 속에서 활짝 피어나지만 그렇다고 북적거림을 두려워하지도 않는다. 다양함 속에서 풍요로워지지만 다수 속에서 길을 잃지는 않는다. 관계는 제약이 아닌 자유로움 속에서, 구속이 아닌 너그러움 속에서 꽃을 피운다. 모든 원천이 그러하듯 관계는 본질적으로 '하나'의 성질을 띤다.

원천은 흘러가는 물이다. 당신을 생각한다는 것은, 결핍과 지나치게 많은 의문, 무엇보다 말하지 않는 것들로 굳어버린 생각을 의미하는 게 아니다. 당신을 생각한다는 것은, 있는 그대로의 당신 모습과 그렇지 않은 모습, 당신이 갖고 있거나 갖고 있지 않은 것이 무엇인지를 끊임없이 자문하는, 결코 해소되지 않는 갈증이다. 나는 아무런 비난도 원망도 품지 않고 가벼운 마음으로 당신을 생각한다. 당신을 떠올릴 때면, 나는 생각 속에서 당신과 함께 있다. 나는 당신과 관계를 맺는 것으로 만족하지 않는다. 나는 당신과의 관계 속에서 존재한다. 나를 살아가게 하는 것은 당신도, 당신과의 관계도 아니다. 관계를 유지시켜주는 것은 내 안의 삶, 당신 안의 삶이다.

관계는 내 안에 살고 있다. 나는 아라공의 시에서처럼 그것을 '상처 입은 새처럼 내 안에' 품지 않는다. 그 반대로 관계가 나를 품으며, 관계는 내 안에 있다. 내가 관계 그 자체인 것이다. "그 여자에게 누가 있는 게 분명해." 결합의 아름다움, 평화로운 유대가 내뿜는 광채, 되찾은 일체감의 평온함을 엿보게 하는 여성에 대해 사람들은 이렇게들 말한다. 그녀가 만들어나가는 관계 속에서는 두 사람이 하나를 이루며, 그 하나 속에서 각자는 자기 자신으로 남아 있다. "그 남자가 누굴 새로 만난 게 분명해." 비록 눈에 보이지는 않아도 그 누군가는 분명 존재하고 있다. 아니 그보다는, 그 누군가는 그를 자기 안에 품고 있는 이의 존재를 통해 존재하고 있다. "그녀는 언제나 나와 함께 있어." '결혼'은 무엇보다 우리 마음속에 자리하고 있지 않은가? 결혼을 했어도 남편이 없을 수도 있는 것이다.

나는 당신과 함께 있으며, 당신은 나와 함께 있다. 당신을 떠올릴 때면, 나는 당신을 위한 생각을 한다. 나의 사랑의 대상이 아니라 주체인 당신을 생각하는 것이다. "나는 무의식적으로 그를 선택했다. 이제 나는 의식적으로 그를 사랑하는 법을 익히고 있다." 나는 당신이 어떤 사람인지를 의식하면서, 동시에 나 자신이 누구인지를 잊지 않으면서 당신을 사랑하는 법을 배우고 있다. 당신을 사랑하는 법을 배우지 않고 사랑하는 법을 어떻게 배울 수 있을까? 내가 존재하지 않는다면 당신을 어떻게 사랑할 수 있을까? 당신과 나 사이에 사랑이 없다면 어떻게 우리를 사랑할 수 있을까?

무한한 것은 내 사랑도 당신의 사랑도 아니다. 무한한 것은 우리를 하나로 이어주는 사랑이다.

사마리아 여인은 우물가에 물동이를 내버려두면서 더

이상 그것이 필요하지 않다는 것을 깨달았을지도 모른다. 그녀는 이제 생명수의 원천이 자기 안에 있음을 알기 때문이다. 그녀는 이제 사랑과 생명수로, 생명수의 다른 이름인 사랑으로 살아갈 것이다.

귀스타브 티봉은 다음과 같은 말을 한 바 있다.

"내가 사랑을 품고 있는 것이 아니라, 사랑이 나를 품고 있는 것이다. 사랑은 나의 보살핌을 필요로 하지 않는다. 사랑은 삶의 풍파를 조금도 두려워하지 않는 신적인 것들의 세계에 속하기 때문이다. 그보다는, 나를 감싸는 이 신비로움이 되도록 나를 가득 채울 수 있도록 나 자신을 보살펴야 한다. 사랑은 언제나 나를 가득 채워주지만, 나는 그 사랑을 충분히 받아들이지 못할 수도 있기 때문이다. 내 영혼과 사랑의 관계는 폐와 공기의 관계와도 같다. 공기는 결코 고갈되지 않으며, 먼저 거부하는 법이 없다. 나의 폐가 망가져 숨쉬기를 멈출 때까지는."

III

우리는
어떤 사랑으로
서로 사랑하는
것일까?

*Qui aime
quand je t'aime?*

1 베드로야, 너는 나를 사랑하느냐?

그들이 아침을 먹은 다음에 예수님께서 시몬 베드로에게 물으셨다.
"요한의 아들 시몬아,
너는 이들이 나를 사랑하는 것보다 더 나를 사랑하느냐?"
베드로가 "예, 주님! 제가 주님을 사랑하는 줄을 주님께서 아십니다."
하고 대답하자, 예수님께서 그에게 말씀하셨다.
"내 어린 양들을 돌보아라."
예수님께서 다시 두 번째로 베드로에게 물으셨다.
"요한의 아들 시몬아, 너는 나를 사랑하느냐?"
베드로가 "예, 주님! 제가 주님을 사랑하는 줄을 주님께서 아십니다."
하고 대답하자, 예수님께서 그에게 말씀하셨다.
"내 양들을 돌보아라."
예수님께서 세 번째로 베드로에게 물으셨다.
"요한의 아들 시몬아, 너는 나를 사랑하느냐?"
베드로는 예수님께서 세 번이나 "나를 사랑하느냐?" 하고 물으시므로
슬퍼하며 대답하였다.
"주님, 주님께서는 모든 것을 아십니다.
제가 주님을 사랑하는 줄을 주님께서는 알고 계십니다."
그러자 예수님께서 베드로에게 말씀하셨다.
"내 양들을 돌보아라."
「요한 복음서」 4장 15~17절

베드로와 예수의 대화는 우리가 '사랑'이라는 말에 관해 느낄 수 있는 어려움들을 엿보게 한다. 스승과 제자는 똑같은 사랑을 이야기하고 있지 않으며, 그리스어로 된 『성경』에서는 그 점이 더욱더 명확하게 드러난다. 필리아와 아가페 사이에는 '다른 것이 가능한', 우애가 가능한 고도로 진화된 인간적인 사랑—의식적이건 무의식적이건 언제나 대가나 보답을 요구하는—과 신적인 사랑—아무런 보답이나 대가를 요구하지 않는 무조건적인 사랑—사이에서 상상할 수 있는 만큼의 거리가 놓여 있다.

인간이 자신의 적들을 우애(필리아)로써 사랑할 수는 없다. 인간은 그들을 아가페로써 사랑할 수 있다. 즉, 아무런 대가를 바라지 않고, 냉철하게, 아무런 환상을 갖지 않고 사랑하는 것이다. 예수가 자신의 제자들에게 권유한 사랑은 아가페였다.

Agapete allelous, "서로 사랑하여라." 아무런 기대도 하지 않고 아무런 대가도 바라지 않는 사랑을 하라. 내가 너희들을 사랑한 것처럼 사랑하는 법을 배우라. 그리하면 너희도 '스스로 있는 자'처럼 될 수 있을 것이니. "아가페적인 사랑 속에 머무는 사람은 신 안에 머무는 것이며, 신은 그의 안에 머무는 것이다."

유물론의 인류학적 전제에 따르면 여기서 말하는 사랑은 물론 실천이 불가능한 사랑이다. 정신적 차원에서 볼 때, 인간은 사랑받기 위해 사랑하는 존재이기 때문이다. 사랑하는 대가로 자신도 사랑받기를 구하거나 기대하지 않는 '무상(無償)의 사랑'은 우리의 정신적 존재가 영적 차원을 향해 열릴 때만 가능해진다.

이러한 차원의 사랑에 관해서는 라캉의 유명한 글귀가 훌륭한 안내자 역할을 할 수 있다. "사랑하는 것은, 사랑을 원하지 않는 사람에게 자신이 갖지 않은 것을 주는 것이다."

아가페는 소유의 차원에 속한 사랑이 아니다. 우리는 그 사랑을 가질 수 없다. 그것은 때로 그 원인도 모르는 채 우리를 통해 주어진다. 그 사랑은 어떤 외적인 이유로 야기되는 것이 아니다. 우리는 육체나 정신과 긴밀한 관계에 있는 욕망인 사랑(에로스)이나 우애인 사랑(필리아)을 '소유할 수'가 있다. 그러나 사랑을 원하지 않는 사람에게 자신이 갖지 않은 것을 주는 것은 그 보답에 대한 기대와는 상관없이 자유롭게 사랑함을 의미한다. 상대가 그런 식으로 사랑받기를 원하는 경우가 극히 드물다는 것을 잘 알면서도 사랑하는 것이다. 상대는 무엇보다 이러한 '무상의 사랑'을 원하지 않는다. 그는 그 사랑에 의혹의 눈길을 보낸다. 그 속에 감춰진 어떤 불순한 의도나 이해관계를 의심하며 그 사랑을 믿지 않는다.

베드로와 예수는 서로 반 정도밖에 소통하지 못하고 있다. 두 사람에게 '사랑'이라는 말은 똑같은 의미와 똑같은 강렬함과 똑같은 요구를 포함하고 있지 않다.

그 형태와 내용에 있어서 우월한 차원의 사랑인 필리아와 아가페에 관해 이야기하기 전에, 우리가 겪을 수 있는 다양한 형태와 내용의 사랑에 대해 살펴보는 것이 필요할 듯하다. "나는 산딸기를 사랑해, 나는 우리 개를 사랑해, 나는 내 아내를 사랑해, 난 내 일이 좋아, 난 정의, 예술, 진실 그리고 신을 사랑해……."라고 이야기할 때 우리는 똑같이 '사랑'이라는 말을 사용한다. 하지만 그건 똑같은 사랑도, 다행스럽게도 똑같은 경험을 의미하는 것도 아니라는 것을 느낄 수 있다. 비록 아주 가느다란 끈이 이처럼 다양한 방식의 사랑들을 이어주며 하나로 묶고 있긴 하지만.

선인들은 다양한 차원의 존재와 의식을 단계별로 상징화하는 것을 즐겼다. 그 단계를 오르락내리락하며 그 양 끝, 즉 가장 높은 것과 가장 낮은 것, 가장 육적인 것과 가장 영적인 것을 하나로 이어주는 것이 인간의 삶을 건강하게 유지시켜줄 수 있다고 믿었기 때문이다. 인간 또한 종종 하나의 단계로 상징화되고 있으며, 그러한 단계는 '총체의 전형'을 실현하기 위해 하늘과 땅, 가장 신적인 것과 가장 인간적인 것을 하나로 이어주고 있다.

우리는 사랑에도 단계가 있음을 생각해볼 수 있지 않을까? 산다는 것이 사랑하는 법을 배우는 것이라면, 그건 바로 그러한 단계를 오르내리는 법과 각각의 발판과 그 높이와 그 발판이 우리에게 제공하는 현실에 대한 관점을 음미하는 법을 배우는 것이 아닐까? (사랑의 단계 표1, 표2)

비트겐슈타인은 그의 『논리철학논고』 마지막에서, 자신이 밟고 올라간 사다리(단계)를 던져버려야만 "올바른 세계관을 갖출 수 있다"라고 말했다. 그와 마찬가지로 나는 사랑에 대해 올바른 시각을 가지기 위해서는 이 단계들을 잊어버리고, 우리가 사랑을 살펴보는 데 사용했던 성의학적(性醫學的), 심리학적 또는 철학적인 안경 또한 벗어버려야만 한다는 것을 말하고자 한다. 단계를 나누는 것을 몹시 즐겨하는 그리스의 철학자 플로티노스 또한 "우리는 하나에 관해 이야기하는 것이 아니라 우리 자신, 즉 언제나 초월적인 실재(實在)와 관련한 우리의 존재와 우리의 생각과 감

사랑의 단계

(표1)

10	아가페 agapè		무상의 사랑 무조건적	존재-사랑
9	카리스 charis		은혜로운 사랑, 감사하는 마음	이해관계를 초월한 사랑
8	유노이아 eunoia		헌신하는 사랑, 연민	
7	하르모니아 harmonia		조화로운 사랑, 선함	
6	스토르게 storge		애정	이해관계로 얽힌 사랑
5	필리아 philia	크세니케 헤타이리케 에로티케 피지케	우애, 환대 우애, 주고받기 에로틱한 우애 부모의 사랑	
4	에로스 eros		성적인 사랑	
3	마니아 mania 파테 pathè		열정적인 사랑	유혹 소유하는 사랑 소유
2	포토스 pothos		욕망하는 사랑	
1	포르네이아 porneia		정욕	독점적 사랑 대상의 객관화 사물화

사랑의 단계

(표2)

10	아가페 agapè	무상의 사랑	대지와 인간의 심장과 또 다른 별들을 회전하게 만드는 사랑 – 사랑하는 것은, 당신을 사랑하는 것은 내가 아니야. 내 안에 있는 사랑이 사랑하는 거야.
9	카리스 charis	은혜로운 사랑	내가 당신을 사랑하는 것은 단지 당신을 사랑하기 때문이야 – 사랑은 기쁨이야 – 사랑한다는 것, 당신을 사랑하는 것은 은총과도 같아 – 나는 당신을 무조건적으로 사랑해 – 내가 당신을 사랑하는 데는 아무런 이유가 없어.
8	유노이아 eunoia	헌신하는 사랑	내가 당신을 돌봐주고 싶어 – 난 당신을 위해 뭐든지 할 거야.
7	하르모니아 harmonia	조화로운 사랑	사랑에 빠지면 세상이 얼마나 아름다워 보이는지 – 그(그녀)와 같이 있는 게 정말 좋아 – 당신을 생각하면 모든 게 음악처럼 느껴져 – 당신 때문에 세상이 더 아름다워 보여.
6	스토르게 storge	애정	당신 때문에 내가 더 좋은 사람이 되는 것 같아 – 난 당신이 정말 좋아 – 당신이 있어서 정말 행복해.
5	필리아 philia	우애	난 너를 존중해 – 나는 너에게 감탄해 – 난 네가 나하고 달라서 좋아 – 난 너 없이도 잘 지낼 수 있어 – 너하고 같이 있으면 내가 더 좋은 사람이 되는 것 같아 – 넌 나의 가장 좋은 친구야 – 난 너와 함께 있는 게 좋아 – 너는 내게 많은 도움이 돼.

4	에로스 eros	성적인 사랑	나는 당신을 간절히 원해 – 당신은 내게 쾌락을 알게 해주었어 – 당신을 정말 아름다워 – 당신은 정말 멋져 – 당신 정말 젊어 보여.
3	마니아 mania 파테 pathè	열정적인 사랑	난 당신을 열렬히 사랑해 – 당신의 전부를 갖고 말 거야 – 당신은 내 거야, 오직 나만이 당신을 가질 수 있어 – 난 죽도록 당신을 사랑해, 당신 없이는 살 수 없어.
2	포토스 pothos	욕망하는 사랑	당신은 내 전부야 – 난 당신이 필요해 – 난 어린아이처럼 당신을 사랑해.
1	포르네이아 porneia	정욕	당신을 먹어버리고 싶어 – 난 동물 같은 사랑으로 당신을 사랑해.

성에 대해 이야기하는 것"임을 강조한 바 있다.

사랑에 대해서도 마찬가지다. 우리는 사랑에 관해 이야기하는 것이 아니라, 각자가 자신의 한계와 능력 내에서 할 수 있는 경험들과, 사랑과 관련한 각자의 정신 상태에 관해 이야기하는 것일 뿐이다. 각자의 경험이 아무리 주관적인 강렬함을 띤다 하더라도, 그것의 원인인 사랑의 실재에 대해서 우리에게 많은 것을 알려주지는 못한다.

또한 사랑에 대해 '긍정적으로' 접근하는 것, 즉 '사랑은 이러저러한(에로스, 필리아, 아가페) 것이다'라고 확언함과 더

불어, '사랑은 이러저러한(에로스, 필리아, 아가페) 것이 아니다'라고도 엄격하고 분명하게 말할 수 있어야 할 터이다. 그 의미가 모호하기만 한 것을 '설명할 수 있다'고 주장하는 이들의 과장과 자만을 바로잡기 위해서는 부정적인 접근법 또한 필요하다.

어떤 면에서는 사랑에 대해 고찰하는 것은 곧, 사랑 바깥에 머물면서 우리에게 부족한 것을 이야기하는 것이다. 하지만 사랑을 하는 사람들에게는 한걸음 뒤로 물러날 수 있는 시간도 공간도 주어지지 않는다……. 사랑이 그들을 둘러싼 채 소리 없는 거센 파도처럼 그들에게 다가가고 있기 때문이다.

신학적 관점에서는, 성 요한이 "말씀이 육신이 되어"라고 말한 것처럼 "사랑이 육신이 되어"라고 말할 수 있을 것이다. 달리 말하면, 원천이 갈증이 되고, 높은 곳에서 우리에게로 내려와 우리의 욕구와 우리의 요구와 우리의 욕망이 되는 것이다.

또한 정통적인 인간의 신화(神化)에 대한 주장에는 또 다른 측면이 있음을 간과해서는 안 될 것이다. "육신이 말씀이 되기 위해 말씀이 육신이 되니", "육신이 의식(意識)이 되기 위해 의식이 육신을 취하니."

아가페인 사랑은, 육신이 사랑이 되기 위해 육신을 취하는 것이다. 마찬가지로 갈증이 원천이 되기 위해 원천이 갈증이 되는 것이다. 성 아우구스티누스는 이를 놀라운 말로 요약해냈다. "원천은 누군가가 물을 마심으로써 갈증을 느낀다."

사랑에 대한 갈증은 이미 사랑 그 자체이다. 아무런 의문을 동반하지 않는 샘물이 솟아날 때까지, 우리에게 선물 같은 사랑을 체험하게 해줄 은혜로움이 꽃피기를 기다리는 동안, 결핍의 방식으로 체험하는 사랑인 것이다.

이러한 단계는 가치를 매기는 등급이 아니다. 누가 감히 누군가의 "나는 당신을 사랑해"라는 말이 또 다른 누군가의 "나는 당신을 사랑해"보다 더 가치가 있다고 단언할 수 있을까? 아마도 단계의 맨 위에 있는 것이 가장 자유로운 사랑이며, 맨 아래쪽에 있는 것들이 가장 의존적이고 따라서 가장 고통스러운 사랑일 것이다. 하지만 그 누가 사랑의 '질(質)'을 논할 수 있겠는가? 그 어떤 사랑이 자신이 사랑의 척도임을 주장할 수 있겠는가?

사랑의 단계는 온도계처럼 우리들 사랑의 열기나 자질을 측정하기 위한 것이 아니다. 단지 '사랑'이라는 말 속에 포함된 수많은 다양한 경험들을 우리에게 상기시켜주는 것일 뿐이다. 또한 각자의 사랑하는 방식을 서로 어울리게 하고, 상대의 선택을 존중하도록 이끌기 위한 것이다. 우리는 모든 단계의 발판에 동시에 발을 걸치고 있다. 현인과 성인의 내면에도 언제나 사랑을 갈구하는 어린아이가 잠들어 있다. 다만 그러한 배고픔이 그의 내면을 모두 차지하고 있지는 않으며, 인정된 결핍들 틈에서 욕구와 무상성(無償性)을 언제라도 드러낼 수 있도록 그 모습을 숨기고 있는 것이다.

사랑은 육신의 모든 차원에서 육화(肉化)된다. 성적 충동과 육욕으로 구체화되는 사랑과, 우리로 하여금 기도와 축성(祝聖)을 가능하게 만드는 사랑은 똑같은 사랑이라는 사실을 잊어서는 안 될 것이다. 사랑의 에너지는 하나이기 때문이다.

'사랑이 육화되는 것'은 '단계를 내려가는 것'이다. 존재와 사랑의 은총을 모든 인간적인 차원으로 끌어내리는 것이다. 그러나 이는 또한 육신으로 하여금 아가페가 가능한 사랑이 되게 하기 위해 '단계를 올라가는 것'이기도 하다. 이러한 변화를 통해 우리는 사랑하는 법을 배워나갈 뿐만 아니라 사랑 자체가 된다. 단테의 표현에 의하면, "대지와

인간의 심장과 또 다른 별들을 회전하게 만드는"사랑이
되는 것이다.

사랑의 각각의 단계에 관해서는 누구나 할 말이 아주 많
을 터이다. 그런데 그중 대부분에 관해 이미 많은 글이 쓰
였지만, 그것들을 한데 모아 이야기한 경우는 극히 드문
것이 사실이다. 리비도의 전문가들은 영성과 신비주의(이
를 자신들의 관심 항목에 포함시키기 위한 게 아니라면)에는 거의 관
심을 보이지 않으며, 그 반대의 경우도 마찬가지다. 대개
정신분석학자들은 유심론자들을 경계하며 때로는 그 영역
을 제한시키기도 한다. 또한 유심론자들은 정신분석학자
들을 경계하며, 심지어 그들을 엄밀한 의미의 인간적인 차
원에는 아직 도달하지 못한 머리 좋은 동물쯤으로 간주하
며 그들을 경멸하기도 한다. 이에 우리는 여기서 이 둘 사
이의 화합이 가능하다는 것을 상기하고자 한다.

삶과 사랑이 끊임없이 화합시키고자 하는 것, 물질과 정
신, 남자와 여자, 대지와 하늘, 인간과 신, 격정과 연민, 유
한함과 무한함을 인간이 갈라놓는 일이 없기를…….

포르네이아

　포르네이아는 사람들이 흔히들 떠올리는 그런 사랑을 가리키는 것만은 아니다. 포르네이아는 처음에는 어머니에 대한 아이의 사랑을 의미했다. 아이는 배가 고팠고 먹어야만 했다. 어린 식인귀가 먹을 것이라곤 그의 어머니밖에 없었다. 먹는 것을 좋아하는 그에게 다른 사람은 자신의 가장 원초적인 욕구이자 결핍인 배고픔을 채워주어야 하는 음식인 셈이었다. '모성적인 대상'은 이러한 욕구에 부응해야 하는 존재로 간주되었다. 어린아이에게 자연스럽고 매혹적인 것은, 다른 이에게 지속적으로 자신의 결핍을 채워줄 것을 요구하면서 그를 자신의 욕구를 충족시키기 위한 도구쯤으로 여기는 성인에게는 더 이상 그렇게 보이지 않을 수도 있다.

　그러나 우리의 나이가 얼마든 우리 안에는 언제나 어린아이가 있으며, 우리는 구순기와 연관된 병리학적 현상들과 고착들에 대해 잘 알고 있다. 왜곡된 리비도는 결핍을 메워줄 것이라 기대되는 몇몇 음료의 소비(알코올중독)로 나타날 수도 있다. 특히 왜곡된 리비도는 상대를 하나의 사물처럼 소비해 종국에는 자기 자신과 똑같이 만들려는 태도로 나타나기 십상이다. 상대는 차별화된 개인이 아니며, 자양(滋養)과 관련된 것이든 성적이거나 감정적인 것이든 나의 욕구를 채워주기 위해 존재할 뿐이다.

소비할 것인가, 아니면 교감을 나눌 것인가? 문제는 바로 거기에 있다. 육식성, 잡식성 또는 식인의 태도에서 좀 더 인간적인 태도로 옮겨가는 것. 선인들이 이야기한 것처럼, 탐식(가스트리마르기아)에서 성찬(에우카리스티아)으로 옮겨가는 것. 영성체를 떠올리게 하는 천국의 분위기를 되찾는 것. 모든 존재를 통해 그 본질과 공감하는 것, 모든 육체 속에 깃든 실재를 인식하고 존중하는 것은, 유아기적인 헛헛증이나 거식증에 시달리지 않는, 즉 탐욕에서 자유로우며 두려움이나 거부를 모르는 성인다운 사랑으로 나아가는 것이다. 아무런 욕구를 느끼지 않는 고귀한 사랑은 어쩌면 아직 완전한 사랑이 아닐지도 모른다.

여기서 또다시 우리는 그 무엇도 억눌러서는 안 되며, 자신의 허기와 필요성, 기본적인 욕구를 받아들이되 그것들의 노예가 되어서는 안 된다는 것을 알게 된다. 상대를 소비하고 소진시키는 대신 그와 교감하는 법을 배워야만 한다.

결혼의 유효함을 '육체적 결합'으로만 따지는 것은, 가장 낮은 곳, 더없이 유아적인 특성을 띤 것에 그 기준을 두는 것이다. 서로 다르지만 어느 정도 잘 어울리는 두 욕구의 결합이 그것이다. 이는 아직 자신들의 욕구를 충족시키는 대상으로서가 아닌, 두 명의 개별적인 주체, 서로 교감하는 것이 가능한 두 사람의 만남으로 볼 수 없다. 그들은 '서로의 앞에서 고개를 숙이는 두 명의 자유로운 존재'가 아니기 때문이다. 모든 결혼이나 결합의 유효함은 이런 차원에서 고찰되어야 할 것이다. 그리고 이 기준에 따른다면 유효하거나 실질적인 것으로 여겨질 결혼은 그리 많지 않을 터이다.

결혼은 종종 두 무의식(개인, 가족 또는 집단과 관련 있는) 간의 결합에 그치며, 이러한 결혼이 두 의식 간의 진정한 결합이 되기 위해서는 성숙함이라는 험난한 길을 통과해야만 한다……

포토스, 파테, 마니아

이러한 형태의 사랑은 포르네이아의 연장선상에 놓여 있으며, 포르네이아의 충동적 차원에 감정적 차원이 추가되어 나타난다. 감정적 차원은 때로는 성이 개입되지 않고도 그 자체로 충분하다.

"난 죽도록 당신을 사랑해, 당신 없이는 살 수 없어. 당신의 전부를 갖고 말 거야, 당신은 내 전부야." 한 사람의 다른 면들을 모두 가려버리는 고양된 상태의 강렬함을 보여주는 표현들이다.

오비디우스의 『사랑의 기술』에는, 사랑에서 중요한 기술은 단지 성병을 피하는 것뿐만 아니라, 오늘날 '열정적인 사랑'으로 분류되는 포토스, 파테, 마니아와 같은 더욱 치명적인 질병을 피하는 것이라고 적혀 있다. 선인들은 이런 사랑들 속에서 모든 악의 근원을 보았다. 즉, 이런 형태의 사랑은 이성의 상실, 사회적 무질서, 정신의 쇠퇴를 야기하며, 인간으로 하여금 가장 고귀한 형태의 기도인 명료함으로 몰아내야만 하는 악령의 포로가 되게 한다고 믿었다.

오늘날 우리는 이런 유형의 사랑에 대해 훨씬 더 관대한 태도를 보인다. 심지어 이런 사랑은 수많은 소설과 노래의 중요한 소재가 되고 있다. 또한 어떤 이들에게는 사랑 그 자체이며, 그들이 꿈꾸고 찾아 헤매고 요구하는 사랑이기도 하다. "당신은 내 전부야, 나도 당신에게 전부가 되었으면 좋겠어." 우리는 이러한 단언들이 어떤 문제들을 야기할지 예감한다.

다른 누군가는 결코 나의 전부가 아니다. 현명한 어머니나 아버지는 자식이 부모를 '자신의 우주'로 여기는 경향이 있을 때 이 사실을 깨닫게 하고자 노력한다. 마찬가지로 자식 또한 자신이 '자기 부모의 전부'가 아니라는 사실을 깨달아야 한다. '모든 것'은 언제나 지나친 것이며, 무엇보다 과도한 책임감을 안겨준다. 내가 당신의 전부라면, 난 당신의 행복을 책임져야 하며, 다른 곳을 바라볼 수도 없고, 당신에게서 조금도 벗어날 수 없을 것이다.

이런 유형의 사랑에의 고착은 대체로 항문기에 이루어진다. 이 시기에 아이는 자신의 몸과 어머니의 몸을 구분하면서 자신의 몸을 통제하는 법을 배워나간다. 아이는 자신을 둘러싼 세계에 다양한 방식으로 적응해나가면서, 그 세계에 속한 것들을 자기 것으로 만들고자 한다.

아이는 훗날 성인이 되어서도 소유욕을 나타내는 언어를 다시 사용하게 된다. 사물, 돈 또는 사람과 관련하여. 그가 아는 것은 소유하느냐, 소유되느냐 단 두 가지뿐이다. "사람은 그가 소유하는 것에 소유되기도 한다"라는 속담처럼, 내가 상대의 것인 만큼 그 또한 나의 소유이며 내 것이다. 이러한 관계가 야기할 질투에서 비롯될 문제들을 우리는 예감할 수 있다. 자신의 삶이 달려 있는 것을 다른 사람과 나눌 수는 없는 법이다. "당신은 나의 전부야, 난 당신 없이는 아무것도 아니라고. 당신이 나를 떠나거나 다른 데를 바라보면 난 죽을 수밖에 없어. 당신이 나를 떠나는 것은 나를 죽이는 거야…….."

이 모든 것의 이면에서 아주 어릴 때부터 자신이 필요로 하던 애정을 확인받지 못했던 아이의 거대한 불안감을 엿볼 수 있다. 그는 열렬히 사랑했던 모든 사람에게 그 사랑의 확인을 끊임없이 요구하게 된다. 그는 오직 '열정적인' 사랑만을 할 수 있으며, 상대에게 자신의 존재를 인정해주기를, 자신이 존재할 수 있는 권리를 부여해줄 것을 열렬히 요구한다. 자신이 누군가에게 진정으로 존재한다는 사실을 간절히 확인받고자 하는 것이다.

어려서부터 맞고 자란 아이들은 아무것도 아니기보다는 차라리 매 맞는 아이가 되기를 바란다. 부모의 무관심이나 부재의 대상이 되기보다는 매로써 관심받기를 바라는 것이다. 열렬한 사랑만을 원하는 사람은 아무것도 아닌 존재가 되기보다는 질투나 분노(상대는 언제나 그들을 벗어나기 때문이다)로 인해 고통받기를 선택한다. 그는 '전이(轉移)의 사랑'으로 상대에게 자신의 모든 것, 자신의 근원적인 존재를 투사하며, 그의 부재로 인한 결핍을 견디지 못한다.

이런 형태의 사랑 속에 감춰진 것은 충동처럼 순수한 욕구가 아니라, 하나의 요구, 인정받기를 원하는 요구이다. 미소와 달콤한 말로써 언제까지나 우리 자신을 존중해줄 것 같은 누군가에게 무작정 끌려다니거나 소유당하지 않으려면 그의 요구와 그 요구가 비롯된 결핍들을 잘 살펴야 할 것이다. 물론 이 모든 것은 무의식적으로 이루어진다. '의식적으로' 한눈에 반하는 일은 없다. 사랑이라는 벼락은 우리의 몸과 마음에서 가장 취약한 부분, 즉 가장 커다란 기대를 품고 있는 곳에 내리치는 법이다.

그러나 번개(또 다른 날의 덧없는 반향)가 치고 곧바로 뒤따라오는 벼락은 잿더미를 예고한다. 열정적인 사랑이 우리를 얼마나 '쪼그라들게' 할 수 있는지를 알아야 한다. 그 반대로 열정적인 사랑은 우리를 한없이 '높아지게 할 수도' 있지만, 이는 그 사랑을 넘어서면서, 스스로와 상대에게 자유로움을 부여할 때만이 가능할 터이다. 상대는 결코 나의 모든 것이 될 수 없다. 그는 나의 결핍을 메워주고 나의 욕구나 요구에 부응하기 위해 존재하는 것이 아니다. 그는 자신이 바라는 것을 나와 함께 나누고, 내가 바라는 것에 귀 기울이기 위해 있는 것이다. 나는 내 사랑에 대한 보답으로 그의 전부를 바라서도 안 되며, 영영 잃어버린 어머니와의 공생을 원해서도 안 될 것이다. 내가 욕망해야 하는 것은, 삶의 상처를 간직한 두 사람이 서로를 따뜻이 감싸안을 수 있는 관계, 각자의 상처마저도 포용할 수 있는, 불확실한 첫발을 내딛는 것을 가능하게 하는 관계이다.

에로스

오늘날에는 에로스에 즉각적으로 성적이며 외설적인 의미를 부여하는 경향이 있다. 하지만 본래 에로스는 젊은 신 또는 천사를 가리켰다. 마치 리비도가 점차 욕구(충동)나 요구(포토스, 파테, 마니아)에서 벗어나 지금까지 알려지지 않았던 형태와 성질의 사랑을 향해 날아오르는 것을 상징하듯 몸에 날개가 달려 있었다.

에로스의 출현과 함께 인간은 욕망의 영역으로 들어서게 되었다. 누군가의 욕망의 대상이 되기를 욕망하기. 또 다른 욕망을 욕망하기. 플라톤과 플로티노스 철학의 의미에서, 우리를 넘어서는 것, 우리를 고양하는 것을 욕망하기.

플로티노스는 『엔네아데스』에서 다음과 같은 말을 했다. "하위(下位)의 것에게는 선과 아름다움(욕망의 대상)이 곧 상위의 것이다. (……) 상승은 언제나 더 높은 곳으로 향함으로써, 각 존재의 바로 위에 있는 것으로 하여금 그것의 바로 아래에 있는 것에게 선이 될 수 있게 한다."

우리가 분류한 '사랑의 단계(사다리)'도 이런 의미에서 해석될 수 있다. 사다리의 각 발판은 오직 인간을 더 높은 단계로 이끄는 기능만을 갖고 있으며, 인간은 더 높은 차원의 사랑으로써만 사랑의 상처를 치유할 수 있다.

에로스와 함께 사랑은 인간적인 면모를 띠게 되며, 본능에 지혜를 끌어들이고, 본능을 이끌거나 길을 잃게 만든다. 에로스를 통해 삶의 도약이 이루어지며, 사랑은 스스로를 넘어서거나 그 반대로 타락할 수도 있다. 그럼에도 불구하고 에로스적인 사랑은 동물적인 사랑이나 자신의 요구에 의존적인 어린아이에게 좀 더 자유로운 존재가 되게 해주는 의식을 부여한다. 물론 그렇다고 해서 이러한 사랑에 빠진 모든 연인이 새로운 날개를 부여받고 플라톤이나 플로티노스가 말한 아름다움과 선을 향해 날아오르리라고 기대할 수는 없다. 아름다운 육체를 사랑하면서 그 속에서 영혼의 아름다움을 발견하고, 아름다운 영혼을 사랑하면서 그 영혼이 속해 있는 아름다움을 향해 날아오르는 것은 에로스를 숭배하는 모든 이에게서 발견되는 자연스러운 반응은 아니기 때문이다.

그러나 고대인들에 의하면, 에로스는 언제나 더 높은 곳, 더 나은 것을 향해 나아가며, 이러한 상승은 마지막 단계에 이르렀을 때에만 그 움직임을 멈출 수 있다. 이에 대해 『엔네아데스』는 다음과 같이 설명하고 있다. "그 위로는 더 나아갈 곳이 없는 상태, 그것이 첫 번째 선이며, 진정한 선이라 할 수 있는 선이다. 본래의 의미의 선이자, 다른 모든 선이 비롯되는 선이다. 물질에게는 형태, 육체에게는 영혼이, 영혼에게는 덕성이 곧 선이다. 그보다 더 높은 곳에 있는 것은 정신이며, 맨 위에는 우리가 본질이라고 부르는 것이 있다."

이와 같은 각각의 선은 더욱더 섬세하고 지속적인 쾌락의 근원이 되며, 우리는 에로스가 관능적이고 감지할 수 있는 선에만 머물지 않는 이유를 이해할 수 있다.

물론 위에서 말한 에로스는 현대의 에로스적 사랑, 들뢰즈가 이야기한 '욕망하는 기계'인 에로스와는 많은 차이가 있는 것이 사실이다. 오늘날 젊은 사랑의 신은, 구현된 아름다움과 선과 진실을 통해 아름다움과 선과 진리를 추구하던 최초의 행보에서 방향을 바꾸어, 긴장과 이완을 반복하고, '사정(射精)'(쾌락의 프로이트적 정의)의 쾌락 외에 다른 기쁨을 경험하지 못하고 있는 게 사실이지 않은가? 포르네이

아의 강렬한 성적 쾌락 외에 다른 것을 알지 못하는 처지로 전락한 젊은 사랑의 신이 어찌 슬픔을 느끼면서 방황하지 않을 수 있을까? "사랑은 개들이 느끼는 황홀경이다"라는 셀린*의 말은 이러한 현실을 시사하고 있다.

오늘날 에로스의 날개에 대한 갈망은 단지 곳곳에서 발견되는 낭만주의(감상적인 차원보다는 감정적인 면에서)로의 귀환뿐만 아니라, 성적 요소가 계시의 수단으로 간주되는 '새로운 탄트라교**'식의 추구를 통해서도 그 모습을 드러내고 있다.

섹스에는 섹스 이외의 것이 있으며, 섹스(반복은 싫증과 혐오를 야기할 수 있으며, 바타유는 이를 '에로스의 눈물'이라고 표현했다)가 아닌 다른 것으로 이끄는 무엇이 포함되어 있다. 우리가 에로스의 화살을 따라갈 용기를 낸다면, 우린 아마도 우리가 생각하는 것보다 훨씬 더 빨리 본능에서 사랑으로, 열정에서 연민으로 옮겨갈 수 있을 것이다. 자신보다 더 큰 것 앞에서 사라지는 것이 바로 에로스가 바라는 것이며, 라

---

*   루이페르디낭 셀린(Louis-Ferdinand Céline, 1894~1961): 프랑스의 소설가.
**   인도에서 폭넓은 신도를 가진 탄트라교는 마음과 신체의 상관관계를 설명하면서, 인간의 성욕을 신에게 접근하기 위한 에너지원으로 생각한다는 점이 그 특징이다.

캉의 표현을 빌려 말하면, 욕망의 죽음을 원하는 것(이는 불교도들도 반박하지 않을 터이다)이 욕망의 속성이라고 할 수 있다. 따라서 에로스의 기쁨은 아가페가 되는 것이다.

에로스의 기쁨은 그 자신이 무조건적인 사랑 터전이 되어 하늘을 향해 날개를 활짝 펴고 날아오르는 것이다. 언제나 욕망하게 만드는 매혹적인 모습을 조금도 잃지 않은 채.

필리아

우애라는 말로 옮길 수 있는 필리아와 관련하여 고대인들은 다양한 형태의 사랑을 이야기하고 있다. 우리는 여기서 또다시 그것들을 통합하고 동시에 구분할 필요가 있다.

필리아 피지케는 아버지나 어머니의 자녀에 대한 사랑 또는 아이가 자신의 가족에게 느끼는 사랑을 일컫는다. 포토스나 포르네이아로 역행시킬 수 없는 부모자식 간의 사랑인 것이다. 게다가 자녀가 더 이상 자신의 부모에게 무엇을 바라거나 요구하지 않으며, 성인이자 친구로서, 형제자매와 마찬가지로 '자연이 우리에게 선사해준 친구'로서 부모를 대할 수 있다는 것은 성공한 교육의 징표가 아닌가?

마찬가지로 부모가 여전히 자식을 그들의 '모든 것'으로 생각하며 그들에게 의존적인 어린아이처럼 여기지 않고, 그를 성인으로 간주하며 그들 공동의 과거와 현재와 미래에 관해 함께 대화할 수 있다면, 그것이야말로 자식에 대한 부모의 크나큰 사랑을 입증하는 것이 아니겠는가?

그러나 유감스럽게도, 자연과 혈연이 아낌없이 부여할 것 같은 이러한 사랑을 세상의 모든 가족이 다 누릴 수 있는 것은 아니다. 여전히 부모에게 의존적이거나, 병적인 헛헛증이나 거식증을 보이면서 부모를 거부하는 자녀도 있고, 때로는 가족 간의 사랑에서 근친상간의 위험한 징후가 엿보이기도 한다. 아들이나 딸과 자신의 연인을 똑같은 사랑으로 사랑할 수는 없다. 때로 사랑의 이름으로 이러한 착각에 사로잡히는 사람들이 어떤 고통의 근원이 될 수 있는지 우리는 잘 알고 있지 않은가.

무지개의 색깔들을 분리할 수 없다면, 서로 섞어놓아서도 안 될 것이다. 어느 경우라도 무지개는 망가지면서 그 빛을 잃게 된다. 사랑도 이와 마찬가지다.

근친상간이 죄악인 것은, 그것이 사랑을 죽이고, 상대와 자신을 구분하지 못하는 대상을 죽이기 때문이다. 그리하여 그 대상은 불감증에 걸리거나 발기불능이 된다. 자신의 아버지나 어머니와 동침을 할 수는 없다. 그리고 아버지나 어머니가 아닌 다른 남자나 여자와도 관계를 맺는 것을 스스로에게 허락할 수 없는 것이다.

또한 히스테릭한 행동들에 대해서도 이야기해야 할 것이다. 자신의 아버지에게 한 인간으로서 인정받지 못하고 단지 그를 매혹하는 여성으로서, 때로 그의 아내에게서 느끼지 못했던 여성성을 지닌 존재로서만 인식되었던 딸은 훗날 남자들과 정상적이거나 자연스러운 관계를 맺기가 힘들 수 있다. 그 반대의 경우도 마찬가지다. 장피에르 윈터가 그의 『육체의 방랑자들(Les errants de la chair)』에서 잘 보여준 것처럼, 오늘날에는 남자들에게서도 히스테릭한 행동이 점점 더 많이 발견되고 있다.

자신의 아버지나 어머니와의 건전하고도 단순한 관계는 다른 사람과의 건전하고도 단순한 관계, 즉 욕구와 요구뿐만 아니라 유혹의 메커니즘에서도 자유로울 수 있는 우애(필리아)를 가능하게 하는 조건이 될 수 있다.

필리아 에로티케에서는 유혹이 한 부분을 차지하고 있는 듯 보인다. 하지만 이러한 형태의 사랑에서 유혹은 술책이 아닌 놀이에 속한다고 볼 수 있다. '에로틱한 우정'에서 사랑의 신 에로스는 사랑의 정념에서 벗어나 상대를 상대 그 자체로서 사랑한다. 이러한 사랑에서 우리가 상대를 기쁘게 하고 그의 마음에 들고자 애쓴다면, 그것은 오이디푸스적 사랑의 잔재나 은밀한 히스테리의 증상이 아니라 함께 있음으로써 느끼는 행복에 약간의 매력을 더하기 위한 것일 뿐이다.

우리는 동시에 여러 사람을 열정적으로 사랑할 수는 없다. 그랬다가는 마음이 여러 갈래로 찢어지면서 삶이 얼마나 피곤해질 것인가! 하지만 에로틱한 우정을 나누는 것은 여러 명과도 가능할 터이다. 자의식을 갖춘 성인들 간의 관계에서는 질투심이 훨씬 덜 강하고 덜 고통스러울 것이기 때문이다. 이러한 관계에서 중요한 것은, 자신이 사랑하는 사람이 '나'와 함께든 아니든 행복할 수 있다는 사실이다.

그러나 에로틱한 우정은 드물 수밖에 없다. 사랑의 집착(종종 배타적인 성질을 띠는)과 진정한 우정이 전제하는 자유의 존중 사이에서 균형을 잡기가 매우 힘들기 때문이다.

그렇다면 동성이나 이성 친구들 간의 사랑이자 진정한 우정인 필리아 헤타이리케는 어떻게 가능할 수 있을까? 이런 형태의 사랑은 무엇보다, 부재하지는 않지만 한층 누그러진 성적 욕망을 전제로 한다. 그렇지 않다면 이는 다시 연정(동성애나 이성애)으로 되돌아가고 말 것이다. 이는 또한 우리 자신의 욕구와 요구, 육욕과 동일한 나의 에로스로부터 자유로워짐을 전제한다. 내 친구는 내 아버지도 어머니도 형제자매도 아니며, 나의 연인이나 남편도 아내도 아니다. 그는 때로 그중 한 사람인 것처럼 느껴질 수도 있으나, 친구로서의 그는 그 모두를 합친 것보다 더 의미 있는 존재이기도 하다.

그는 무엇보다 이타성을 지닌 내 존재를 확인시켜주는 사람이다. 우리는 반드시 똑같은 믿음과 생각, 똑같은 욕망을 지닌 존재가 아니며, 그편이 더 낫다. 그렇기 때문에 우리의 우정은 필연적으로 갈등이나 대립으로 이어지지 않는 나눔의 기회가 될 수 있는 것이다. 또한 그는 나와 동등한 존재이며, 하나의 정체성을 지닌 내 존재를 확인시켜주는 사람이다. 주인과 노예, 고용주와 일꾼 사이에는 우정이 존재할 수 없다. 그들이 자신들에게 주어진 기능과 역할을 잊어버리지 않는 한.

우애는 또한 '지속적인 사랑'이다. 열정적인 사랑처럼 뜨거운 불로 타오르지는 않지만 잉걸불처럼 잿더미 밑에서도 여전히 불타고 있으며, 시간이 지나도 그 불길이 쉽게 꺼지지 않는다. 이러한 잉걸불을 잘 돌보지 않는 사람들의 우애는 오래갈 수가 없다.

우애가 이 삶에서 우리가 경험할 수 있는 가장 고귀한 형태의 사랑이라고 해도, 아직 무조건적인(아무런 기대를 하지 않는) 사랑인 아가페는 아니다. 우정은 주고받기와 각자 자신의 일부를 내어놓을 것을 서로에게 기대한다. 나는 친구에게 나를 이해하기를, 만약 그럴 수 없다면 적어도 이해하도록 노력할 것을 기대한다. 그리고 각자의 차이점과 함께 서로를 받아들일 것을 기대한다.

가브리엘 마르셀은 결혼을 '고백을 가능하게 하는 공간'이라고 정의한 바 있다. 그 속에서는 있는 그대로의 자기 모습을 서로에게 보여주는 게 가능하기 때문이다. 좋은 모습이나 나쁜 모습, 자신의 빛과 그림자를 모두 드러낼 수 있다는 것이다. 그런데 우정에 대해서도 이와 똑같은 이야기를 할 수 있지 않을까? 자신의 지배 욕구와 힘을 과시하기 위한 수단으로 상대를 이용하려는 사람 앞에서 나의 본모습을 드러내서는 안 될 터이다.

있는 그대로의 자신의 모습을 보여주고, 또 다른 나에게 자신의 장단점을 드러내는 것은 오직 사랑 앞에서만 가능할 것이다. 하지만 아무 사랑 앞에서나 그럴 수 있는 것은 아니다. 열정적인 사랑을 하는 사람들은 사랑하는 사람이 자신의 나약함을 털어놓는 것을 잘 받아들이지 못한다. 오직 친구만이 내가 되기를 원하는 대로가 아니라 있는 그대로의 나를 받아들일 수 있다. 친구란 아첨이나 거짓말로 나의 환상을 부추기는 대신 현실 속에서의 우리 자신의 모습을 확인시켜주는 존재인 것이다.

마지막으로 또 다른 형태의 필리아가 남아 있다. 필리아 크세니케, 환대하는 사랑이 그것이다.

이러한 형태의 사랑이 화제에 오르는 일은 극히 드물다. 그러나 어떤 문화권에서는 환대하는 사랑, 즉 이방인에게 베푸는 사랑이 가장 높은 수준의 문명을 입증하는 유형의 사랑으로 간주되고 있다. 필리아 크세니케에서는, 앞서 언급한 다양한 형태의 우애에서 확인된 특성인, 있는 그대로의 상대에 대한 사랑과, 그와 나의 차이와 낯섦에 대한 인식과 존중이 강조되고 있다. 나와 다른 사람을 받아들이는 것은 어떤 면에서는 초월적인 타자를 받아들이는 것과도 같다고 볼 수 있다. 이는 또한 확고한 정체성과 자신에 대한 확신을 전제로 한다. 나 자신이 편안하지 않으면 다른 사람을 받아들이기가 힘든 법이다.

물론 나는 타인이 나의 법과 관습을 존중하고, 나의 환대를 높이 평가하며, 내게 그 보답을 할 수 없다면 적어도 나의 환대에 대해 감사하는 마음을 가질 것을 기대한다. 하지만 타인에 대한 사랑 속에서 나는 사심이 없는 사랑, 그 보답으로 상대에게서 아무것도 기대하지 않고 베푸는 사랑에 한층 가까이 다가갈 수 있다.

스토르게, 하르모니아

지금까지 살펴본 사랑은 나와 외적인 누군가와의 관계에 의해 좌우되는 것이었다. 하지만 이번 단계의 사랑은 그런 관계뿐만 아니라 나 자신의 고유한 특성과도 관련이 있다. 연정과 선함은 그것들을 표출하는 사람뿐만 아니라, 그를 둘러싼 사람들과 사물들에까지 영향을 미치고 변화시키는 내적 특성이다.

우리는 사랑을 이야기할 때, 사랑받고 사랑받음을 느끼는 것과, 사랑하고 사랑을 줄 줄 아는 것 중 어느 것이 더 중요한지를 자문하곤 한다.

'사랑의 기술'은 어떻게 사랑받으며, 어떻게 사랑스러운 사람이 되는가에 관한 것일까? 아니면, 어떻게 하면 누군가를 제대로 사랑할 수 있는지를 말하는 것일까?

사랑에서 중요한 것은 어떤 사람이 사랑받을 자격이 있는가 하는, 사랑의 대상에 관한 문제일까? 아니면, (내가 만나는 사람들과 내게 일어나는 모든 일을) 어떻게 사랑할 것인가 하는, 사랑하는 능력의 문제인 걸까?

혹은 '사랑의 기술'이란 사랑하기에 좋은 대상, 사랑과 욕망의 적절한 대상을 찾아내는 것을 말하는 것은 아닐까? 아니면, 사랑의 기능과 능력—외적 상황과 상관없이, 사랑하는 사람이 떠나거나 죽은 후에도 여전히 남아 있는—을 적절하게 사용함을 가리키는 것일까?

여기서 사랑은 더 이상 하나의 관계에 의존하는 사랑이 아니라, '존재의 상태'나 '의식 상태'로 간주되는 사랑을 의미한다.

이제 사랑은 한 사람의 깊은 내면에서 비롯되는 빛이자, 다른 모든 사람을 향한 무한한 애정으로 구현된다. 여기서 말하는 애정은 아직은 '개인적' 영역을 벗어나지 못한 덜 추상적인 연민의 형태로, 성적인 측면에서도 완전히 자유롭지는 못하다. 이러한 애정 속에는 앞서 살펴본 우애의 특성들이 포함되어 있지만, 단지 상대에게만 집중된 사랑이 아닌 자기 주변의 모든 것을 향한 사랑이라는 점에서 그 궤도를 달리하고 있다. 애정과 선함에는 태양과 같은 속성이 깃들어 있다. 복음서에 이야기하는, "악인들과 선인들, 정의로운 이들과 불의를 행하는 자들을 고루 비추는 태양"과도 같은 것이다.

"태양이 그대들 안에 거하도록 하라!" 이것은 그리스도와 붓다의 공통된 말이다. 이는 단지 사랑의 행위를 실천하는 데 그치지 않고, 사랑 자체가 될 것을 이야기하는 것이다. 우리는 사랑이 발하는 빛 속에서만 존재하고 자라나며 활짝 피어날 수 있다.

그리하여 그들에게 속하지는 않지만, 그들을 가로지르고 그들 안에 자리하는 이러한 사랑으로 빛나는 선한 사람들은 조화의 근원이 될 수 있다.

스토르게의 의미에서 서로 사랑하는 두 사람은 하늘과 땅이 다시 조화를 이루게 할 수 있지만, 서로 열렬히 사랑하는(파테, 마니아, 포토스) 두 사람의 결합은 언제나 같은 결과로 이어지지는 않는다.

이처럼 조화로운 삶은 동양인들(특히 중국인)에게 더 친근하다. 그들에게 사랑은 유지해야 할 관계이기보다는 도달해야 할 의식의 차원으로 여겨지고 있다. "남편과 아내의 삶은 음과 양이 조화롭게 뒤섞여 있음을 보여주며, 인간과 정령들과의 교감을 가능하게 하고, 하늘과 땅의 거대한 영향력과 인간관계의 위대한 질서를 다시금 확인시켜준다. 이와 같은 이유로 의식(儀式)에 관한 책은 남자와 여자의 관계를 중히 다루고 있으며, 시가집(詩歌集)은 남편과 아내의 성적 결합을 찬양하고 있다." 로베르트 반 훌릭은 『중국성풍속사—선사시대에서 명나라까지』에서 이렇게 이야기하고 있다.

애정과 조화로 이루어진 사랑에서 성적인 영역은 감정적이고 정서적인 영역과 마찬가지로 중요한 자리를 차지하고 있다. 이들 영역은 '이기적'이거나 자기중심적이지 않은 거대한 총체 안에서 각자에게 맞는 역할을 담당하며, 사랑하는 주체가 연민이라는 충만함을 향해 나아갈 때 더 이상 걸림돌이 되지 않는다.

유노이아

사랑은 존재가 빛을 발하는 것이자 내적인 충만함을 함께 나누는 것이며, 태양이 악인과 선인에게 고루 빛을 비추는 것일 뿐만 아니라, 악인과 선인을 위해 작용하는 태양 그 자체이다. 연민은 말이나 빛으로써가 아닌 행동으로 나타나는 선함이며, 헌신이라고도 불리는 애정의 더없이 고귀한 증거이다. 가르치는 자 예수는 지도자나 힘을 가진 자가 아닌 섬기는 이로 스스로를 소개했다. "그대들은 나를 주인이자 주님이라고 부르며, 이는 마땅한 일이다. 나는 주인이자 주님이기 때문이다. 하지만 나는 섬기는 이로 그대들에게로 왔다.

"받는 것보다 주는 것이, 섬기는 것이 섬김을 받는 것보다 더 큰 기쁨을 느끼게 한다." 이 말은 유노이아와 함께 우린 더 이상 갈증이 아닌 원천의 편에 자리하고 있음을 상기시킨다. 우리는 더 이상 필요와 요구, 욕구가 아닌, 베풂과 헌신, 행동으로 보여주는 사랑의 편에 서 있는 것이다.

다른 사람들은 더 이상 우리를 섬기거나 우리의 결핍을 채워주기 위해 존재하는 것이 아니다. 우리는 어떤 상황에서도 있는 그대로의 그들을 사랑할 수 있어야 한다.

섬긴다는 것은 굴종을 의미하는 게 아니다. 모든 형태의 굴종 뒤에는 보상이나 감사와 같은 어떤 기대가 있게 마련이다.

섬긴다는 것은 오직 주인들만이 섬길 줄 아는 것처럼, 과시나 거짓 겸양이 없이 완전히 자유롭게 섬기는 것을 의미한다.

사랑은 나눠줄 때 더 커지는 유일한 보물이다. 모든 살아 있는 존재를 향한 이러한 관대함과 연민은 '섬기는 자들'이라고 불리는 모든 이의 내면에 있는 은혜로운 선물을 표현하는 말이다. 그들은 우상숭배와 유사한 이미지에 그들을 가둘 위험이 있는, 주인이나 현자 또는 성인 같은 호칭보다 '섬기는 자'라는 호칭을 선호한다.

사랑하는 것과 섬기는 것은 자신의 이미지를 소비하면서 그것을 넘어설 수 있는 가장 좋은 방법이다. 아무런 조건 없이 삶과 사랑을 위해 자신을 바치고, '자신의 가장 좋은 부분을 선택하여' 그것에 근거하여 행동하는 것은, 사랑의 사다리의 마지막 두 단계가 선사하는 지복(至福)에 다가가기 위해 유일하게 필요한 것일지도 모른다. 하지만 그 지복의 단계는 결코 행복하지도 않고 고통이 없지 않을 수도 있다. 오랫동안 그래왔듯이 오늘날에도 "사랑이 언제나 사랑받는 것은 아니기" 때문이다.

카리스, 아가페

우리는 여기서 말로는 표현할 수 없는 것에 다가가게 된다. 그로 인해 느낄 수 있는 지대한 고통과 더없는 기쁨을 표현할 수 있는 말은 이 세상에 없다.

라틴어로는 카리타스(aritas), 프랑스어로는 샤리테(charité)
로 옮길 수 있는 카리스를 체험한 사람들은 이것이 오늘날
'자선[보시(布施)]'이라는 말이 떠올리게 하는 기쁨과는 아무
런 상관이 없음을 알고 있을 것이다.

여기서 한 가지 짚고 넘어갈 점은, 보시를 하는 것은 정
의를 행하는 것일 뿐이라는 사실이다. 가지지 못한 사람에
게 베푸는 것은 다른 사람에게뿐만 아니라 자신에게도 선
을 행하는 것이다. 이러한 최소한의 관대함은 곧 최소한의
영혼과 마음의 건강을 의미한다.

카리스는 이보다 더 높은 차원의 사랑으로, 기꺼이 베풀
며 헌신함을 가리킨다. 나의 자아와 이해관계, 나의 욕구
와 요구 등은 더 이상 장해물이 되지 못하며, 다른 곳에서
와서 내게 무상으로('무상'과 '은총'은 똑같은 어원에서 파생되었다)
주어지며 무상으로 헌신하는 사랑의 강력함에 묻혀버리고
만다.

우리는 이런 사랑을 누리는 것을 때로 '은혜를 입었다'
고 말한다. 사랑은 원천에서 비롯되며, 그것이 만나는 장
해물과 걸림돌로부터도 살을 찌운다. 이런 사랑을 기독교
도들은 하느님이라고 부른다.

사랑(아가페)은 우상이 아닌 유일한 신이므로, 우리는 그 사랑을 '가질 수' 없으며, 그 사랑을 베풂으로써만 그것을 '소유할 수' 있다.

이 사랑은 우리 안의 타자이며, 우리가 이전에 알았던 것들과는 다른 하나의 의식, 전혀 다른 사랑, 그 어느 것과도 비교할 수 없는 사랑이다. 이런 의미에서 이 사랑은 신성한(히브리어로 '성스러운(카데쉬 kadesh)'은 '이 세상 그 무엇과도 비교할 수 없다'는 뜻이다) 것이다. 이 사랑은 아무것도 파괴하지 않는다. 우리 안에 남아 있는, 무언가를 필요로 하는 아이도, 무언가를 요구하는 청소년도, 욕망을 지닌 성인도. 이 사랑은 단지 사랑에 대해 우리가 보여준 모든 형태의 사랑으로부터 우리를 자유롭게 할 뿐이다.

이러한 차원의 의식에서는 사랑과 자유는 서로를 포용하며, 더 이상의 이중성은 없다. 우리는 우리 존재의 모든 영역을 향해 열려 있게 된다. 우리의 위, 아래, 양옆 어느 쪽이든 언제나 열려 있기 때문이다. 우리 안의 문과 두 팔이 활짝 벌어져 있으며, 그 어느 것도 그것들을 다시 닫을 수 없다……

무조건적이고 인간적인 무상의 사랑 속에서 우리는 아가페인 존재가 모습을 드러내는 것을 보게 된다. 아가페는 단지 부동의 동인(動因)처럼 존재하는 것에 그치는 행위가 아닌, 존재를 활짝 열어 보이는 사랑하는 주체이다……. 몇몇 현대 철학자들과 현상학자들(미셸 앙리, 장뤽 마리옹)이 그런 것처럼, 존재의 형이상학에서 아가페의 형이상학으로의 이행의 결과를 더욱 발전시켜나가야 하는 것일까? 존재론적 신학이 깊이를 측정할 수 없는 공허가 아닌 은혜로운 선물의 신비를 향해 나아갈 수 있도록?

> 아가페적 사랑의 주체인 '나'는
> 무수한 존재 중의 하나가 아니다.
> 의심하고
> 생각할 수 있다는 이유만으로
> 그 존재를 확인받을 수 있는
> 존재자가 아니다.
> '무수한 존재 중 하나'가 됨을 받아들이는 것은
> 나 자신을 하나의 대상으로 인정하는 것이다.
> 그러나 무슨 소용인가? 무엇을 위해서?
> 무엇을 위해? 누구를 위해
> 존재하는가, 나는?
> 사랑받지 못한다면 내가 어떻게 존재할 수 있을까?

무수한 존재들이 있기 위해서는

근원적인 존재,

최초의 수여자(授與者)가 있어야 한다.

'나'는 주어진 자이며,

다른 것에 의해서만 존재할 수 있다.

있는 그대로의 나를 존재하게 하는

다른 그 무엇에 의해서만.

있는 그대로의 나는

단지 무수한 존재 중의 하나가 아니라

은혜로운 선물에서 비롯된 존재이다.

그 선물은 나를 있게 할 뿐만 아니라,

나로 하여금 다른 이에게 선물을 주며

첫 번째로 사랑할 수 있게 해준다.

신이 존재하는 것은,

무수한 존재들에 앞서

근원적인 존재의 선물이 있기 때문이다.

무엇으로 존재의

허무함과

공허함의 시험을 이겨낼 수 있을까?

붓다는 이런 시험을 거쳤으며, 모든 것의 허무함을 경험했으므로 이렇게 선언할 수 있었다. "이 세상에는 나 자신도 없으며, 근원적인 존재(신)도 없다."

그러나 존재자가 '무수한 존재 중 하나'가 아니라 사랑받는 존재, 무상성(無償性)(은총)과 증여라면, 이러한 경험은 근원적인 존재보다 앞선 은혜로운 선물 가까이로 우리를 이끌 수 있을 것이다. 그리고 바로 이러한 예감에서 우리는 더없는 행복을 느낄 수 있을 것이다.

사랑하는 여러분, 서로 사랑합시다. 사랑은 하느님에게서 오는 것이기 때문입니다. 사랑하는 이는 모두 하느님에게서 태어났으며 하느님을 압니다.

사랑하지 않는 사람은 하느님을 알지 못합니다. 하느님은 사랑이시기 때문입니다.

—「요한의 첫째 서간」 4장 7~8절

사랑하는 여러분, 이제 우리는 하느님의 자녀입니다. 우리가 어떻게 될지는 아직 드러나지 않았지만, 그분께서 나타나시면 우리도 그분처럼 되리라는 것은 알고 있습니다. 그분을 있는 그대로 뵙게 될 것이기 때문입니다.

우리는 우리의 한계 속에서 해석하는 대로가 아니라 있는 그대로의 현실을 알게 될 것이며, 오직 사랑만이 사랑할 수 있는 것처럼 사랑하게 될 것이다.

그러나 오늘날 우리는 지금까지 살펴본 사랑의 단계의 모든 차원에서 이러한 사랑을 경험할 수 있다.

우리의 욕구, 요구, 욕망, 그리고 우리의 열정과 우정에 의식과 자유와 아가페의 자리를 좀 더 부여하도록 하자. 우리의 모든 사랑이 열려 있도록, 공간과 경쾌함을 선사하자.

'존재의 참을 수 없는 가벼움', 그 무엇과도 비할 수 없는 사랑의 자유로움으로 사랑하도록 하자. 죽음조차도 우리가 선물한 것을 앗아갈 수는 없을 터이니.

자신의 목숨을 내어놓은 사람은

그 무엇도 그에게서 목숨을 빼앗아 갈 수 없다.

그는 이미 되살아났으며,

자신을 바치는 존재의 선물이며,

사랑이자 아가페이니…….

베드로야, 너는 나를 사랑하느냐?

— 주여, 당신은 제가 어떻게 사랑할 것인지 잘 아시나이다. 우리 사이에 사다리가 가로놓여 있다면, 저는 평생을 걸려서라도 당신에게로 갈 것입니다.

— 네가 사다리를 오르는 동안, 나는 내려가리라는 것을 잊지 말라…….

나는 네가 있는 곳에 있을 것이며,

네가 사랑하는 곳에서 사랑하리니.

2

요구하는
사랑에서 주는
사랑으로

"요한의 아들 시몬아, 너는 나를 사랑(아가페)하느냐(아가페)?"
"예, 주님! 제가 주님을 사랑(필리아)하는 줄을 주님께서 아십니다."
「요한 복음서」 21장 16절

우리는 종종 "당신은 나를 얼마큼 사랑해?"라고 묻곤 한
다. 하지만 "나는 어떤 사랑을 하고 있는지?" "난 당신을
얼마만큼 사랑하는지?"라고 자문해본 적은 있는지? 이 모
든 경우에 우린 과연 서로 같은 사랑에 대해 이야기하고
있는 걸까? 우리는 어떤 사랑으로 서로를 사랑하는 걸까?
베드로와 예수의 대화에서 예수는 베드로에게 자신을 아가
페의 사랑으로 사랑하는지를 묻고, 베드로는 그에게 필리
아의 사랑으로 사랑하고 있다고 대답한다. 그들은 사랑에
대해 이야기하지만 서로 같은 사랑을 말하고 있지 않다.

　사랑은, 그것을 뭐라고 부르든 간에, 사랑을 느끼는 사
람과 그 대상에 따라 달라진다. 태양이나 초콜릿이나 자신

의 고양이에게 느끼는 사랑과는 달리, 인간의 사랑은 사람에 따라 다양한 색깔로 그것을 경험하고 표현할 수 있다. 사랑하는 사람마다 다르게, 같은 사람이라도 사랑을 하는 삶의 시기에 따라 각각 다른 그림을 그릴 수 있는 것이다. 우리는 연인을 자식처럼 사랑할 수 없으며, 스무 살에 마흔 살이나 예순 살처럼 사랑할 수도 없다. 다양한 색깔들과 음들이 각각의 관계와 관계의 매 순간에 고유한 곡조를 형성하는 것이다. 감정의 풍요로움, 색조, 강렬함은 관계의 풍요로움, 색조, 강렬함에서 비롯된다. 사랑은 당신과 나의 관계 속에서만 그 의미를 지닌다. 사랑하는 법을 배우는 것은 당신을 사랑하는 법을 배우는 것이다.

사랑 속에는 언제나 당신이 있다. 당신은 때로는 부재하기도 하고, 아직 누구인지 모르거나 눈에 보이지 않을 수도, 정신적인 것일 수도 있다. 그러나 사랑이 향하는 대상인 당신은 언제나 존재한다. 갈증을 해소시켜주며, 나의 생각과 시선과 말 속에 다른 사람이 들어오게 해주는 당신. 끝없는 요구에 선을 긋게 해주며, 무한한 기대에 한계를 지어주고, 갈증을 해소시켜주기보다 더 목이 타게 만드는 사랑의 이상 앞에 현실을 들이미는 당신. 나로 하여금 다른 누구도 아닌 당신을 좋아하게 만들고, 다른 누구도 아닌 당신을 선택하게 만드는 당신.

하지만 당신이 어떤 사람인지 알지 못하는 한, 내가 당신을 어떻게 사랑하는지도 알 수 없다. 내가 당신을 어떻게 사랑할 수 있을지, 어떤 방식으로 당신을 사랑하기를 바라는지, 당신의 사랑에 기대할 수 있는 것과 내가 그 사랑에 어떻게 응답할 것인지를 이야기할 수는 있다. 그러나 내가 당신을 어떻게 사랑하는지는 알지 못한다. 어떻게 내 사랑이, 그 대상이 다른 누구도 아닌 당신이라서, 있는 그대로의 당신이기 때문에, 내 사랑이 다른 모습이 아닌 이런 모습을 띠는지도 알지 못한다. 분명한 것은, 당신이 아닌 다른 사람이었다면 다른 식으로 사랑했을 것이며, 또 다른 누구 역시 또 다른 방식으로 사랑했을 것이라는 사실이다. 나는 내 안에 단 한 가지 형태의 사랑만을 갖고 있지 않기 때문이다. 나만의 사랑의 방식이 있다 할지라도.

나만의 사랑의 방식은 분명 특별한 것이지만 동시에 다양한 사랑의 방식을 포함하고 있다. 성인인 내 속에는 여전히 어린아이가 있지만, 난 나를 만들었고 지금의 나를 있게 한 또 다른 당신들을 경험했고, 다른 방식으로 그들을 사랑했다. 그 첫 번째가 내 부모님일 터이다. 당신이 누구든 나는 당신에게 과거에 내가 받았던 사랑과 받지 못했던 사랑을 강요하게 될 것이다. 당신은 그들을 닮을 수밖에 없다. 남들과 다른 당신을 내가 선택했음에도 불구하고. 또는 비록 내가 바라는 것은 아닐지라도, 나는 당신으로 하여금 내 아버지나 어머니처럼 행동하게 만들지도 모른다. 그건 당연한 것이다. 당신이 나를 만나고, 내가 당신을 만나는 날, 하나의 역사가 시작되면서 동시에 두 개의 역사가 서로 만나기 때문이다. 사랑은 두 개의 역사, 서로 다른 두 개의 역사가 서로의 이야기를 들려주는 것이다. 각기 다른 모습의 두 개의 "당신을 사랑해"와, 당신을 사랑하는 내 방식과 나를 사랑하는 당신의 방식인 두 개의 "당신을 사랑해"가 만나는 것이다. 사랑은 곧 두 개의 갈증이 만나는 것이다.

당신이 나를 사랑한다 말하고, 내가 당신을 사랑한다 말할 때, 우리는 같은 이야기를 하고 있는 게 아니다. 그래서 서로를 이해하기 힘들 때가 많을 수밖에 없다. 우리로 하여금 서로를 가까워지게도 하고 멀어지게도 하는 사랑에 서로 귀 기울이게 하는 것이 사랑이 아닌가? 나는 당신이 "나는 당신을 사랑해"라고 말할 때 당신 말이 무슨 의미인지 알고 싶고, 내가 "나는 당신을 사랑해"라고 말할 때 내 말이 무슨 의미인지를 먼저 알고 싶다. 당신에게 그 의미를 이해시키기에 앞서서.

사랑은 실물교육 같은 것이 아니다. 사랑은 이야기하기보다는 직접 겪어내야 하는 것이다. 또한 사랑을 잘 겪어내기 위해서는 사랑을 언제나 깊이 이해할 필요는 없다. 사랑의 언어는 말로써 고통을 완화시키고자 하는 생각의 언어와는 다르다. 사랑에는 자신만의 언어인 마음과 몸의 언어가 있다. 사랑에는 각자의 역사와 자신만의 작은 음악과 자신만의 밤과 낮이 있다.

내가 당신을 사랑한다면, 당신을 어떻게 사랑하는지는 중요하지 않다. 더구나 내가 왜 당신을 사랑하는지 나조차도 그 이유를 결코 알 수 없을 것이다. "지금까지 내가 좋아했던 여자들은 많았어. 어떤 여자는 대화하면서 함께 시간을 보내는 게 즐겁다는 이유로 좋아했지. 다리가 예쁘고 성적 욕구를 느끼게 한다는 이유로 만난 여자도 있었어. 어떤 여자는 요리를 잘해서 그녀가 만들어준 음식을 먹는 게 행복했던 적도 있었지. 하지만 내 아내는, 그녀를 만나자마자 난 금세 사랑에 빠졌어. 그녀가 왜 좋은지 그 이유도 모르는 채 말이지. 그리고 난 여전히 그녀를 사랑하고 있어."

나는 당신을 사랑한다. 그리고 내가 왜 당신을 사랑하는지 그 이유를 아는 것은 조금도 중요하지 않다. 그렇다고 해서 당신을 더 잘 사랑하는 법을 배울 수 없다는 의미는 아니다. 당신을 사랑하는 것은 긴 역사의 시작일 뿐이다. 당신을 사랑하는 것은, 이 기나긴 역사가 아름다울 수 있기 위해서 필요한 것일 뿐 충분한 조건이 될 수는 없다. 나는 당신을 사랑할 수 있지만, 당신을 잘못 사랑하거나 당신을 아프게 할 수도 있다. 나는 당신을 사랑할 수 있지만, 당신을 통해 나 자신을 아프게 할 수도 있다. 당신을 이해하지 못하거나, 당신에게 제대로 이해받지 못해서. 나는 사랑에 대해 내가 경험한 것만을 알고 있다. 그것이 좋은 것이든 나쁜 것이든, 또는 둘 다를. 나는 잘 겪어내는 사랑이 어떤 것인지를 당신과 함께 알아가는 것이다.

나는 당신을 사랑하는 법을 배워간다. 당신을 향한 "나는 당신을 사랑해"는 과거의 고통의 반복이나 유아기적—지금도 그 잔재가 남아 있는—욕구의 연속인 것만은 아니다. "나는 당신을 사랑해"는 어린아이의 필요와도 같은 사랑인 포르네이아에서 사랑의 여러 단계를 거쳐 은혜로운 선물이자 헌신하는 사랑인 아가페로 발전해간다. "나는 당신을 사랑해"는 시간이 흐름에 따라 가벼워지고

조밀해지며, 자라나고 우리를 자라나게 하며, 성숙해짐과 동시에 관계 속의 당신과 내가 성숙해질 수 있게 한다.

릴케는 사랑에 대해 다음과 같은 말을 한 바 있다.

"사랑은 자신이 사랑하는 사람을 위해 성숙해지고 확고한 모습을 갖추며, 그 자신이 하나의 세상이 될 수 있게 해주는 유일한 기회이다. 사랑은 고귀한 요구이자 끝 모르는 야망이며, 사랑에 빠진 사람으로 하여금 먼바다를 향해 나아가는 선택받은 자가 되게 한다."

하지만 나의 원천을 만나 당신을 향한 사랑을 생명수로 적시려면, 우물 속으로 뛰어드는 것을 받아들이고 그 방법을 배우기를 원해야 한다. 우물 속으로 내려가면서 나는 동시에 사랑의 사다리의 위를 향해 올라간다. 빛은 사다리의 꼭대기와 우물 속을 동시에 밝혀준다. 그리고 나는 그 어느 쪽에서든 당신을 만날 수 있다. 내 원천의 가장 깊은 곳에 가닿으면서 난 당신과 점점 더 가까워진다. 나의 갈증을 해소함으로써 마침내 난 당신의 갈증에 응답할 수 있게 된다. 내 안에 있는 사랑의 힘에 최대한 가까이 가기 위해 나의 고통으로부터 자유로워짐으로써 마침내 자유로운 사랑으로 당신을 사랑할 수 있게 되는 것이다. 이제 나는 자유롭게 당신을 사랑할 수 있다. 당신에게서 더 이상 끝

없는 사랑을 기대하지 않는 사랑으로. 무한한 사랑의 원천은 바로 내 안에 있기 때문이다.

당신을 사랑하는 것은, 당신과 함께 사랑의 다양한 단계를 오르내리는 게 아닐까? "어떤 때는 내가 아기이고, 어떤 때는 그가 아기가 된다. 때로는 내가 그의 어머니이고, 또 때로는 그가 내 아버지가 된다. 어느 때는 그가 내 형제나 내 친구, 내 연인이 된다." 또한 우리는 육체적 사랑과 동시에 정신적 사랑도 함께 나누는 것이 아닐까? 둘 중 한 사람은 위에 있고 다른 한 사람은 아래에 있거나, 열정적인 사랑에 빠진 사람에게 우애를 기대한다면, 두 사람은 같은 사랑을 이야기하거나 경험하고 있는 것이 아닐 터이다. 그들은 서로 동상이몽을 하고 있는 셈이다. 당신을 사랑하는 것은, 당신으로 하여금 당신이 알지 못했거나 잘못 알고 있었던 사랑의 방식—사랑의 단계 중 하나인—을 발견하게 해주는 것이며, 당신 덕분에 내가 알던 것과는 다른 사랑의 방식에 눈을 뜨게 되는 것이 아닐까? 당신을 사랑하는 것은, 나의 욕구에 귀 기울이면서 당신의 욕구와 하나가 되는 것이다. 당신을 사랑하는 것은, 우리를 맺어주는 사랑에 대해서가 아니라, 내가 당신을 사랑하는 방식에 대해 의문을 갖는 것이다. 관계에 대해 스스로에게 너무 많은 질문을 하는 사람들은 그 관계를 살아내는 것에는 소홀해지게 마련이다. 그들은 사랑의 사다리의 위에도 아래에도 속해 있지 않다. 아니, 사랑의 단계 중 어디에든지 그들의 자리가 있긴 할까?

당신을 사랑하는 것은, 당신과 함께 있는 것이다.

그리고 당신과 함께하기 전에 먼저 나 자신과 함께하는 것이다. 내가 살아 있음을 느끼며, 내 삶과, 삶을, 당신과 함께 나누는 것이다.

당신과 함께한다는 것은, 당신과 결속하고, 당신과 공모하고, 당신을 믿고, 당신을 세심하게 배려하는 것이다……

당신, 바로 당신이기 때문에. 있는 그대로의 당신을 존중하기 때문에. 나는 있는 그대로의 당신을 사랑한다. 그래서 당신만의 특별함을 지닌 당신, 당신만의 유일한 존재 방식, 당신만의 사랑 방식, 당신이 나를 사랑하는 방식, 당신이 내 사랑을 받아들이는 방식. 이 모든 것을 사랑하는 법을 배워나간다.

나는 당신 안에 있는 어린아이와, 당신과 함께 있을 때 내 안에서 발견되는 어린아이를 사랑한다. 당신 안에 있는 열정적인 소년과, 당신 곁에 있는 내 안의 소녀를 사랑한다. 나는 우리 안에 있는 연인과 친구를 사랑한다. 나는 우리를 맺어주는 은총과, 당신이 자신에게서 사랑하지 않는 것을 사랑하며, 당신이 알지 못하는 당신의 아름다움을 사랑한다.

그리하여 나는 나날이 당신을 더욱더 사랑하는 법을 배워나간다.

포르네이아

당신은 꽃을 사랑한다 말하고 꽃을 꺾지.
당신은 물고기를 사랑한다 말하고 물고기를 먹지.
당신은 새를 사랑한다 말하고 새를 새장에 가두지.
당신이 내게 "당신을 사랑해"라고 말하면
나는 겁이 나지…….

　　　　—자크 프레베르

당신이 내게 나를 사랑한다 말하면, 난 당신이 나를 어떻게 할지 두려워져. 당신이 나를 새장에 가둬서 다시는

238

날지 못하게 할까 봐 겁이 나. 당신이 내 삶을 조그만 병속에 가둬버릴까 두려워져. 당신의 욕구와 당신만의 세상으로 제한된 공간에 말이야. 당신이 내게서 나의 뿌리와 나의 진정한 욕구와 내 삶의 열정을 앗아갈까 봐 겁이 나. 당신이 나를 먹어버릴까 두려워. 당신의 채워질 줄 모르는 허기가 나를 집어삼키고 내 삶과 내 꿈과 내 희망을 빼앗아 갈까 두려워져.

당신이 나를 사랑한다 말할 때면 난 사랑받지 못할까 두려워하는 당신과 당신의 욕구, 당신의 결핍이 두려워져. 당신이 자신의 탐욕을 제어하지 못하고, 서둘러 자신의 욕구를 채우고자 나를 꿀떡 삼켜버릴까 봐 겁이 나. 당신의 맹렬한 식욕 때문에 질식하여 사라져버릴까 두려워져. 모든 것을, 당장 끝내버려야만 해, 그렇지 않으면 아무것도 아닌 거야.

"내가 어머니의 품속에 있는 어린아이였을 때를 떠올려 보면, 그때 난 팔다리가 없는 것이나 마찬가지였어. 손발이 꽁꽁 묶인 나는 다른 누군가가 자기 마음대로 좌지우지하는 하나의 대상에 불과했던 거야." 과도한 사랑을 받았거나, 나에 대한 존중이 결여된 사랑 때문에 채워지지 않는 허기에 시달렸던 경험을 내 몸은 잊지 않고 있다. 과도한 사랑의 대상이었거나 잘못된 방식으로 사랑을 받은 사람이, 때로는 지나친 사랑 때문에 사랑에 거부감을 갖게 된 사람이 어떻게 이 모든 감춰진 기억으로부터 깊은 영향을 받지 않을 수 있겠는가? 내가 만약 어린아이처럼 사랑을 한다면, 난 내가 그랬던 것처럼 사랑받는 것뿐만 아니라 그렇게 사랑하게 될까 두려워하게 될 것이다. 나는 나 자신이 그러는 것처럼 상대가 나를 집어삼킬까 봐 겁이 난다. 어린 식인귀가 큰 식인귀를 두려워하는 격이다.

당신이 나를 사랑한다고 말할 때면, 난 당신이 나를 어떻게 사랑하는지, 당신이 나를 어떻게 사랑할지 자문하곤 한다. 혹여 어린 시절에 겪은 것을 다시 겪게 되는 것은 아닐까? 나를 사랑한다고 말하는 이들의 손에 내맡겨진 채 매사에 그들에게 의존해야 했던 경험을 되풀이하게 되는 것은 아닐까? 그들은 분명 나를 사랑한다. 하지만 어떻게? 그런대로 '잘' 사랑한다고 말할 수 있을까. 모든 부모가 다 '잘 사랑하지'는 않는다. 사랑하고 어르는 법을 배우지 못한 이들도 있다. 다른 생각과 다른 일과 다른 욕구에 사로잡혀 단지 스쳐 지나가듯 얄팍하거나 조급하거나 냉정하거나 무심한 사랑을 주는 것에 그치는 부모도 있다. '있어도 없는 것 같은' 부모, 그래서 함께 있으면서도 아이로 하여금 그가 존재하지 않는 것 같은 느낌이 들게 하는 이들이 있다. 어릴 적 부모에게 존재하지 않는 아이였던 내가 어떻게 나 자신이 존재함을 느낄 수 있을까? 아무리 많이 사랑받는 것 같아도 그 사랑의 손길 속에서 내가 느껴지지 않을 때가 있다. 그건 내가 원하던 사랑이 아니다. 나는 그런 손길을 원하는 게 아니다.

내게 아낌없는 사랑을 베풀면서 나를 마치 '맛있는 빵처럼' 여긴 사람들도 있었다. 그들은 나를 너무도 열렬하게 사랑했고, 난 그들의 키스 세례에 숨이 막힐 것만 같았다. "어쩜 이렇게 귀여울까. 널 먹어버리고 싶구나." "꼭 깨물어버리고 싶을 만큼 탐스럽게 생겼구나." 사람들이 내게 『빨간 모자 소녀』 이야기를 들려줄 때마다 난 '커다란 고약한 늑대'에게 잡아먹힐까 봐 두려움을 느끼곤 했다. 어린 나는 어른들의 사랑에 위협을 느꼈다. 그리고 그 두려움은 지금도 여전히 남아 있어서, 당신의 사랑에 잡아먹히고 당신으로 인해 내 존재가 소멸해버릴까 두렵다. 나를 사랑한다고 말하는 당신으로 인해.

어렸을 때 나는 내 어머니와 아버지를 필요로 했다. 그리고 그들 역시 나를 필요로 했다. 그들이 내게 주었던 사랑 속에는 그들의 요구도 포함되어 있었다. "내 부모님은

내게 독점적이고 숨 막히는 사랑을 퍼부으면서 자신들이
받지 못했던 사랑을 내게서 기대하거나, 그들 자신과 나에
관한 두려움과 불안감을 떨쳐내고자 했다. 이제 나는 누가
나를 독차지하고자 하면서 그의 두려움과 불안으로 내 삶
과 내 삶의 공간을 잠식할지 두려워진다." 당신이 다정하
고 배려 깊으며 무한한 인내로 나를 대하는 것을 느끼면서
도 난 여전히 과거의 수많은 요구들을 내 안에 담고 있으
며, 내가 결코 부응할 수 없을 기대 속에 갇혀버릴까 두렵
다. 그 기대를 충족시키지 못하면 사랑받지 못할까 겁이
난다.

　"난 내 어머니처럼 과도한 사랑을 주는 사람이 되고 싶
지 않아. 상대의 모든 것을 빨아들이며 그의 삶에 걸림돌
이 되고 싶지 않다고. 하지만 내 안에서 넘치는 사랑을 주
체할 수가 없어. 그래서 누군가를 사랑하게 되면 그에게
키스를 마구 퍼붓고 자꾸만 껴안고 싶어져. 그건 나도 어
쩔 수가 없어." 나 역시 내 어머니처럼 과도한 요구와 결
코 충족되지 못하는 탐욕에 사로잡혀 있는 것은 아닐까?
나는 당신의 사랑을 언제나 갈구한다. 사랑이 부족함을 느
끼면 나는 먹고 마시고 담배를 피우며, 당신의 사랑을 대
체해주는 가슴을 찾는다. 그러다 그런 나 자신이 싫어지면

격렬하게 당신을 내친다. 허기를 채우기 위해 아무거나 게걸스레 삼켜버렸던 것처럼. 난 당신을 취하고, 당신을 '토해낸다'.

"그녀는 평소에는 아주 다정하고 매력적인 여자야. 그런데 어느 순간 연락을 끊으면서 날 마치 벌레 보듯 피하지 뭐야." 나도 그렇게 당신에게 다가가, 당신과 가까워지기를 원하고 당신에게 다정함과 따뜻함을 구한다. 그러다 느닷없이 마치 몹시 위험한 불에 데기라도 한 것처럼 당신에게서 멀어진다. 나는 당신과 나 사이의 거리를 점차 넓혀간다. 침묵과 부재로써, 당신과의 약속에 늦고, 당신에게 늦게 응답하고, 뜸하게 사랑을 이야기하며, 당신 사랑에 대한 기대를 늘려감으로써. 나는 스스로를 고립시킨다. 내 몸은 당신에게로 갈 것을 열망하지만, 난 애써 욕구를 억누른다.

내 어머니가 차가운 사람이었다면 내 몸도 차갑게 식어 있을 것이다. 다시 내 몸을 덥히려면 많은 시간과 사랑이 필요하다. 내가 당신과의 사이에 거리를 유지한다면, 그것은 거리를 두는 것 외에는 달리 사랑하는 법을 알지 못하기 때문이다. 그렇다고 해서 그로 인해 고통받지 않는 것은 아니다. 사랑하는 사람에게서 느껴지는 거리는 나를 더욱더 고통스럽게 한다. 그러나 거리는 내게 친숙하다. 다른 모든 익숙한 것처럼 나를 안심시킨다. 그래서 당신이 내게로 올 때 난 당신에게로 가지 않는다. 하지만 당신이 나를 사랑하기를 멈추지 않는다면 나는 조금씩 그 사랑에 물들며 당신이 나를 사랑하는 것을 허락하게 될 것이다. 그렇게 나는 사랑받는 법을 배워간다.

나는 아주 어렸을 적부터 내게 강요된 처신 외에는 다른 것을 알지 못한다. 나를 고통스럽게 했던 것을 반복하지 않으려고 아무리 애를 써도 내 욕구와 나의 갈증은 여전히 강렬하게 내 안에 남아 있다. 내가 겪었던 것을 거울처럼 비춰주면서. 나는 내가 알고 있는 것 말고는 다른 방법을 알지 못한다. 내 마음과 내 몸 모두에 있어서. 내 몸 깊숙한 곳에까지도. 오직 시간과 경험 그리고 나의 행위에 대한 의식만이 다르게 행동할 수 있도록 나를 도와줄 수 있을 것이다. 다른 방식으로 당신을 사랑할 수 있도록.

어린 시절의 나, 여전히 내 안에 있는 어린아이처럼 당신을 사랑할 때면 내 감정과 나의 행동은 상처받은 내 어린 시절과 아직 치유되지 못한 고통들에 지배된다. 나의 선택들, 내 삶의 선택들, 내 삶은 내게 속한 것이 아니다.

난 당신을 사랑한다고 믿지만 내가 사랑하는 사람이 정말로 당신이 맞는 걸까? 설령 그게 당신이라고 해도, 내가 선택한 대로의 당신, 그런 당신이 나를 사랑할 수 있을까?

나는 사랑의 확인과 보상과 위안만을 찾는 곳에서 사랑을 발견할 수 있으리라 믿고 있다. 그렇게 나의 결핍과 좌절을 메워나갈 수 있을 거라는 환상 속에서 살고 있는 것이다. 나를 지배하고 이끄는 사람은 내 안에 살고 있는 어린아이다. 가끔은 아주 어린 아기, 끊임없이 불안하고 불행한 아기가 될 때도 있다. 내 몸과 내 생각들을 온통 지배하는 고조된 긴장감을 당신이 덜어줄 것을 기대하며, 아주 작은 관심과 배려의 신호들에 전적으로 의존하는 것이다. 아기로 되돌아간 나는 당신에게서 모든 것을 기대한다. 하지만 내가 바라보는 '당신'은 다른 사람과 차별화된 당신이 아니다. 내게 보여줄 수 있는 좋은 얼굴만을 하고 있는 당신, 또는 당신이 내게 주지 못하는 것으로 인한 결핍을 떠올리게 하는 당신일 뿐이다. 내 안에 있는 아이는 자신에게 주어진 것이나 주어지지 못한 것 외에는 아무것도 보지 못한다.

아기는 다른 것으로부터 영양을 섭취한다. 어머니의 젖가슴이나 우유병은 그의 가장 중요한 영양 공급원이다. 그런데 어떻게 그것들에 전적으로 의존하지 않을 수 있겠는 가? 이러한 기대는 중도(中度)도, 부재에 대해 대처하는 법 도 알지 못한다. 어머니의 젖가슴은 내가 필요로 할 때 있 거나, 있지 않거나 둘 중 하나이다. 내가 어린아이나 아기 처럼 사랑을 할 때면, 당신은 내 욕구를 충족시켜줄 줄 알 거나 그렇게 하지 못하는 하나의 대상일 뿐이다. "난 그를 사랑해. 그는 정말 다정하고, 끊임없이 내가 아름답다고, 나와 함께 있으면 행복하다고 얘기해. 나를 기쁘게 하기 위해서라면 그는 뭐든지 할 준비가 되어 있어." "난 그녀를 사랑해. 지금까지 그녀만큼 나를 사랑한 여자는 없었어." 나는 당신을 사랑한다, 당신이 내게 주는 사랑을 사랑하기 때문이다.

어린 시절의 내가 충분히 사랑받지 못했다고 느끼면, 나 는 내가 받지 못했던 사랑을 다른 데서 찾게 된다. 그리하 여 사람들에게 웃음을 날리면서 어리광을 부리게 된다. 그 러나 다른 이들에게 베푸는 것처럼 보이는 것은, 사실은 나 자신의 기대와 사랑에의 요구이다. "난 당신을 사랑하기 를 선택했어. 그러니까 당신이 나를 사랑하기를 기대하는 게 당연한 거야." 당신을 사랑하기를 선택한 것, 다른 누구도 아닌 당신을 사랑하는 것은 그 무엇보다 아름다운 선물이 아닌가? 내 사랑의 대상이 당신이기를 바라는 것은 내가 당신에게 하는 선물이다. 나는 나 자신을 온전히 당신에게 바치며, 내 몸과 내 영혼을 다해 내 사랑에 헌신한다. 따라서 당신은 의무적으로라도 나를 사랑하는 게 당연하지 않은가? "이거 봐, 난 당신에게 모든 것을 주었어. 그런데 아무것도 받지 못한다는 게 말이 돼?" 나는 불평하고 탄식하고 언제나 더 많은 것을 요구하며 다음과 같이 말할 권리가 있다고 생각한다. "이런 식이라면 난 더 이상 아무것도 주지 않을 거야." 불행한 어린 시절을 보낸 과거의 나와, 그 기억을 여전히 간직하고 있는 나는 내게 주어진 것이 어떤 것인지 깨닫지 못하며, 내가 무엇을 줄 수 있는지는 더더욱 알지 못한다.

나는 성인이 되어서야 비로소 불만족스러운 현재에 비추어 과거를 되돌아보게 된다. 내 눈에 보이는 것은 뿌리 깊은 부당함의 피해자, 제대로 사랑받지 못하고 방치된 아이의 모습이다. 나는 시간이 감에 따라 내가 마땅히 받았어야 할 사랑의 징표들과 관심을 마음속에 쌓아가면서, 내가 만나는 사람이나 앞으로 만나게 될 사람으로 하여금 그가 알지도 못하는 슬픔 때문에 나를 위로하고, 그가 생각해본 적도 없는 피해를 대신 보상해야 하는 미묘한 상황에 처하게 만든다. 나는 지금까지 그 누구에게서도 충분히 사랑받지 못했어, 그러니 당신이 나를 더욱더 사랑해주어야만 해.

내 안에 있는 어린아이가 더욱 성숙해지려면 얼마의 시간이 걸려야 할까? 그에게 사랑이 결핍되었다는 사실을 또렷이 의식하고 받아들여, 내가 만나게 될 사람에게 그 사랑을 요구하지 않을 수 있으려면? 끊임없이 사랑을 확인해야 하는 필요와 사랑을 혼동하지 않으려면. 나 자신의 욕구로 인한 의존성을 떨쳐버리고, 무엇이 나의 어린 시절에 그러한 의존성을 야기할 수 있었는지를 깨달을 수 있으려면? 어쩌면 나는 단지 하나의 대상으로 취급되었던 것은 아닐까? 그래서 이번에는 내가 상대를 하나의 대상처럼 여기게 된 것은 아닐까? 나는 어린 시절에 내가 다루어졌던 방식대로 상대를 다루는 것이다. 나 자신이 주체가 되지 않는 한, 나는 상대를 하나의 주체로 간주할 수 없다.

이런 단계에서는 아직 사랑을 이야기할 수 없다. 이는 사랑이라기보다는 생존 본능이며 충동에 가까운 행위이다. 영양 섭취의 필요성과도 같은 욕구를 충족시키기 위한 것으로, 다른 이에게서 음식과 위안을 얻고, 자신의 존재를 인정받고자 하는 것이다. 아이는 자신이 갖지 못했던 어머니와 아버지를 갈구한다. 그리고 자신이 만나는 사람에게 자신이 갖고 싶었던 아버지나 어머니가 될 수도 있다. "난 어린아이 같은 면이 있는 그를 사랑해. 그가 날 필요로 하는 게 좋아." "난 그녀가 성숙한 여인의 외모에도 불구하고 아직 소녀 같은 면이 있어서 참 좋아. 그녀가 버림받은 가냘픈 어린아이처럼 내 품에 안기는 게 정말 좋단 말이지. 그럼 내가 아주 중요한 사람처럼 느껴지거든."

내가 어머니나 아버지 역할을 자처하는 '아이' 같은 상대는 보상과 인정받기와 절대성에 대한 갈증으로 나의 사랑의 샘물로 목을 축이러 오는 것이다. 나는 그에게 줄 게 많고, 그는 받을 게 많다. 사랑을 베푸는 나의 기쁨에 그는 그 사랑을 받아들이는 행복으로 응답한다. 남자건 여자건 나는 그의 대리모와도 같다. 나는 그를 더 잘 받아들이고 그가 원하는 음식을 제공하기 위해 나의 배를 내어주며, 그가 그 음식의 아름다움을 응시할 수 있도록 나의 시선을 제공한다. 그리고 그가 한 번도 경험해보지 못한 애정으로 그를 어루만진다. 나의 아이, 내 마음의 아이가 되어버린 그나 그녀에게 이보다 더 아름다운 것은 없다.

그는 나의 가장 좋은 것에서 영양을 섭취한다. 내가 그에게 '필요한' 사람이 되고자 하는 것과 마찬가지로 그는 자신이 '필요한' 것을 내게서 취한다. 나는 그가 기뻐하는 모습을 보며 기뻐하며, 그가 나 자신을 갉아먹는 데서 힘을 얻는다. 더 이상 내게 아무런 힘도 남아 있지 않을 때까지. 나의 몸은 쇠약해지고, 머리는 텅텅 비고, 손발은 핏기를 잃고 창백해진다. 어찌 된 영문일까?

"그는 어떻게 천사처럼 미소 지으면서 이토록 나를 아프게 할 수가 있어? 나를 사랑한다고 하면서 어떻게 그런 짓을 할 수가 있는 거냐고." 온 사랑과 힘을 다해 상대를 먹여 살렸지만 어느 날 잔인하게 내팽개쳐진 사람의 충격은 이루 말할 수 없이 클 것이다.

내 안에 여전히 남아 있는 어린아이—사랑받고자 하는 욕구가 지나치게 강한—의 사랑에 대한 선택은 위험한 선택이 될 수 있다. 상대에게나 나에게나 똑같이. 나는 상대를 아프게 하고, 나 자신을 아프게 한다. 나의 요구로 상대의 진을 빼놓고, 그의 영양분을 다 빨아먹은 다음 그를 떠난다. 심지어 내가 몹시 싫어하는 사람에게도 똑같은 태도를 보인다. "나는 그 여자가 내게 줄 수 있는 것이 필요해.

하지만 그녀가 사랑을 할 줄 아는 게 싫어. 그래서 난 복수할 거야. 나하고 다른 그 여자를 망가뜨리고 말 거라고." 그리고 나는 나 자신에게 위험한 선택을 하게 된다. 이미 감정적이고 정서적인 취약함을 지닌 나는 나를 망가뜨릴 수 있는 상대를 만나 위험한 관계를 이어나가거나, 스스로를 위험에 처하게 한다. "그 남잔 말을 정말 잘해, 내가 듣고 싶은 이야기만 하더라고. 난 정말 행복했어, 그의 말이 모두 사실이라고 믿고 싶을 만큼." 사랑받음을 확인받고 싶은 욕구로 인해 나는 당신 마음에 들기 위해 애쓸 뿐 천천히 당신을 알아갈 생각은 하지 않는다.

상대가 관계 속에서 '보여주는 것'은 내가 기대하는 것과는 아주 다를 수 있다. 배가 너무 고플 때는 진열대 위에 놓인 과일들을 고를 시간이 없다. 그저 '손에 잡히는 대로' 살 뿐이다. 그러고는 '상한 과일'로 배를 채웠다고 믿게 된다. 나는 '허기를 채워줄 수 없는 것'으로 배고픔을 달래고자 한다. 여전히 욕구에 불과한 것을 간절함으로 착각하는 것이다. 그리고 내가 상대를 이용했으면서 그가 나를 이용했다고 생각한다. 나는 있는 그대로의 모습 때문에 그를 선택한 것이 아니라, 그가 가진 것이나 가졌다고 주장하는 것 때문에 그를 선택한 것이다. 그가 가진 것이 내 존재의 결핍을 채워줄 것이라고 믿으면서.

내가 나의 결핍을 깨닫고, 더 이상 상대가 그것을 채워줄 것이라고 기대하지 않고, 더 이상 보살피고 보살핌을 받는 대상 간의 관계를 추구하지 않으며, 내가 원했던 것만큼 충분히 사랑받지 못했더라도 얼마든지 사랑스러울 수 있음을 인정하게 될 때, 비로소 나는 성인으로서의 삶을 시작하게 된다. 수동적이 아니라 배워가는 사랑을 할 수 있게 되는 것이다. 나는 상대의 행복과 나의 행복을 위해 이타성을 지닌 상대를 인정하는 관계 속에서 발전해나간다.

우리 안에 있는 사랑하는 아이는 과거에 자신이 어떻게 사랑받았는지를 떠올린다. 때로는 향수에 젖기도 하며, 아직도 부모의 마음속과 삶에서 그랬던 것처럼 어린 왕, 어린 여왕, 어린 왕자나 공주가 되는 꿈을 꾸기도 한다. 그리고 어른이 되어서도 종종 그런 어린아이의 모습을 드러낸다. 우리는 어린애처럼 변덕스럽거나 철없는 여자, 아직 소년티를 벗지 못하거나 사춘기 소년처럼 구는 남자를 얼마든지 발견할 수 있다. "사람들이 나보고 종종 어린애처럼 굴지 말라고 하는데, 난 내가 그렇다고 생각해본 적이 한 번도 없어."

여전히 내 안에 있는 불안하고 변덕스러운—불안하기 때문에 변덕스러운—어린아이는 나의 모든 것을 명철하고 지적인 시선으로 바라볼 수 있는, 나의 가장 의식적인 부분이 아니다. 따라서 가장 다정하고 사랑스럽고 빛나는 부분도, 충만한 행복을 살아내게 해주는 부분도 아니다. 어른이 된다는 것은, 현명하지만 서글프고, 합리적이지만 모든 꿈과 희망을 잃어버린 삶을 사는 것이 아니다. 어른이 된다는 것은, 우리가 추구하는 행복을 살아낼 수 있는 능력을 갖추는 것을 의미한다.

성인으로서의 선택을 한다는 것은 언제나 더 많은 명료함과 자율성과 의식을 향해 나아가는 것이다. 자신의 의지와는 무관하게 생겨나며 대부분 채워지지 않는 욕구에서, 꿈속이 아닌 현실에서 스스로 감당할 수 있는 실질적인 욕망으로 발전해가는 것이다. 내가 상대를 사랑하는 것은 있는 그대로의 그를 사랑하는 것이며, 다른 누구도 아닌 그이기 때문이다. "나는 당신을 사랑해"라고 말하는 '나'가 불완전해서도, 상대가 삶을 선사해주기를 기대하는 어린 시절의 '나' 때문에 당신을 사랑하는 것이 아니다. 당신은 내게 채워져야만 하는 허공도, 미친 듯이 샘물을 찾아 헤매는 갈증도 아니다.

"허공을 건너가려면 다리가 필요하다." 그 다리는 즉각적인 쾌락, 지체하지 않고 소비하는 데서 느껴지는 쾌락이 될 수도 있다. 하지만 그다음에 느껴지는 공허감은 더욱더 커지지 않겠는가? 그리고 점차 꿈이 현실을 밀어내게 되면서, 직접 체험할 수 있는 모든 것이 꿈으로 대체된다. 시선, 미소, 주고받은 말은 내게 허락된 행복의 약속처럼 여겨진다. 때로는 아주 단순하게 내게 '저항하는' 상대가 나의 매력에 굴복하는 것을 보고 싶다고 바라게 된다. 그것은 내가 누군가의 마음에 들 수 있고 사랑받을 수 있는 사랑스러운 사람이라는 것을 증명해주기 때문이다. 하지만 그런 다음에는? 그리고 또 그다음에는? 정복과 유혹 같은 충동은 내 존재를 확인받고 싶다는 욕구에 따른 것일 뿐이다.

단지 '소비하는 것'에 그친다면, 그에 따라오는 쾌락은 덧없는 쾌락에 불과하다. 육체적이거나 정신적인 음식은 금세 바닥이 난다. 즉각 해소된 나의 불안은 얼마 지나지 않아 또다시 자신을 채워줄 것을 찾게 된다. "그녀는 내게 즉시 연락하지 않았어. 내가 마음에 들지 않아서 그런 거겠지." "그 사람이 나보고 피곤하다고 하더라고. 날 만나기 싫어서 그러는 게 분명해. 그는 나를 사랑하지 않아."

소비는 마약과도 같다. 계속 반복되어야 하고, 아주 짧은 시간밖에 만족시켜주지 못한다. "그녀는 내가 필요한 모든 것을 내게 주었어. 난 이제 다른 게 필요해."

내가 더 이상 '소비'가 아닌 '소통'으로서의 사랑을 할 수 있다면, 나는 어린아이, 열정적인 연인, 친구임과 동시에 사랑의 맨 꼭대기 단계에 머무를 수 있다. 나는 자라났고, 이젠 관계의 또 다른 차원을 향해 열려 있는 당신과 내가 있다. 내가 그렇듯 당신 역시 온전한 하나의 존재가 될 수 있는 영원의 차원에 속해 있다. 이제 사랑은 더 이상 나의 욕구나 당신에 대한 결핍이 아닌 우리의 인도자인 것이다.

나는 여전히 당신에 대한 욕구를 느낀다. 그러나 이제 내 안에 있는 아이는 내 욕구를 가지고 놀지 않는다. 그는 삶을 갖고 놀며 즐기고 깨물어 먹는다. 그의 허기는 미미하며, 그의 식탐은 유쾌하고, 그의 관능은 자유롭고 관대하며, 그의 열정은 정중하다. 그의 열망에서는 욕구가 느껴지지 않는다. 그에게 사랑은 은혜로운 선물이다.

나는 당신의 머리카락, 당신의 목소리, 당신의 입술을 갈망한다.

나는 굶주린 채 말없이 거리를 헤맨다.

빵은 나를 채워주지 못하고, 새벽부터 불안해진 나는

온종일 당신 발걸음의 물소리를 쫓아다닌다.

— 파블로 네루다, 「나는 당신을 갈망한다」, 『100편의 사랑 소네트』

포토스, 파테, 마니아

어느 날 당신의 모습으로 사랑이 내게 찾아올 거라고 그 누가 예상할 수 있었을까? 지금까지 나는 이토록 당신을 사랑할 수 있으리라고, 이렇게 사랑에 빠질 수 있을 거라고 생각해본 적이 한 번도 없다. 그런데 당신을 만나 흐느낌과 웃음과 눈물 그리고 또다시 웃음이 반복되는 물결에 휩쓸리고 말았다. 내가 미쳐버린 것일까, 아니면 이 정도로 모든 의식과 순수함을 잃어버려, 당신에게 애원하고 굴복하고 당신의 법칙에 복종하며, 당신이나 당신에게서 온 것이 아니면 다른 어떤 것도 원하지 않게 되고 만 것일까?

내 삶은 당신에게서 비롯되며, 그것을 거두어가는 것도 당신이다. 당신이 내게 어떤 마법을 부렸길래, 내 몸에서 당신 손길을 느끼고, 당신 살과 내 살을 맞대고, 당신의 숨결을 아주 가까이서 느끼며 당신을 통해 숨 쉬고 싶다는 욕구 말고는 다른 아무것도 바라지 않게 되었을까? 당신은 내 곁을 절대 떠나서는 안 돼. 그랬다가는 난 죽고 말거라는 걸 당신도 잘 알고 있겠지. 당신 없이 사느니 차라리 죽는 게 나으니까. 난 당신이 나 없이 사는 것을 보기보다는 차라리 당신이 죽기를 바라.

이것이 내가 당신을 사랑하는 방식이다. 열정적으로 당신을 사랑하는 방식이다. 내가 원하는 것은 당신이며, 난 당신이 온전히 내 것이기를 바란다. 나는 당신 외에는 아무것도 원하지 않으며, 오직 당신만이 내 곁에, 아주 가까이, 내 바로 옆에 있기를 바란다. 그 어느 것도 우리를 갈라놓지 못하도록. 우리의 육체도, 우리의 생각도, 우리의 욕망도, 우리의 사랑마저도. 나는 당신의 가슴에서만 영양을 섭취하고, 당신 몸의 곡선 외에는 다른 어떤 풍경도 알고 싶지 않으며, 당신의 격렬한 욕구에만 복종하기를 원한다. 또한 내가 당신을 사랑하는 것처럼 당신도 나를 격렬하게 사랑하기를 원한다. 내가 당신을 통해 세상을 바라보듯 당신도 나를 통해 세상을 바라보며, 내가 사랑으로 불타오르듯 당신도 뜨겁게 불타오르기를 바란다. 당신은 오직 내게 속하며, 난 오직 당신에게만 속한 거야.

"그가 내게 '난 오직 당신만을 위해 존재하고, 당신은 오직 나만을 위해 존재하는 거야'라고 말했을 때 난 즉시 '예스'라고 대답했어." 어머니의 젖가슴과의 융화에서 오는 기쁨, 두 사람 중 누가 너이고 누가 나인지 모르는 화합의 기쁨을 마침내 당신과 함께 맛보거나 다시 맛볼 수 있게 된 것이다. 영원히. 이제 그 무엇도 우리를 갈라놓지 못할 것이다. 난 당신을 위해, 당신은 나를 위해 존재할 것이기 때문이다.

이 세상에서 당신 없이 나 혼자 하고 싶은 것은 아무것도 없어. 당신 없이는. 이 말을 하는 것만으로도 눈가에 눈물이 맺혀. 그러니 당신은 결코 나를 떠나서는 안 돼.

열정적으로 사랑하는 사람은 상대에게도 무조건적이고 완전하고 절대적인 사랑을 기대한다. 그럴 때의 사랑은 고통일 뿐이다. 끝없는 소유욕과, 상대의 모든 것에 대한 불타는 질투심을 먹고 자라나는 고통이다. "난 그녀가 다른 남자를 쳐다보는 걸 견딜 수가 없어. 다른 남자가 그녀를 쳐다보는 것도 못 참겠어." 이러한 소유욕과 질투심은 그 어떤 것도 달래줄 수가 없다. 나를 사랑하는 상대와 함께 있는 순간에도 나는 그의 사랑을 의심한다. "그녀는 나를 사랑한다고 말하지만 난 그 말을 믿을 수가 없어." 당신이 내 곁에 있을 때에도 난 당신을 느낄 수 없다. 당신이 나와 함께 있을 때조차도 난 벌써 당신이 그리워진다.

"그가 없으면 금세 보고 싶어져. 이게 내가 그를 사랑한다는 증거가 아니고 뭐겠어.""그녀를 생각할 때마다 자꾸만 겁이 나고 몸이 떨려오면서, 잠을 자지도 먹지도 못할 만큼 밤낮으로 온통 그녀 생각만 난다면, 그건 내가 그녀를 사랑한다는 증거인 거야.""그녀가 날 이토록 힘들게 하는데도 그녀를 떠나지 못하는 건 그녀를 사랑하기 때문이라고." 이처럼 고통받기 때문에 내가 당신을 그토록 사랑하는 것인가, 아니면 당신을 미치도록 사랑하다가 내가 미쳐버린 걸까? 나는 이성을 잃고 만다.

> 나는 사랑에 빠졌다. 하나 내가 당신을 사랑할 때,
> 내 눈에 결백한 내가 나 자신을 인정하는 것이라고는
> 생각지 마라. 나의 이성을 살찌운 미친 사랑의 독을
> 나의 비열한 타협으로 키워왔다고도 생각지 마라.
> ─장 라신, 『페드르』 2막 5장

자신을 거부하는 사랑 앞에서 미친 듯이 절망적으로 사랑을 요구하는 것보다 더한 고통은 없다. 그러한 요구는

오래전에 거부당하고 부인되고 무시당했던 사랑에의 요구를 떠올리게 한다. 아기와 어린아이는 자랐지만, 소년과 소녀는 불행했던 사랑을 결코 잊지 않으며 사랑을 달리 생각하는 법을 모른다. "엄마는 나를 목욕시켜준 적도, 내게 뽀뽀하거나 다정한 말을 해준 적도 없어요, 단 한 번도. 그리고 내가 울기라도 하면 벌을 주겠다고 으름장을 놓았죠. 내가 반항하면 더욱더 가혹한 벌을 내렸고요. 내 고통은 분노로 변했어요. 그 분노를 절대 겉으로 드러내지는 않지만, 내 고통은 지금도 계속되고 있다고요." 사랑하는 것은 고통받는 것이며, 고통받는 것은 사랑하는 것이다. 나는 고통받는다, 따라서 나는 당신을 사랑한다.

"난 그녀에게 모든 것을 주었습니다, 고통마저도." 플로랑스 몽테르노가 인용하는 것처럼, 단눈치오는 두세[*]에게 이렇게 말했다. 당신을 알게 된 후부터 난 마음의 평화를 잃어버렸다. 당신과 함께 있으면 난 이 세상에서 가장 행복한 사람이 된다. 그리고 당신의 말 한마디, 지나친 한마디, 부족한 한마디, 나를 바라보지 않는 시선, 내게로 향하

[*] 엘레오노라 두세(Eleonora Giulia Amalia Duse, 1858~1924): 이탈리아의 당대 최고의 여배우. 단눈치오의 희곡에 출연했으며 그와 연인으로 발전했다.

지 않는 미소―그 미소가 누구를 위한 것인지 생각하고 싶지 않지만 생각하지 않을 수 없다―로 인해 나는 지옥을 경험하게 된다. 어쩌다 내가 오해의 장난감이 되어버린 걸까? 나는 나를 괴롭히는 문제가 바로 나 자신이며, 그 문제를 일으키는 것도 오직 나 자신뿐이라는 걸 알고 있다.

대체 내게 무슨 짓을 한 거지, 나를 나 자신보다 더 잘 아는 이 못된 마녀 같으니라고! 당신은 배신자야! 당신은 내게 많은 약속을 했고, 난 그 약속을 믿고 싶었어. 하지만 당신은 너무도 젊었고 변덕스러웠고 자유를 사랑했지. 당신은 자신의 삶을 살기를 원했고, 난 당신을 내 곁에 붙들어두고 싶어 했지. 당신은 점점 더 슬퍼했고, 나는 점점 더 불행해졌어. 당신은 더 이상 예전에 내가 알던, 웃음이 많고 행복하고 사랑스러운 여자가 아니었어. 이제 내가 눈물을 흘리면, 당신도 눈물을 흘리지. 당신이 웃으면 난 웃음을 그쳐. 그리고 내가 웃으면 당신은 웃음을 그치지.

당신과 함께 있을 때면 난 자꾸만 젊어지는 것 같았지. 한 번도 느껴본 적이 없었던 청년의 힘과 활력이 내 안에서 샘솟는 것 같았어. 당신과 함께 있으면 나는 언제나 스무 살이었어, 비록 이미 오래전에 그 시절을 떠나보냈음에도. 그러나 지금은 1년 만에 평생 나이를 먹는 것보다 더

늙어버렸어. 당신 없이 나는 아무것도 아니야. 당신이 없는 삶은 곧 죽음을 의미하며, 나 자신을 증오하게 만들지. 오직 당신만이 내게 나를 사랑하는 법을 가르쳐줄 수 있어.

"그녀를 만났을 때 난 나 자신을 혐오하고 있었어. 그런데 그녀가 내게 다시 사랑할 수 있는 힘과 나도 사랑받을 수 있다는 환상을 선사한 거야." 열정적으로 누군가를 사랑하는 사람은 상대가 그로 하여금 스스로를 사랑하게 해줄 것을 기대한다. 그는 자신을 사랑하지 않기 때문이다. 그래서 그는 사랑을 줄 줄 모르는 사람의 품속으로 뛰어들거나, 불가능하거나 고통스러운 사랑 속에서 길을 잃고 헤맨다. 내가 나 자신을 사랑했다면 당신을 사랑하지는 않았을 것이다.

나는 당신이 나를 파멸시킬 것을 알면서, 당신 때문에 길을 잃고 헤매게 될 것을 알면서 당신 품속으로 뛰어든 것은 아닐까? 언젠가 당신이 나를 더 이상 원하지 않을 것을 알면서도 당신에게 나를 주었던 것은 아닐까? 내가 당신을 원했던 것은 당신이 나를 원했기 때문이었지만, 난 언젠가는 내가 당신이 마음대로 갖고 노는 장난감이 되리라는 것을 잘 알고 있었어. 당신 때문에 나는 더 이상 내가 아니게 될 거야. 하지만 그렇더라도 난 당신을 계속 원할 거야. 나도 이런 나를 이해할 수 없어. 난 당신을 사랑해. 하지만 당신을 사랑하는 내가 원망스러워.

열정적인 사랑을 하는 사람은 마약중독자와 같아서 자신이 제어할 수 있다고 믿는 것에 금세 휘둘리게 된다. 자기 자신을 마음대로 통제할 수 없게 되는 것이다. 게임을 하듯 그 사랑 속으로 뛰어들었다고 생각하지만 어느새 자신의 열정의 장난감이자 스스로의 충동을 발산하는 대상, 그리고 상대의 충동의 배출구가 되어버린 자신을 발견하게 된다. 그리하여 상대에게 속하며 그의 모든 것이 되기를 바란다. 스스로는 더 이상 아무것도 아니기 때문이다. 나는 당신을 사랑하고, 당신에게 나를 모두 주고 싶어. 나는 오직 당신에게만 속하고 싶어. 그러니 제발 나를 가져.

어떤 이들은 자신을 내맡기는 데 강렬한 쾌감을 느낀다. 따라서 별다른 거부감 없이 상대에게 자신을 일임한다. 그러다 끝내는 자기 자신을 포기하는 지경에 이르고 만다. 상대의 손에 지나치게 무거운 운명을 내맡기거나, 지루하고 무료한 느낌을 주는 것을 피하며, 지나치게 단조롭고 안정적이고 평온한 삶에 얼마간의 자극을 가져다줄 수 있음에 행복해하는 것은 한동안은 좋은 일처럼 느껴질 수도 있다. 그들은 마침내 삶을 즐길 수 있게 되었으며 자유로워졌다고 믿는다. "난 구속적이고 제한적인 모든 틀에서 벗어나 해방되는 느낌을 정말 사랑해. 내게 주어진 책임감도, 제약과 의무로 숨 막히는 일상도 모두 잊고 새털처럼 가벼워지는 것 같거든." 당신과 함께 난 다시 태어난 기분이야.

나는 삶의 즐거움을 발견한 청년과도 같아. 하지만 당신과 함께해야만 그 삶을 사랑할 수 있어. 나는 약혼자가 느끼는 기쁨, 순수함과 더불어, 청년기의 초조함과 무분별함에 물들어 터무니없고 충동적이고 비이성적인 행동을 서슴지 않게 된다. 그리고 절대적인 것을 믿어야 할 필요를 느낀다. 절대적인 것이 아니면 아무것도 아니기 때문이다. 나는 자유로워지고 싶어 하지만, 실상은 자유롭고 싶다는 욕망—대체 무엇으로부터, 누구로부터 자유롭고 싶은 것일까?—과 나의 자유의 또 다른 이름이 된 당신에게 종속되어버린 것은 아닐까? 나는 오직 당신하고만 자유로울 수 있다.

그렇다면 다른 사람에게 종속된 자유는 어떤 것일까? 자유로워진다는 것은 어려운 일이다. 진정으로 자유롭다는 것은, 자신과 자신의 운명에 맞서고, 자신의 행위와 책임을 의식하는 것을 포함한다. 열정에 사로잡힌 청년은 '뜨거운 삶'을 살기에는 지나치게 '정상적인' 삶의 제약들과 자신의 부모에게서 벗어나고 싶어 한다. 하지만 정작 그는 열정적인 사랑에 빠져 무엇보다 강제적이면서 의존성을 띠는 형태의 사랑을 하고 있다. 그는 자신의 마음과 몸과 정신을 다른 사람의 손에 맡긴다. 그의 감정과 욕망과 생각은 그가 아닌 다른 누군가에게 속하며, 그의 행복과 그의 삶은 그 누군가에 의해 좌지우지된다. 이는 자신의 영혼을 악마에게 줘버리는 행위가 아닐까? 다른 누구도 아닌 자기 자신의 악마에게. 제정신을 잃은 사람을 두고 대개 '악령이 들렸다'*라고 하지 않는가? 열렬한 사랑은 자신의 광적인 사랑의 자리를 다른 사람에게 내주는 것이다. 단지 그에게 부여된 역할 속에서만 존재하는 사람에게. 그에게 부여된 것은 겉보기와는 달리 아름다운 역할이 아니라 나쁜 역할이다. 그 사랑에는 죽도록 열렬하게 사랑하든지, 아무것도 아니든지, 둘 중 하나의 선택만이 있기

---

*   프랑스어로 '악령이 들리다, 악마가 씌다'라는 의미의 단어는 본래 '소유당한' 이라는 뜻을 지닌 'possédé'이다.

때문이다······.

열정적인 사랑에 빠진 사람의 눈에 비친 상대는 과거의 고통들을 되살아나게 하면서 그것들을 보상해주기 위해서만 존재한다. 그의 모든 기대와 좌절의 역사를 투사하는 화면인 셈이다. 또한 그의 상대는 열정적인 사랑에서 비롯되는 격렬한 실망감을 견뎌내야만 한다. 나는 당신을 사랑한 만큼 당신을 증오하기 때문이다.

'나는 당신을 원해'와 '나는 당신을 원망해' 사이에서 우리는 쾌락이 아닌 사랑이 증오로 점차 변해가는 모습을 보게 된다. "난 당신의 모든 것을 원해, 나 혼자만 당신을 독차지하고 싶어"는 분노와 격노로 나타나며 죽음의 욕망으로까지 이어지는 권리를 정당화하는 것으로 보인다. "난 당신을 가질 거야, 당신은 내 거라고"는 "난 당신에게 속하는 것을 모두 가질 거야"로 바뀐다. 그리고 돈은 사랑의 징표, 마치 빚처럼 간주되는 부재하는 사랑의 징표가 된다. 당신이 내게 더 이상 주지 못하는 모든 것을 내게 줘.

이처럼 우리는 원망과 경멸만을 불러일으키는 상대에게 지난날의 소홀함에 대한 앙갚음으로 많은 것을 요구할 수 있다. 아버지나 어머니를 사랑하지 않았다는 죄책감에 대한 기억으로, 욕구나 즐거움을 느끼지도 않는 상대에게 제대로 사랑하지 않았음에 미안해하며 많은 것을 주기도 하는 것처럼. 절대 떨어질 수 없는 두 사람을 갈라놓는 모든 요소를 포함하고 있는 이러한 '치정적' 관계는 사랑하는 사람이 아닌 자신의 과거에 대한 집착이 아닐까? 나는 당신에게 '집착하며', 당신과 '연결되어' 있다. 무엇이 나를 붙들어두며, 이런 관계의 속성은 무엇일까?

사람들이 대체로 매우 집착하는 예속 상태가 있다. 가족적, 사회적, 문화적인 예속 상태처럼 의무에 의해 지탱되는 것들이다. 모든 예속 상태 중에서 가장 강력한 것은 아마도 우리의 감정과 감각에 기반을 둔 것일 터이다. 우리는 자신을 괴롭히는 사람에게 저항하면서도 그를 사랑할 수 있다. 그와 떨어져야 한다는 것을 잘 알면서도. "난 이미 오래전에 그를 떠났어야 했어. 하지만 그럴 수가 없어. 어떤 사람들은 내가 고통받는 걸 즐긴다고 말하지만 그건 말도 안 돼. 난 언젠가 그가 변할 거라는 희망을 갖고 있어." "그 여잔 내게 끊임없이 화내고 변덕스럽게 굴어. 하지만 난 그녀와 절대 헤어지지 않을 거야. 그녀보다 다정하고 매력적인 여자들은 많지만 내가 원하는 사람은 오직 그녀뿐이니까.

성장한다는 것은 지배자-피지배자의 관계에서 벗어나는 것이 아닐까? "내가 당신을 피하면 당신은 나를 쫓고, 당신이 나를 피하면 난 당신을 쫓는다." 우리가 점차 성숙해짐에 따라—성숙도가 나이와 반드시 비례하는 것은 아니지만—이러한 관계는 그 존재 이유를 잃게 되는 게 아닐까? 사랑받고 사랑하는 것에 자신이 없다고 느끼는 사람은 상대에게서 벗어남으로써—더 잘 붙잡히기 위해—자신의 사랑을 거부하는 상대의 마음을 사로잡을 수 있다고 믿는다. "난 토라진 어린아이처럼 그에게 등을 돌리곤 해. 그럼 그가 내게로 와서 다시 돌아와달라고 사정할 테니까." 마찬가지로, 상대가 도망가면 그는 그 뒤를 쫓아간다. 하지만 그는 무엇을 쫓는 것일까? 그의 과거에 존재했던, 그에게 몹시 소중했지만 그를 벗어났던 사랑을 쫓는 것은 아닐까?

성인이라면 상대가 도망간다고 해도 그를 쫓아갈 생각을 할까? "당신이 나와 함께 있고 싶어 하지 않는다면 어쩔 수 없지." 상대가 떠나기를 원하는데도 그를 쫓아가는 게 과연 옳은 일일까? 고양이와 쥐 놀이를 하고, 뜨거운 것과 차가운 것을 번갈아 겪는 것은 모든 놀이와 마찬가지로 두 참가자가 놀이에 동의하고 서로 응수할 때에만 제대로 기능할 수 있다. "곰곰 생각해봤는데 난 못하겠어. 당신하고는 더 이상 게임을 하고 싶지 않아, 적어도 이런 게임은. 아무리 내게 살아 있다는 느낌이 들게 한다고 해도 이건 아닌 것 같아. 이러다 죽을 수도 있다고.

자신이 살아 있음을 느끼기 위해 사랑하고 사랑받는 것에 지나치게 목말라한다면, 그는 사랑 때문에 죽고 말 것이다. 사랑해서가 아니라 사랑받지 못해서. 열렬하게 사랑하는 사람은 사랑하는 것에 지대한 기쁨을 느낄 것이다. 나를 사로잡고 열광시키는 감정의 힘을 느끼는 것보다 더 큰 행복이 있을까. 나는 당신이 지금 있는 그대로 존재하는 것에 감사하며, 당신이 아니었다면 결코 알지 못했을 색채와 강렬함을 내 삶에 선물해준 것을 고맙게 생각해.

그러나 실제로 열정적인 사랑에 빠진 남자나 여자는 한탄하고 괴로워하는 경우가 많다. 그들은 '사랑을 하는' 게 아니기 때문이다. 그들은 밖에서 자신들에게 결핍된 사랑을 찾는다. 그들이 좇는 것은 사랑에 대한 환상이다. 그들은 자신들이 찾는 게 무엇인지 알고는 있을까? 목마른 두 사람이 만나면 그들은 서로에게 그토록 찾던 샘물이 될 수 있을까?

내가 당신이 없이도 존재한다면, 나는 살아 있음을 '느끼기' 위해 더 이상 당신이 필요하지 않다. 나는 당신과 같이 있을 때도 나 자신이고, 당신이 없어도 나 자신이다. 하지만 당신과 함께 있으면 더욱더 나 자신임을 느낀다. 나는 당신과 함께 있어야 하는 필요성이 아니라, 당신과 함께 있고픈 욕망을 느끼는 것이다. 나는 당신을 욕망한다, 당신이기 때문에.

이제 나를 따라다니는 것은 광적인 환상이 아니라, 내가 충만하게 의식적으로 살아내는 감미로운 열정이다. 이제 나는 더 이상 나의 충동과 이성 간의 전투가 아니라, 당신과 함께 은밀한 '게릴라전'을 치르게 될 것이다. 르네 샤르도 "이렇게 우리는 장난꾸러기들처럼 함께 완벽한 게릴라전을 펼치고 있다"라고 말하지 않았던가.

"일생 동안 적어도 한 번은 열정적인 사랑을 해봐야 한다"라고들 한다. 마찬가지로 청년기에는 그 시기에 어울리는 경험을 해봐야 한다. 그렇지 않으면, 겪어보지 못한 것에 대한 아쉬움이 남을 수도 있다. 스무 살에 그런 체험을 해보지 못한 사람은 마흔 살에 그것─40대의 위기─을 겪을 수도 있다. 그것도 훨씬 더 어려운 여건 속에서,

본래의 가족이 아니라 새로 꾸린 가족과의 급작스러운 단절 등을 초래하면서. 어쩌면 또 다른 예속 관계―가족―에서 벗어나기 위해서는 하나의 예속 관계―열정적인 사랑―를 미리 경험해봐야 하는지도 모른다. 그리고 열정적인 사랑이나 가족사로 인한 고통에서 벗어날 수 있을 때에야 비로소 진정한 남자나 여자가 될 수 있다. 더 이상 필요가 아닌 욕망을 간직한 남자나 여자로 거듭날 수 있을 터이다.

그렇게 우리는 사랑하는 사람에게 의존적이 되지 않으면서도 열렬히 사랑할 수 있다. 사랑의 정념에 휘둘리지 않으면서 열정적인 감정의 강렬함을 받아들이고, 자유롭게 존재하고 생각하면서 관계의 힘을 살아낼 수 있다. 과거의 고통 때문에, 또다시 고통받을 것이 두려워 사랑을 지레 포기한다면 그보다 슬픈 일이 또 있을까. "너무 많이 사랑한다면 그만큼 많이 고통받을 수밖에 없어. 그래서 난 사랑하는 남자에게서 도망쳤어." "뭐든지 강렬한 것은 그만큼 엄청난 대가를 치르게 마련이지. 그래서 나는 내 삶에서 별로 위험해 보이지 않는 것을 선택했어. 난 엄청난 착각을 한 거야!" 나는 당신을 사랑하지 않는다, 그래서 고통받지도 않는다.

고통 없는 사랑을 할 수는 없을까? 열정적인 사랑은 고통을 수반하는 사랑이며, 행복한 사랑이 될 수 없다. 나는 당신을 사랑하는 것이 행복하지 않다. 내 안에 간직된 사랑의 정념이 나를 죽이기 때문이다. 하지만 욕망은 행복한 사랑을 가능하게 한다. 욕망은 삶을 내포하고 있기 때문이다. 내가 내 삶을 선택하는 주인이 될 수는 없는 걸까?

우리는 자신과 자신의 삶의 희생자가 되기보다 언제나 삶을 향해 나아갈 것을 선택할 수 있다. 욕망의 존재로서 충만한 삶을 살 것을 언제나 선택할 수 있다.

따라서 나는 당신에게로 가고 당신은 내게로 올 수 있으며, 우리는 서로에게서 아무것도 두려워할 필요가 없다. 우리는 서로에게 자신의 가장 좋은 것을 선사할 것이다.

에로스

"그녀는 정말 아름다워, 그녀를 생각만 해도 하늘을 날 것처럼 가슴이 벅차올라.""그는 정말 잘생겼어. 그를 바라보면 온 세상 모든 게 아름답게 느껴져." 이처럼 사랑의 열정에 휩싸이는 것은 얼마나 행복한 일인가! 에로스는 우리를 기쁨으로 들뜨게 하고, 우리의 일상에 사랑의 색채를 부여한다. 그의 화살—로마신화에서는 큐피드가 에로스와 동일시된다—은 우리의 이성과 두려움을 무시하며 우리의 가슴에 정통으로 와서 꽂힌다. 우리는 우리의 비밀을 꿰뚫고 우리에게 그 비밀을 알려주는 사랑의 신에게 선택받은 사람들이다. 나는 사랑에 빠지고 인생은 아름답다.

열정적인 사랑에서처럼, 사랑은 우리 삶에 자리 잡으면서 우리에게 자신의 법칙을 강요한다. 우리는 열렬한 사랑을 할 때처럼 뜨겁고 강렬한 욕망을 느낀다. 그 욕망이 너무도 강해서 우리는 마침내 둘이 되었다는 확신을 갖게 된다. 내가 선택한 사람과 마침내 원하던 목적지에 다다랐다는 확신. 어디로 나의 시선을 향해야 하며, 누구에게 내 마음을 주어야 할지 알게 되었다는 확신. 그러나 내가 상대를 필요로 하고, 그만큼 그의 존재와 아름다움과 그의 모든 것을 높이 평가한다고 해도, 나의 요구는 어린아이나 청년의 그것처럼 다급함과 초조함을 동반하지는 않는다. 나의 기대는 마음과 정신 모두에서, 스스로를 삶의 주연배우가 되게 하는 욕망—강요된 욕망이 아니라 선택된 욕망—으로 달아오른 젊은이가 가지는 기대와도 같다. 나는 내가 선택한 사람과 진정으로 사랑에 빠지기 전에 나 자신의 욕망과 사랑에 빠질 수 있다. 당신과 사랑에 빠진 '나'는 아직 진정한 어른이 아니라 성숙으로 향하는 길을 가고 있을 뿐이다.

에로스는 날개가 달린 젊은 신이다. 그는 젊은이의 순결함과 순수함을, 신성의 빛과 아름다움을 지니고 있다. 그의 날개 사이로는 경쾌한 바람이 불어오면서 우리의 감정에 숨결과 경쾌함을 선사한다. 그는 사랑이다. 그리고 그가 우리에게 와 닿으면 우리도 사랑이 된다. 그에 의해 고양됨을 받아들인다면, 충분히 사랑받지 못한 아이 같은 우리의 충동과 욕구로 인해 낮은 곳으로 끌어내려지는 게 아니라, 사랑이 곧 주인인 곳, 당신을 사랑하는 것에 그치지 않고 나의 모든 존재가 사랑이 되는 높은 곳으로 이끌려 올라가기를 받아들인다면 우리 또한 사랑이 될 수 있다.

내가 당신과 사랑에 빠지는 것은 고통스럽고 덧없는 열정적인 사랑의 시작이 될 수도, 더욱 깊고 오래가는 관계의 시작이 될 수도 있다. 나는 나를 당신에게로 이끄는 이 사랑의 열정이 단 하루를 위한 것인지 영원히 지속될 것인지를 아직 알지 못한다. 내가 그걸 어찌 알겠는가? 나는 당신을 향한 욕망에 사로잡힌다. 그로 인해 나 자신이 파멸에 이르며 당신 또한 파멸시키고 말 것인가, 아니면 에로스에게 이끌려 당신과 함께 사랑의 길을 발견할 것인가?

에로스가 내게로 오는 순간에는 난 그것이 나의 행복과 불행 중 무엇을 초래할 것인지 아직 예측할 수 없다. 사랑에 나를 활짝 열어 보일 것인가, 아니면 그 사랑에 상처받고 과거의 상처가 다시 벌어지는 것을 지켜보게 될 것인가? 에로스는 내게 천국을 맛보게 한다. 산다는 것이 행복임을 알게 해주는 곳으로 나를 이끈다. 그러나 내가 그 '행복'에 만족할 수 없다면, 에로스가 내가 결코 가질 수 없는 행복을 내게 일깨운다면, 또는 어떤 이유로든 그 행복이 내게서 거두어진다면, 사랑의 기쁨은 고통에 자리를 내주게 될 것이다. 당신과 함께 살아낼 수 있었던 모든 행복이 결핍과 고통으로 변하게 될 것이다.

천국이 지옥으로 변하는 일 없이 우리가 함께 사랑의 사다리를 올라가려면, 우리의 뿌리, 우리의 과거, 우리 안에 있는 악마적인 힘들—사랑을 고통으로 바꾸는—과 평화롭게 지낼 수 있어야 할 것이다. 사랑의 욕구가, 어머니의 젖가슴을 게걸스럽게 빠는 어린아이의 욕구나, 자신이 가져보지 못했거나 충분히 갖지 못했던 젖가슴을 고통스럽게 요구하는 어린아이의 욕구와도 같다면, 그것은 언제나 결핍의 고통과 연관되어 있을 것이다. "내가 당신을 사랑하게 되면 조심하는 게 좋을 거야." 내가 바라는 만큼 당신이 나를 갈망하지 않으면 난 당신을 더 이상 사랑하지 않을 테니까. 난 더 이상 고통받고 싶지 않아. 그 대신 당신을 고통 속에 빠뜨릴 거야.

나는 당신을 더 이상 사랑하지 않지만 당신이 나를 욕망하기를 바란다. 이처럼 다른 사람에 대한 사랑은 자기애로 변한다. 자신이 사랑받거나 사랑받지 못한다는 느낌과 연관된 모순적인 말들과 행동들이 잇따른다. 화내고, 가버리고, 다시 돌아오고, 당신을 사랑한다 말하고, 더 이상 당신을 사랑하지 않고, 다시 떠나고, 다시 돌아오고, 당신을 사랑하고, 아직 당신을 사랑하는지 잘 모르겠고, 당신은 나를 충분히 사랑하지 않고, 난 다른 사람을 사랑하고, 당신만을 사랑하고, 난 당신이 좋고……. "난 그가 얼마나 나를 사랑하는지 확인하기 위해 그를 끝까지 몰아붙이고 싶어." "내가 그녀를 사랑하는지는 잘 모르겠어, 하지만 그녀가 나를 사랑했으면 좋겠어." 사랑의 행복 대신 유혹이 주는 쾌락에 사로잡힌 사람의 모습이다. 욕망하고자 하는 욕망, 욕망의 대상이 되고픈 욕망. 난 당신의 나에 대한 욕망을 사랑해. 하지만 나는 과연 당신을 사랑하는 걸까?

얼마나 많은 사람들이 사랑에 빠진 사람인 양 처신하며

상대를 몹시 불행하게 만드는 사랑의 정복을 즐기고 있는 가? "그 남자를 처음 만났을 때부터 모든 게 위태로워 보였던 건 사실이야. 하지만 난 그에게 진짜 여자가 되고 싶었고, 그는 열과 성의를 다해 나를 유혹했지. 난 내가 오랫동안 원하던 것을 그가 이루어줄 거라 믿고 그의 유혹에 굴복했어. 난 나 자신의 욕구와 그의 욕구, 그의 욕구에 의해 드러난 나의 욕구, 나의 욕구에 의해 깨어난 그의 욕구 모두에 굴복한 거야. 그런데 내가 느끼는 욕구에는 상대의 욕구도 투영되어 있는 게 아닐까? 그가 대체 무슨 생각으로 나를 유혹했는지는 솔직히 잘 모르겠어. 나는 그를 통해 내게 잠재되어 있는 성적 매력을 시험해보고 싶었던 것 같아. 그런데 행복하기는커녕 오히려 상처만 받았지. 그는 선물 받은 꽃을 짓밟듯 나를 짓밟았다고."

"나는 남자를 스스로 선택해본 적이 없어. 나를 향한 그의 욕구에 설득당한 것뿐이야." "나는 내가 좋다는 여자들한테 싫다는 말을 못하겠어." 다른 사람에게 유혹당해 우쭐한 마음으로 사랑의 왈츠 속으로 이끌려 들어간 사람은 자신이 그토록 강렬한 욕구의 대상이 되었다는 사실에 잠시 행복감에 젖었다가는 어느 날 그 사실에 싫증을 느끼고 환상에서 깨어난다. 정작 자신의 욕구가 어떤 것인지는 알지 못한 채. 그는 자신이 욕구를 느끼지 않을 뿐만 아니라, 더 이상 욕구의 대상이 되지 못하는 것에 불안해하며 떠나야 할지 남아야 할지 갈등하게 된다. 그리고 사랑한다는 것이 무엇인지 끊임없이 자문한다. 사랑한다는 것은 당신을 욕망하는 것일까 아니면 당신의 욕구의 대상이 되는 것일까?

"난 언제나 강렬한 욕구를 느끼는 게 필요해. 강렬한 욕구는 내가 살아 있음을 느끼게 해주거든. 더 이상 욕구가 느껴지지 않으면 난 떠날 거야. 다른 사랑을 찾아갈 거라고." "나는 사랑을 시작할 때가 제일 좋아. 처음에는 상대에게 욕구가 마구 끓어오르게 마련이거든. 그러다 욕구가 사라져버리면 떠나고 싶다는 생각이 들게 되지." 어떤 사람들에게는 그들을 채워주고 안심시켜주는 것은 누군가의 욕구의 대상이 된다는 사실이 아니라, 그들 자신이 욕구를 느낀다는 사실이다. 욕구에 대한 욕구 속에서는 사랑은 욕구—사랑이 없는 욕구—만큼이나 취약할 수밖에 없다. 나는 당신에게 느껴지는 욕구를 사랑한다. 하지만 정작 당신은, 나는 당신을 사랑하는 걸까?

사랑하는 것은 욕구를 느끼는 것일까? 욕구를 느끼는

것이 곧 사랑하는 것일까? 누군가에게 욕구를 느끼지 않으면서 사랑하고, 사랑하지 않으면서 욕구를 느낄 수 있을까? "내가 그에게 아무런 욕구를 느끼지 못하는 것은 그를 사랑하지 않기 때문일 거야. 하지만 난 분명 그를 사랑하고 있어. 우린 서로를 열렬히 원했다고. 그런데 이젠 어떻게 생각해야 할지 정말 모르겠어." 남녀 간의 만남에서 욕구가 중요한 비중을 차지하는 만큼—욕구는 대부분 사랑을 촉발하는 계기가 된다—그 욕구는 우리를 지배하게 된다. 우리는 불안한 마음으로 언제나 나 자신이 느끼는 욕구와 상대가 나에게 느끼는 욕구의 상태를 은밀히 살핀다. "난 그 사람에 대해 아무런 욕구를 느낄 수 없어"는 "그 사람은 나에 대해 아무런 욕구를 느끼지 않아, 그러니까 날 사랑하지 않는 게 분명해"처럼 인정하기에 고통스러운 사실이다. 욕구가 느껴지는 곳에 사랑이 있는 법이니까.

그러니 어떻게 두렵지 않을 수 있겠는가. 우리 마음대로 할 수 없는 것에 의존적이 되는 것은 몹시 걱정스러운 일이기 때문이다. 상대에게서 사랑의 존재나 부재를 확인하기 위해 그의 욕구를 유심히 살피고, 상대의 눈에 나타난 자신의 욕구를 살피는 것. 그리하여 나는 상대의 시선 속에서만 존재하는 거울 놀이 속으로 빠져드는 것은 우리를 불안하게 한다. 내가 당신을 원한다는 것을 당신이 알 수 있다면, 난 당신을 사랑하는 게 분명해.

그러나 이러한 표면적인 논리―"나는 당신에게 욕구를 느낀다, 고로 당신을 사랑한다. 나는 당신에게 욕구를 느끼지 않는다, 그러니 당신을 사랑하지 않는 것이다."―는 욕구의 복잡성을 부인하는 것이다. 사랑하는 사람에게 욕구가 느껴지지 않을 수도 있기 때문이다. "나는 사랑에 빠지지 않을 때는 여자에게 오랫동안 욕구를 느낄 수 있어. 그녀에게 어떤 책임감을 느끼지 않아도 되기 때문이지. 그 말은 즉 언제나 떠날 준비가 되어 있다는 거야. 하지만 사랑에 빠지게 되면, 몇 주 뒤에는 더 이상 욕구가 느껴지지 않아. 그녀의 단점이 눈에 들어오면서 더 이상 그녀를 원하지 않을 핑계를 찾게 되는 거야. 사랑하게 되면 위험에 빠지게 되면서 그 안에 갇혀버릴까 두려워지곤 해. 사랑으로 인해 무언가를, 아마도 자유를 잃게 될 것을 알기 때문이지. 그래서 난 그녀가 더 이상 내게 욕구를 느끼지 못하도록 행동해. 그녀에게 계속 비난과 잔소리를 퍼부으면서 말이지. 그렇게 해서 그녀가 나를 더 이상 사랑하지 않게 만드는 거야. 그럼 난 또다시 자유로운 몸이 될 수 있을 테니까."

남자들은 때로 더 잘 도망치려는 마음 때문에 더 이상 욕구를 느끼지 못하기도 한다. 정신적으로 '발기가 풀리는' 현상이다. "난 한때 그녀를 미친 듯이 사랑했어. 그런데 이젠 그녀와 섹스를 할 수가 없어." 우리는 우리 자신을 위험에 처하게 하는 사랑으로부터 도망치고자 한다. 우리는 상대가 아니라, 상대를 통해 자신의 어두운 단면을 사랑하는 것이다. 누군가를 사랑한다는 것은 우리가 외면하고자 하는 무언가를 받아들이는 것이다. 우리는 스스로가 느끼는 불완전함, 우리의 신체적 결점이나 지적인 부족함, 무엇보다 노쇠함과 죽음에 대한 불안감—이는 젊은 사람도 느낀다—을 상대에게서 확인받는 것을 두려워한다. 사랑한다는 것은 속절없이 흘러가면서 주름살이나 변화하는 신체 속에 나타나는 시간을 받아들이는 것이다. 또한 또다시 거울놀이 속에서 상대를 향한 나의 시선을 통해 나 자신이 완벽하지 않음을 받아들이는 것이다. 내가 당신의 어두운 면을 받아들이는 것은 나 자신의 어두운 면 역시 받아들이는 것이다. 그러면서 나는 있는 그대로의 나로서 있는 그대로의 당신을 사랑하는 법을 배워간다.

사랑이란 것은 모두에게 유일하고도 유사한 감각으로

귀결되지 않는다. 누군가에게 느끼는 욕구는 사랑의 각 단계마다 동반될 수 있으며, 우리 삶의 다양한 순간에 따라 달라질 수 있다. 한 사람이 똑같은 파트너에게 느끼는 욕구는 그만의 고유한 역사를 지니고 있다. 완전한 행복의 순간을 맛보거나 생각지도 못했을 절정에 올랐다가, 파고 (波高)와 공허함의 단계를 거쳐 욕구의 사막에 이르기도 한다. 그렇다고 해서 더 이상 사랑이 없다고 할 수 있을까?

욕구가 떠나버리면 사랑 역시 가버린다고 단언할 수 있을까? 사랑의 사막은 침묵의 시간이면서 동시에 '두서없는 대화'만큼이나 필요한 것이다. 사랑에 동반되는 거리, 부재, 일시적인 멀어짐을 지나치게 심각하게 생각할 필요는 없다. 욕구에 대해 강박적인 의문에 사로잡힌다고 해서 욕구가 다시 생기는 것도 아니다. "내게 욕구가 있긴 한 것일까? 그녀는? 그는? 어째서 그는, 그녀는 욕구를 느끼지 않는 것일까?" 두려워하거나 불안해한다고 해서 없던 욕구가 생기거나 사라진 욕구가 되돌아오지는 않는다.

욕구란 본래 자연스럽고 자발적인 열정이 아닌가? 상대에게 자신을 완전히 내맡길 수 있는 믿음과 더불어 사랑하는 사람에게 느끼는 긴장감으로 인해 마법처럼 되살아나는 감정이 아닌가? 욕구는 사랑을 뒤따르기도, 때로는 앞서기도 한다. 욕구는 사랑의 공범이지 심판관이 아니다. 결여된 욕구에 대한 두려움은 욕구를 아예 죽여버릴 수도 있다. 만약 나 자신을 욕구가 있거나 없는 사람으로만 바라본다면 욕구는 나를 영영 떠날 수도 있다. 인간이라는 동물은 취약한 존재다. "당신에 대한 나 자신의 욕구를 도무지 이해할 수가 없어. 수시로 들락날락하거든. 하지만 난 개의치 않을 거야, 욕구가 있건 없건." 욕구가 내게 사랑을 강요하는 것도, 내가 욕구를 좌지우지하는 것도 아니다.

대개 "이성에게 매력을 어필할 줄 알아야 한다"라고들 말한다. 그러나 사랑의 증거로 욕구의 대상이 되는 것을 지나치게 바라서는 안 될 터이다. 욕구는 단지 욕구일 뿐이기도 하다. 사랑이 결여된 욕구. "난 내 아내에게 언제나 욕구를 느꼈어. 하지만 그녀를 사랑하지는 않았어." "난 내가 그녀를 더 이상 사랑하지 않는다는 걸 알고 있었어. 그런데도 그녀에게 여전히 욕구가 느껴지는 거야." 욕구는 그만의 고유한 생명력을 지니고 있다. 습관이든 기회든 한 잔 더 마신 술과 깊이 파인 블라우스 때문에 얼마든지 욕구가 살아날 수 있지만 그렇다고 사랑에 빠지는 것은 아니다. 이는 연민과 우애가 동반되기도 하는 '충동'이지 사랑은 아니다. 아름답게 꾸민 상대를 욕망의 대상으로 느낄 수는 있지만 반드시 그를 사랑하라는 법은 없다. 그리고 그런 관계에 나 자신의 모든 것을 걸지는 않는다.

이는 지금 당장 해소되어야 하는 본능적이고 충동적인 욕구일 뿐이다. '허리띠 아래'의 에로티시즘이다. 마음도 숨결도 키스도 주고받지 않으며, 서로를 포옹하지도 않는다. 서로에 대한 생각도 하지 않는다. 헤어지면 금세 서로를 잊는다. 은혜로운 선물 같은 것은 없다. 서로를 취하고 헤어지면 그뿐이다. 서로 다정한 말을 주고받지도 어떤 것을 공유하지도 않으며, 단지 일회적이고 부분적인 쾌락을 즐길 뿐이다. 그 쾌락이 강렬하지 않아서가 아니라, 한 사람의 한정된 부분에만 관련되어 있기 때문이다. "그 사람하고는 섹스밖에 할 게 없어, 단지 그것뿐이야."

"우리는 뜨겁게 사랑을 나누곤 했어, 그러면서도 그는 나를 사랑하지는 않는다는 거야. 어떻게 그럴 수가 있느냐고." 하지만 때로는 그럴 수도 있다, 마음이 없기 때문이다. 또 때로는, 자신의 감정을 솔직히 털어놓게 되면 스스로를 얽매게 될까 두려워 그 감정을 부인하는 경우도 있다. 몸은 함께 있지만 관계에 대한 두려움으로 인해 마음이 더 멀리 나아가는 것을 거부하기 때문이다. 나는 당신과 함께 있지만, 함께 있지 않기도 하다. 진정으로 당신과 함께 있지는 않은 것이다.

　서로 간의 소통, 애정, 올바르고 조화로운 관계에 대한 책임감은 사랑이 메마른 순간에조차도 두 연인을 불안함이 동반되지 않는 풍요롭고 안정적인 성적 관계(섹슈얼리티)로 이끌어줄 것이다. 일상 속에서의 각각의 몸짓에까지 영향을 미치고, 살아내는 모든 것으로부터 살을 찌우는 성적 관계로. 그렇게 그 관계는 더욱 뜨겁게 타오르거나, 돌보지 않는 불씨처럼 점차 꺼져갈 수도 있다. 어조, 모욕적인 말, 비난, 큰소리, 구타, 침묵, 부재, 무심함 등은 두 사람의 성을 완전히 죽일 수도 있다. 비록 사랑은 아직 남아 있다 할지라도.

　사랑이 동반된 성은 부부 사이의 은밀함 속에서도 표현되고 꽃필 수 있지만, 어디에서나 어느 순간에나 존재할 수 있다. 욕구는 하나의 시선이나 동조적인 말이나 다정한 몸짓 속에서도 그 모습을 드러낸다. 마음과 마음의 관계는 몸과 몸의 관계로 이어진다.

　두 마음이 하나가 되면 에로스는 다시 활기를 띤다. 서로 자신의 욕구에 대해 이야기할 수는 있지만, 그것을 상대에게 강요해서는 안 된다. 상대에게 느끼는 감정에 휩쓸

려서도 안 된다. 그리하면 한층 자유롭고 가벼워진 말은 상대에게 자신의 속내를 드러내며, 서로 나누는 삶에서 서로에 대한 욕구는 점점 더 부드럽고 섬세한 색채를 띠게 될 것이다.

필리아

주님, (……) 제가 주님을 사랑(필리아)하는 줄을 주님께서는 알고 계십니다.

예수는 베드로에게 사랑은 아가페(자신을 바치는 사랑)가 아니라 필리아(우애)를 의미한다는 것을 잘 알고 있다. 그는 베드로에게 두 번씩이나 아가페라는 말을 사용하며 "너는 나를 사랑하느냐?"라고 묻는다. 그리고 세 번째는 베드로와 같은 언어로 말하기 위해 필리아라는 말을 사용한다.

사랑에서 가장 중요한 것은 서로 같은 언어를 사용하는 것이 아닐까? 또한 서로에게 우애를 느낀다는 것은 이미 서로를 잘 이해한다는 것이 아닐까? 즉각적인 현재뿐만 아니라 가깝거나 먼 미래에서까지 함께 살아내고 싶은 것에 대해 서로 뜻이 잘 맞는다는 의미가 아닐까? 나는 너에게 욕구를 느끼고 너는 내게 우애를 느끼거나, 너는 내게 열렬한 감정을 느끼는데 나는 너에게 은근한 애정을 느낀다면, 우리는 사랑의 사다리의 같은 발판 위에 올라서 있는 것이 아니다. 이러한 관계는 어긋나게 마련이다. 두 사람은 서로에게 기대하는 가장 중요한 것에 합의할 수가 없다. 원만한 합의에 이른다는 것은 서로 같은 기대를 공유한다는 의미이다.

때때로 우리는 "서로 기막히게 뜻이 잘 맞는" 상대를 만나는 기쁨을 누리기도 한다. "우리는 모든 면에서 서로 잘 통해." "이 남자는 내 애인이자 가장 좋은 친구야." "그녀는 내 아내이자 내가 속내를 털어놓을 수 있는 유일한 친구야"라고 말할 수 있는 관계들도 있다. 서로 잘 통한다는 것은, 서로의 말을 잘 들어준다는 의미이기도 하다. 서로의 말에 귀 기울일 시간을 할애한다는 뜻이다. 상대가 말하는 것과 말하지 않는 것에 주의 깊게 성심껏 귀 기울이는 것이다. 두 친구가 서로에게 세심한 관심을 기울이는 것이다. 나는 너와 정말 잘 맞아. 난 너의 말을 잘 들어주고, 너는 내 말을 잘 들어주지.

너와 함께 있으면 사랑의 욕구에 대한 것과는 다른 이야기를 들을 수 있지. 연인들의 이야기 말고도 또 다른 이야기를. 너와 함께 있을 때면 나는 네게서, 내 마음을 끌어당기고 나를 매혹하며 뜨거운 사랑의 열정을 불러일으키는 사람, 어린 시절의 나를 되찾게 하는 사람을 보게 돼. 또한 너에게서 친구를 발견하지. 나는 네게서 나 자신을 자유로이 털어놓을 수 있는 친구를 보는 거야.

너는 내 친구이며, 난 너에게 속내를 털어놓을 수 있지. 너에게는 아주 솔직하게 나 자신을 보여줄 수 있어. 너의 존재만으로도 내게는 위안이 돼. 네 품속에서 나는 '내 집'에 있는 것처럼 편안함을 느껴. 네가 내 이야기를 들어줄 때면 너의 시선이 내 몸에 와 닿고, 그건 마치 나를 어루만지는 것과도 같아. 너는 나를 이해하고, 나는 너에게 나의 아픔을 털어놓고 나의 기쁨을 너와 함께 나누지. 나의 사랑, 나의 친구인 너. 난 네가 언제나 나와 함께 있음을 알아.

하지만 내가 사랑하는 당신과, 나의 가장 가까운 친구와 이야기하는 것처럼 할 수 있을까? "내 친구들과의 관계에는 양면성이 없어, 단순하고 솔직하며 뭐든 말할 수 있지. 모든 면에서 서로 완전히 자유롭거든. 그런데 애인과의 관계는 처음에는 물론 좋지만 오래가진 못해." 연인과의 관

288

계는 본래 우정보다 못한 것일까? 적어도 우정보다 더 지속적이라고 보기는 어려울 듯하다. 우정에 대해서는 대개 "평생 간다"라고들 하지 않는가.

우정에는 연인 간의 관계에서 찾아보기 힘든 자유로움과 진솔한 대화가 동반된다. 육체의 친밀함은 서로의 정신을 멀어지게 하는 것일까? 혹은 정신적인 친밀함은 좀 더 담담한 감정을 요구하는 것일까? 사랑하는 사이에서도 얼마든지 '열렬한' 토론이 가능하다. 그러나 그러한 토론은 대부분 관계에 집중된다. "당신 정말 나 사랑해?" "나를 사랑한다면서 왜 그런 말을 했어?" "어제 왜 나한테 그런 짓을 한 거야?" 등등. 설령 다른 주제에 관해 이야기한다 해도, 그것은 다른 방식으로 관계에 대해 이야기하는 것일 뿐이다. 서로 상대의 감정에 대해 물어보기, 자신의 사랑 방식이 맞는지 확인하기, 자신의 변함없는 사랑과 자신의 과거, 자신의 취향 등등. 당신과 함께 있으면 우리에 관한 이야기만을 할 뿐이다.

"나는 사랑하는 사람에게는 모든 걸 다 얘기하진 않아. 하지만 친구한테는 뭐든 얘기할 수 있지." "친구와 함께 있을 때는 애써 나를 포장할 필요가 없지. 진정한 친구는 언제나 내 편이거든." 당신을 사랑하면 난 당신을 유혹하고 싶어진다. 당신을 유혹하고 싶어지면 당신에게 말하고 싶지 않은 것이 생기게 마련이다. 내 감정을 솔직히 이야기하는 것은 오래전부터 나를 따라다니는 고통을 고백하는 것이다. 이는 나 자신의 속내를 드러내면서 내 안에 웅크리고 있는 아이를, 내 유년시절의 어두운 부분을 보여주는 것이다. "나는 그에게 내 알몸은 보여줘도 내 속내를 드러내긴 싫어." 당신은 명랑하고 쾌활하며 강한 모습의 나만을 알고 있지. 하지만 난 전혀 그렇지가 않아. 나는 한낱 나약한 여자일 뿐이야. 당신도 그 사실을 알게 된 지금 그래도 여전히 나를 사랑할 수 있는지? 나는 여전히 예전처럼 당신에게 이야기하고, 당신은 그런 나를 여전히 어여쁘게 봐줄 수 있는지?

우애로 이루어진 관계에서는 유혹과 우호적인 교류의 기쁨을 동시에 느낄 수 있으며, 있는 그대로의 자신을 보여주는 데에 두려움을 덜 느낄 수 있다. 우애는 다른 이성과의 동지애를 동반할 수 있다. 남자들이나 여자들의 세계에 대한 호기심을 충족할 수 있는 방법이기도 하다. 또는 사랑에의 욕구가 잠재적이거나 밖으로 드러날 때 동성인 두 사람 간에 존재하는 사랑이기도 하다. 그러나 달리 보면 우애는 위대한 우정의 덕성도 연애담의 덕성도 갖추지 못한 일종의 타협이 아닐까? 우애는 그것만의 양면성을 지닌다. 또한 우애는 연인 간의 관계에서 비롯되는 기쁨을 느끼지는 못하면서 그것과 똑같은 위험을 포함하고 있지 않은가? 현실을 가지고 장난을 치듯? 내가 우애를 느끼는 너는 나의 연인이 아니다. 너는 내 친구이긴 한 것일까?

우애에 열정을 닮은 욕구가 뒤섞이게 되면 우애는 그 아름다운 균형을 잃어버린다. 둘 중 한 사람이 다른 사람을 사랑하게 되고, 그 다른 사람이 또 다른 사람과 사랑에 빠지면 그 우애는 더 이상 본래의 모습을 유지할 수 없다. "그녀가 다른 사람과 사랑에 빠진 후로 난 더 이상 존재하지 않는 것 같아." "그에겐 그만의 인생이 있는 건 알지만, 내가 필요로 할 때 그가 내 옆에 없는 건 견딜 수가 없어." 우애는 관대함—네가 즐거우면 나도 좋아—도 자유—서로에 대한 서로를 위한 표현과 욕구의 자유—도 결여된 우정일 뿐일까? 소유욕과 독점욕에 사로잡히고, 상대가 필요로 하는 것은 외면하며 나 자신이 필요로 하는 것만 취하고자 한다면 그런 관계를 우정이라고 할 수 있을까?

만약 우애의 관계가 연인 간의 관계로 발전해간다면 그때는 새로운 균형이 자리 잡게 된다. 네가 나를 욕망하는 것처럼 난 너를 욕망한다. 네가 나를 필요로 하는 것처럼 나도 너를 필요로 한다. 연인 간의 관계는 수개월 혹은 수 년 전부터 이어져온 우정을 먹고 자라난다. "우리는 처음 에는 친구였지. 그런데 어느 날부터 그녀가 다르게 보였 어. 단순한 친구가 아니라 여자로 보이더라고. 그 후 그녀 는 내 아내가 되었지. 우리의 우정은 깊고도 튼튼한 초석 과도 같아서 그 위에서 우리의 사랑이 꽃필 수 있었던 거 야." 서로 연인이자 친구인 관계는 얼마든지 가능하다. 너 는 내 연인이자 내 친구다.

위대한 사랑 역시 위대한 우정이 아닌가? 이러한 믿음 없이, 각자가 상대의 더 나은 것을 욕망하는 일 없이, 서로 의 말에 귀 기울이지 않으면서, 좋은 것과 그렇지 못한 것 을 함께 나누는 일 없이 어떻게 서로를 사랑할 수 있겠는 가? 그러나 열정과 그에 동반되는 소유욕은 배제되어야 할 터이다. 서로에 대한 요구가 충족되지 못하면 비난이 터져 나오게 마련이다. 그럴 경우 사랑은 더 이상 서로를 안아주고 존중해주는 안식처가 아닌, 비난과 심판과 결산 의 장으로 변질되고 만다. "나는 예전에 사귀었던 사람들 과는 친구가 될 수 없어." 상대가 줄 수 없는 것을 계속 기다리는 이들은 서로에게 친구로 남을 수 없다. 우정은 본디 욕구나 억제된 열정, 괴로움, 원망, 원한 등과는 양립할 수 없는 법이다.

우정에 사랑의 정념이 뒤섞이게 되면, 우정의 한가운데에 배신이 스며들면서 우정을 깨뜨려버린다. 맹목적인 요구—맹목적이기 때문에 종종 충족될 수 없는—는 실망을 동반할 수밖에 없다. 이러한 실망은 대개 객관적이라고 간주되는 사실들에 근거하고 있는데, 그러한 사실들은 이러한 배신을 용서받을 수 없는 현실이 되게 한다. 깊은 실망감을 경험한 친구보다 더 잔인한 사람도 없을 것이다. 좌절된 사랑 역시 실망한 우정의 하나가 아닐까? 상대에 대한 기대가 너무나 큰 나머지 실망감을 느낀 이는 스스로에게 상대를 비난할 권리를 부여하고, 자신의 기대에 전적으로 부응하지 않는 그를 격렬하게 거부하기도 한다. 우리는 스스로의 기대 때문에 실망하기도 하지만, 상대의 실망했다는 말 때문에 고통받기도 한다. 넌 나를 실망시켰어. 그래서 슬퍼. 그래서 화가 나. 그래서 슬프면서도 화가 나.

이러한 실망은 어디에서 비롯되는 것일까? 기만적인 말이 상대의 실망감을 유발시키는 경우가 종종 있다. "내가 널 얼마나 좋아하는지, 네가 나에게 얼마나 중요한 존재인지 잘 알 거야. 난 너를 위해서라면 내 목숨까지도 기꺼이 내놓을 수 있어." 행동으로 옮기지 않아도 되는 말을 하기란 참 쉽다. 하지만 그의 몸짓과 태도는 그의 말과 조금도 일치하지 않는다. 그의 말은 희망으로 가득 차 있을지는 몰라도 무의미하고 무분별하다. 말이 전달하는 이중적인 메시지는 상대를 미치게 만든다. 그리고 말이 모든 의미를 잃어버리면, 그 말에 기반을 둔 관계 역시 더 이상 아무런 의미를 지닐 수 없게 된다. "난 이제 그 사람이 하는 말은 한마디도 못 믿겠어." 말은 우정을 자라나게 하는 중요한 요소이다. 사랑에 포함된 우정을 포함해서.

말이 기만적이면 그 사랑 또한 기만적이다. "그는 어느날 내 삶 속으로 들어왔던 것만큼이나 재빨리 떠나버렸어, 마치 꿈속에서처럼. 예전에 누군가가 내게 이렇게 말한 기억이 나. '너무 아름답게 느껴지는 것은 조심하는 게 좋아.' 그와의 사랑은 너무나도 동화 속 이야기 같았어. 그는 내가 듣고 싶어 하는 이야기는 뭐든 해줬지. 그가 내게 선사하겠다고 했던 삶은 내가 꿈꾸던 삶이었어. 난 거울 속의 나를 만날 때마다 이렇게 말하곤 했어. '네가 정말 꿈꾸던 왕자님을 만난 거야?' 하지만 내 안의 무언가는 진실을 알고 있었어. 난 부인할 수 없는 두려움에 사로잡혔지. 하지만 그 이유는 알지 못했어."

누군가의 믿음을 이용하거나 이용당하는 사람에게서는 자신이 믿지 않거나 더 이상 믿지 않는 사랑을 확신하고 싶은 의지가 공통적으로 발견된다. 전자의 경우에는 자신이 하는 말로써, 후자의 경우에는 자신이 듣는 말로써 스스로에게 확신을 심어주고자 한다. 각자는 자신만의 환상 속에서 스스로를 위로한다. 그들은 함께 '사상누각'을 만들어나간다. 그것이 폐허에 불과하다는 것을 알면서도, 서로서로 상대가 스스로의 말을 믿는 것을 보는 데 만족하며, 그가 하는 말을 듣고 있는 스스로에게 빠져든다.

"나는 언제까지나 너만을 사랑할 거고 너에게 충실할 거야⋯⋯." 이러한 말들은 진심으로 하는 말일 수도 있지만, 마음의 진실을 넘어서는 말일 수도 있다. 얼마나 많은 한순간의 열정, 과장되고 열렬한 사랑의 고백이 얼마 지나지 않아 부정되곤 하는가! 금세 네 말을 취소할 거라면 차라리 내게 아무 말도 말아줘.

베드로 역시 예수에게 그를 위해 목숨을 버릴 수도 있다고 하지 않았던가? "내가 가는 곳에 네가 지금은 따라올 수 없다. 그러나 나중에는 따라오게 될 것이다"라고 한 예수의 말에 베드로는 이렇게 대답한다. "주님, 어찌하여 지금은 주님을 따라갈 수 없습니까? 주님을 위해서라면 저는 목숨까지 내놓겠습니다." 그러자 예수는 이렇게 대답한다. "나를 위하여 목숨을 내놓겠다는 말이냐? 내가 진실로 진실로 너에게 말한다. 닭이 울기 전에 너는 세 번이나 나를 모른다고 할 것이다."(『요한 복음서』13장 36~38절) 그리고 실제로 베드로는 그를 세 번이나 부인했다.

서로에 대한 믿음으로 다져진 가장 가까운 사이에서도 사랑하는 존재, 몹시 사랑하는 친구가 우리를 배신하고 우리에게 상처를 주는 일이 빈번하게 일어나지 않는가? 예수도 "제 빵을 먹던 그가 발꿈치를 치켜들며 저에게 대들었습니다"(『요한 복음서』13장 18절)라고 말하지 않았던가. "너는 내게는 친동생과도 같아." "난 너를 여동생처럼 사랑해." 최악의 경쟁 관계나 질투심, 선망이 야기되는 것도 바로 이런 형제애—심정적으로나 혈연으로 이어진 형제 사이의—로 이루어진 관계에서가 아닌가? 우리는 하느님의 사랑이 자신이 아닌 동생에게로 향하는 데에 질투를 느껴 아벨을 죽인 카인으로 대표되는 '적대적인 형제들'의 이야기를 알고 있다. 나는 너를 형제처럼 자매처럼 사랑한다. 하지만 난 너를 형제나 자매처럼 증오할 수도 있다. 부모와 자식들, 친구들 사이에서와 사회에서 생겨날 수 있는 오래된 경쟁 관계를 나는 너와 함께, 내가 함께 살아가는 너와의 사이에서 경험할 수도 있다. 사랑을 죽이는 경쟁심, 질투, 선망 모두를 경험할 수 있다.

비록 자신이 원했고 선택한 관계라 해도 이처럼 친근한 관계에서는 상대를 제대로 보지 못하고, 자신에게는 모든 것이 허용되리라고 생각하는 경향이 있다. 그러면서 상대에게는 일말의 일탈도 허용하지 않는다. 상대의 그 어떤 것도 용서하지 않으려 하고, 무엇보다 자신이 기대하는 상대의 이상적인 이미지에 그가 부합하지 않는 것을 용납하지 못한다. 그리고 그가 모든 것을 이해하기를 바란다. 대개 가장 가까운 사람들에게는 낯선 이에게는 결코 하지 못할 말과 행동을 서슴지 않고 하지 않는가? 나는 너를 좋아하니까 네게는 뭐든지 말할 수 있어. 넌 내 얘기라면 뭐든지 들어주고 이해해줘야만 해.

그런데 정말 뭐든지 말해도 되는 것일까? 하고자 하는 말이 격렬하고 잔인한 경우에라도? 예전에는 결코 말할 수 없었던 것을 이야기할 때도 상대는 언제나 그 말을 들어주어야만 하는 걸까? 신랄한 말은 또 다른 신랄한 말을 야기한다. 언제까지? 그 끝이 있기는 한 것일까? 그런 경험은 단 하루면 충분하다. 이런 관계에 있는 사람은 자신이 보상받고자 했던 과거보다 더 끔찍한 현재를 경험할 수도 있다. 그리고 상대를 이해하고 자신을 이해시키고자 할 경우에 끝없는 장황한 이야기가 이어질 수 있다. 어떤 결론에 이르지도 못하면서. 두 사람은 사랑에 대해 이야기하지 않는다. 그들은 존재하지 않거나 더 이상 느껴지지 않는 사랑에 대해 이야기하고자 한다. 나는 너하고 잘 지내고 싶지만 그럴 수가 없어.

그리고 그들은 서로 상대가 자신의 이야기를 제대로 들어주지 않는 것에 상처받는다. 이야기조차 거의 또는 잘 들어주지 않는 사람과 사랑을 말할 수 있을까? 우리의 말이 아무런 가치가 없다면 그 관계는 무슨 의미가 있을까? 그런데도 그러한 관계를 지속해야만 할까? "우리는 이제 더 이상 어떤 이야기도 할 수 없어. 모든 이야기가 의심스럽고 비딱하게 받아들여지거든. 별것 아닌 일로 어조를 높이게 되고 말이지." "우리 사이에는 오직 침묵만이 존재해. 그 무거운 침묵이 이야기를 대신하는 거야. 말을 하지 않아도 서로의 생각을 들을 수 있을 정도라고." 이제 두 사람은 더 이상 아무런 이야기를 하지 않는다. 또는 서로 무의미한 이야기를 주고받을 뿐이다.

"그와는 몇 시간 동안 이야기를 하고서도 돌이켜보면 기억나는 게 아무것도 없어.""그녀는 내 이야기를 하지 않는다며 나를 비난하곤 해. 하지만 내가 무슨 이야기라도 할라치면 내 말을 제대로 듣지도 않아.""우린 서로 말은 많이 하지만 진지한 얘기는 한 번도 해본 적이 없어. 그러니까 아무 말도 하지 않는 것과 똑같아. 온갖 것을 다 이야기하면서도 쓸데없는 이야기만 하는 셈이지.""그 사람하고 이야기할 때마다 늘 그 사람 혼자 이야기하는 것 같아." 자기 말을 들어주지 않는 상대 앞에서 자신의 속내를 털어놓기란 어려운 법이다. 그는 당신에게 아무 말을 하지 않거나, 혼자서만 이야기를 해나간다. 침묵하거나 수다스럽거나 그가 없다는 사실은 똑같다. 난 너에게 무슨 이야기라도 하고 싶지만, 넌 내 이야기를 들으려 하지 않아.

우리의 깊은 속마음을 표현하는 데는 용기가 필요하다. 자신의 내밀함을 밖으로 끄집어내는 데는 누군가의 격려와 부추김이 필요하다. 스스로 이야기할 수도 있지만, 누군가가 말할 기회를 주는 것 또한 좋다. 더없이 나약한 자신을 누군가가 따뜻하고 너그럽게 받아준다는 것은 얼마나 기분 좋은 일인가. 나를 홀로 말하게 내버려두지 마.

"그녀하고는 도무지 무슨 얘기를 할 수가 없어. 무슨 말만 하면 어찌나 격한 반응을 보이는지." "그 사람하고 이 야기할 때마다 폭풍우를 일으키지나 않을까 겁이 나. 지금 상태를 유지하고 살아가려면 파도를 너무 많이 일으키면 안 되거든." "얼마나 오랫동안 그 사람에 대해 이야기하고, 그가 내게 주지 못하는 것에 대해 한탄했는지 몰라. 정말 어째야 좋을지 모르겠어. 이 모두가 내 잘못인 걸까? 그냥 그 사람한테 어째서 내가 상처받았는지를 얘기하는 게 훨씬 간단할 텐데 말이지. 하지만 난 도저히 못하겠어, 그렇게는 못하겠다고."

상처를 이야기하는 것은 언제나 힘든 법이다. 그래서 사람들은 자신에게 상처를 준 이들에게 그 상처를 내보이지 않고 자기 안에 꼭꼭 묻어두려 한다. 더구나 사랑하는 사람에게 이야기할 수 없을 때는 다른 누군가에게로, 자신의 말이 어떤 위험을 포함하지 않고 따뜻하게 위로받을 수 있는 곳으로 향하게 된다. 난 너한테는 말할 수 없어, 그래서 다른 누군가와 네 얘기를 하려고 해.

나는 이미 네가 내 말을 들어주고, 나를 따뜻하게 안아주고, 다정하고 올바른 시선으로 나를 바라봐줄 거라는 믿음을 잃어버린 지 오래되었어. 이 얼마나 모순인가 말이야. 한 남자, 한 여자와 삶을 함께하면서도 정작 자신의 마음을 털어놓을 수 없다니. 그는, 그녀는 혹시 침묵과 억제된 눈물, 굳은 미소의 마법을 믿고 있기라도 한 것일까? 우리는 말해진 말들과 말해지지 않는 말들을 넘어서서 각자가 이해해야 할 것과 늘 이해하지 못했던 것이 있음을 깨달을 수 있을까? 침묵은 때로 고통의 부재로 해석되기도 한다. 내가 아무 말도 하지 않는 것은 할 말이 없기 때문이다. 고통도, 과거도, 불행도 없다. 모든 건 이제부터 시작이거나 다시 시작될 수 있다. 내가 너에게 아무 말도 하지 않는 것은 모든 게 잘되어가고 있기 때문이다.

자신에 관해 이야기하는 위험을 무릅쓰지 않는다면, 사랑받을 수 있는 기회 또한 내 것으로 만들 수 없다. 내가 상대 앞에 똑바로 서지 않는다면 어떻게 그가 나의 존재를 진지하게 생각할 수 있겠는가? 그로 하여금 내 말에 귀 기울이게 하려면 스스로를 표현할 수 있어야 한다. 다 말하지 않아도 상대가 모든 것을 알아들으리라고 생각하는 것은 헛된 기대일 뿐이다. 내가 말하지 않는데 네가 어떻게 내 이야기를 들을 수 있겠는가?

하나의 말에 대응하는 또 하나의 말. 나의 말 못지않게 그의 말 또한 필요하다. "난 네가 내게 상처를 입혔다고 말하는 것을 들어야겠어. 네가 한 짓을 후회하고 있고, 앞으로 다시는 그러지 않겠다고 말해줘. 나를 사랑한다고 말하면서 어떻게 그런 짓을 할 수 있어?" 나를 정말 사랑하는지, 사랑하지 않는지를 분명히 말해달란 말이야. 네가 내 물음에 대답하지 않으면 난 대답 없는 내 질문에 더욱더 외로움을 느끼게 될 거야.

"넌 망상에 사로잡혀 있어, 우리 사이를 더 어렵게 만들고 있다고." 고통은 어떤 종류의 침해―또는 그렇게 느껴지는 행위―뿐만 아니라, 상대가 그 고통을 부정하며, 무엇보다 그가 그 고통을 야기했음을 부인하는 사실에서도 비롯될 수 있다. 상대는 자신이 그렇게 행동하는 이유를 설명하지 못하고―그도 그 이유를 알지 못하기 때문에―, 자신이 상처를 줄 수 있다고 생각하기를 거부한다. 그리고 모든 잘못을 다른 사람에게 전가한다. "그녀는 모든 문제를 내 탓으로 돌려. 나를 괴물 취급하는 것 같아. 자신의 불행도 내 탓이라고 생각하면서 말이지. 그래서 내게 심한 말을 퍼붓는 것을 당연하다고 생각해." "그는 걸핏하면 자기는 완벽하고, 모든 문제는 내게 있다며 나를 비난하곤 해." 내가 고통받는 것이 순전히 내 탓일까?

"어쩌면 그의 말이 맞는지도 몰라. 이 모든 것은 행복해지는 법을 배우지 못한 내 탓인지도 몰라.""나는 관계의 실패에 대한 책임을 느껴." 상대에게서 부당한 대우를 받았다고 생각하는 사람은 더 잘 사랑하고 더 사랑받기 위해 온갖 노력을 아끼지 않는다. "그는 왜 저렇게 못생긴 여자에게 저토록 친절하게 구는 걸까?""그녀는 정말 좋은 여자야. 그런데 왜 그토록 자신을 함부로 대하는 남자 곁에 계속 남아 있는 걸까?" 나는 고통을 겪고 있지만 이래서는 안 된다는 것을 알고 있다. 나는 내가 고통받는다는 사실을 용서받아야만 한다.

그러나 그러한 자신에 대해 의문을 가진다면 대면이나 대립은 불가능하다. 심지어 자신이 고통받는다는 사실조차 의심하게 된다. 그건 마치 피해자가 자신의 사형집행인에게 자신이 분명 피해자이며 그가 사형집행인인지를 확인시켜줄 것을 청하는 것과도 같다. 그리고 그 속박에서 벗어나기 위해, 어째서 그가 그렇게 행동하는지 설명해주기를 기다리는 것과도 같다. "어째서 나한테 이러는 거야? 말해봐, 난 정말 모르겠어. 왜 나를 사랑하지 않는 거냐고?"

매 맞은 여자가 그런 상황에서 벗어나기 위해 자신을 때린 사람의 해명과 후회의 말들을 기다려야만 할까? 자신이 사랑했던 사람이, 그토록 사랑에 서툰 사람이 왜 그렇게 행동했는지를 이해하지 않은 채 떠날 수 있으려면 시간이 걸려야 한다. 단지 그가 고통을 준다는 이유—가장 중요한 이유인—만으로 떠나기 위해서는. 그녀는 아플 뿐만 아니라 서툴기도 하다. 때로는 그녀에게 떠날 수 있는 힘이 남아 있지 않을 수도 있다. 그녀는 신체적으로가 아니더라도 정신적으로 이미 두들겨 맞은 셈이다. 그들을 사랑한다고 주장하는 이들—아버지, 오빠, 아저씨 등—에 의해 신체적으로 학대를 당한 여자들은 자신들이 아무런 말도, 아무런 대응도 못한 채 얼마나 주눅이 들어 있었는지를 이야기한다. 그들은 영혼마저 학대를 당한 것이다. 또다시 자신들의 믿음에 배신을 당한 그들은 아무런 말도 할 수 없다. 오직 상대의 말만—후회한다는 말, 용서를 구하는 말, 해명을 시도하는 말 등—이 그들로 하여금 다시 입을 열 수 있게 한다. 부디 내게 설명해줘. 그래야만 내가 떠날 수 있어.

"내게 상처를 주는 말을 들을 때마다 난 한마디도 할 수가 없어." 신체적, 언어적 또는 정신적인 공격에 대한 반응의 부재는 과거에 비슷한 유형의 공격 앞에서 느꼈던 것과 유사한 쇼크 상태를 반복한다. 대화의 부재를 반복하면서 어떻게 과거의 상처를 잊고, 오랜 시간이 지난 뒤 그 상처와 깊이 간직해온 부당함과 수치심에서 치유되기를 바랄 수 있겠는가? 상처를 치유할 수 있는 말을 듣지 않고 떠나는 것은 언제나 벌어져 있는 상처를 홀로 감당하며 웅크리고 있음과 다를 바 없다.

그런데 치유된다는 것은, 자신에게 계속 상처를 주는 사람에게서 더 이상 어떤 보상의 말을 기대하지 않는 것이다. 그런 기대를 갖는다는 것은 악의 근원으로부터의 치유를 기대하는 것이기 때문이다. 더구나 그런 말이 자신을 자유롭게 해줄 것이라는 기대는 대부분 헛된 것이기 십상이다. 설령 언젠가 그 말을 듣게 되더라도, 머물기보다는 떠남으로써만 상대의 반응을 이끌어낼 수 있다. 나는 더 이상 고통받고 싶지 않아, 난 가버릴 거야.

치유하는 말이란 다른 사람의 말, 사랑의 말일 수도 있고, 어려운 순간들에 스스로에게 하는 말일 수도 있다. 치유한다는 것은, 자신의 느낌을 믿으며 마음의 소리를 듣는 것이다. 스스로에게 그 말들을 말하는 것을 허락하는 것이며, 대화를 다시 이끌어냄으로써 상대에게 그 말들을 이야기하는 것이다. 일방적이고 불행한 관계에서 오랫동안 결핍되었던 진정한 말로 이루어진 진정한 대화를 재개시킴으로써. 치유하는 것은 또한 누가 더 옳은지를 알 필요 없이 스스로에게 자신의 감정을 표현할 수 있는 권리를 부여하는 것이다. 나는 너를 심판하지도 비판하지도 않는다. 다만 내가 겪은 것을 네게 말하려는 것뿐이다. 내가 고통받는다는 것을 너는 알아야만 하기 때문이다.

나는 네 말을 듣는다. 그 속에서 난 나에 대한 너의 믿음을 느낀다. 나는 네가 하는 모든 것과 불가분의 관계에 있으며, 너의 기쁨과 슬픔은 곧 나의 기쁨과 슬픔과도 같다. 나 또한 진정한 관계를 추구한다. 그러나 서로의 진실을 이야기한다고 해서 그로 인해 너와 내가 똑같이 고통받는 것은 아니다. 우리는 서로를 위한 공정한 말들을 찾아내야만 한다. 내 사랑, 내 친구, 너는 내가 언제나 네 곁에 있음을 알 거야.

나는 네가 내 행복을 바란다는 것을 알고, 넌 내가 너의 행복을 바란다는 것을 알고 있어. 너는 나를 이상적인 이미지 속에 가두려하지 않고, 나는 아무런 선입견 없이 있는 그대로의 너를 받아들이지. 우리는 다툼도 비난도 좋아하지 않지. 우리 사이에는 소유욕이나 세력 다툼 같은 것은 존재하지 않아. 나는 얼마든지 너에게 나약한 모습을 보일 수도 있고, 너는 그런 나를 책망하거나 원망하지 않지. 나 역시 너를 너그럽게 대하며 너를 판단하려는 생각조차 해본 적이 없어. 우린 서로에게 하고 싶은 말을 마음껏 할 수 있지. 나는 너와 아무 이야기나 할 수 있고, 그건 정말 엄청난 행복이라고 생각해.

어떤 결혼식장에서 수피교도 사제인 피에르 빌라야트(Pier Vilayat)는 신랑 신부의 손을 잡고 이렇게 말했다. "나는 오늘 두 사람을 축복하며 그대들의 결혼이 최고로 멋진 결혼이 되기를 바랍니다. 그리고 두 사람에게 두 가지를 부탁하고자 합니다. 만약 두 분 중 한 사람이 상대방의 어떤 말이나 행위 때문에 상처를 입었다고 느끼면 그 사실을 반드시 이야기하십시오. 그리고 상대방은 분노하거나 괴로워하지 말고 그 말을 듣고 받아들여야합니다." 대화란 두 개의 말과, 서로의 이야기를 들어주는 두 사람을 의미한다. 먼저 내 이야기를 하고, 너의 이야기를 들을게.

"그 사람하고는 어떤 이야기도 할 수 있어." "우린 많은 얘기를 하지 않아도 서로를 이해할 수 있어." "그 사람은 내가 이야기를 시작하기가 무섭게 내 말을 가로채곤 해." 두 사람의 행복은 즉각적이고 분명한 말과, 다정하고 열린 마음으로 상대의 말에 귀 기울이는 태도에 달려 있다. 나는 너와 이야기하는 게 좋아, 사랑스럽고 다정한 내 친구.

나는 너에게 욕구와 깊은 감정을 느끼지만 넌 여전히 내 친구야. 나는 내 느낌과 내 감정을 말로 표현할 수 있어. 네가 먼저 말하기 전에 너와 함께 있어서 기쁘다고 말할 수 있어. 얼마든지 자유롭게 말할 수 있어.

나는 네게 욕구를 이야기할 수 있어. 내 말은 그 사실을 암시하고 강조하고 때로는 야기하기도 하지. 나는 또한 네가 너의 욕구를 이야기하는 것을 듣고 싶어.

감사하고 싶을 만큼 단순한 말로, 우리로 하여금 원천에 다가가게 하는 유려한 말로. 나 자신으로부터 멀어지지 않게 하면서 네게 가까이 다가갈 수 있게 하는 말로써.

다른 생각과 다른 경험과 다른 세계로 우리를 함께 이끌어주는 말.

웃음과 미소가 뒤섞인 말……

마음으로부터 우러나오는 말. 마음을 이야기하는 말. 두 사람의 마음을 이야기하는 말. 두 사람의 삶을 이야기하는 말……

"우정 어린 우리의 관계는 서로에게 점점 더 소중한 것으로 자리 잡아갔습니다. 우리 각자는 이보다 더 좋은 삶의 동반자는 어디에서도 찾을 수 없음을 알고 있었지요."

마리 퀴리는 그녀의 남편인 피에르 퀴리를 두고 이렇게 말했다.

스토르게, 하르모니아

"난 그녀를 사랑하는 법을 배웠어. 그녀 덕분에 나는 사랑하는 법을 배운 거야.""그 사람 덕분에 나는 서로를 균형 잡히게 하고 평온하게 만드는 관계가 어떤 것인지 알게 되었어." 시간이 흘렀고, 이제 나는 더 이상 과거의 나가 아니야. 나의 욕구, 욕망, 나의 말은 좀 더 유연해지고 부드러워졌지. 상대에게 거는 나의 기대도, 상대에 대한 나의 태도도 예전과 달라졌어. 예전에는 알지 못했던 다정함을 동반하게 되었지.

그리고 오래전부터 알고 지냈던 또는 얼마 전에 만난 사랑하는 당신, 당신 역시 나와 더불어 또는 나를 알기 전부터 변화해왔지. 당신이 내 삶의 동반자이거나, 서로를 알기 전에 각자의 삶이 있었거나 간에 이제 우리는 함께 우리의 결합을 '완성하기' 위해 서로에게 다가가고 있어.

피에르 테야르 드 샤르댕*은 결혼에 관해 이런 이야기를 했다. "우리의 삶을 지배하는 법칙은 그대들이 결합을 위해 각자 스스로를 준비할 것을 요구하며, 결합 속에서 서로에 의해 자신들을 완성시킬 것을 요구한다. 서로의 마음과 몸을 사로잡는 정복의 이야기가 앞으로 어떻게 전개될 것인지 궁금증을 유발하면서."

우리가 함께 살아낼 이야기는 앞으로 어떻게 전개될까? 우리의 이야기는 과거의 두 이야기가 이어지는, 단 하나의 이야기이다. 그 여정의 유사함으로 평행을 이루며, 서로 나란히 또는 각자 살아가는 두 개의 이야기이다. 우리는 각자의 리듬과 방식대로 조금씩 사랑의 여러 단계를 거쳐 여기까지 올라온 것이다.

우리는 한 단계씩 오를 때마다 매번 우리의 젊음을 조금씩 뒤에 놔두지만, 그렇다고 해서 우리의 순수함('순수함'은 '해치다'라는 의미의 라틴어 노체레(nocere)에서 비롯된 말로, '악을 모르는 사람의 상태'를 가리킨다)이 줄어드는 것은 아니다. 시간이 가면서 우리의 마음은 더 성숙해지는 만큼 더 가벼워지고, 마음의 고통 또한 줄어들게 된다. "난 스무 살 시절로 돌아가고 싶진 않아. 그때는 사랑에 대해 아무것도 알지 못

---

*   Pierre Teilhard de Chardin(1881~1955): 프랑스의 신학자, 철학자, 인류학자, 고생물학자.

했거든. 사랑받고 싶다는 욕구가 사랑인 줄 알았으니까."

누군가의 마음에 들고, 성공하고, 자신이 원하는 것을 획득하는 것처럼 인생에서 중요하게 생각되었던 것들이 더 이상 우리의 삶에서 똑같은 무게를 차지하지 않는다. 이제 시간이 얼마 남지 않은 지금 우리는 예전처럼 조급함도 느끼지 않으며, 지금 우리에게 주어진 사랑을 확인받고자 하는 초조함에 사로잡히지도 않는다.

우리는 또한 우리의 이야기를 다른 사랑의 이야기와 닮게 만들려고 하지도 않는다. 이 이야기는 우리만의 것이며 우리의 꿈을 닮은 것이기 때문이다. 우리가 상상했던 대로의 아름다운 이야기를 우리는 살아내고 있는 것이다. 우리는 꿈속에 머무는 대신 그 사랑을 직접 살아내기로 했다. 나는 사랑을 함으로써만 당신을 사랑하는 법을 배울 수 있었다. 긴 여정이었다.

과거의 우리, 어린 소녀와 소년은 이제 어디에도 없다. 우리는 더 이상 어린아이 놀이를 하고 싶은 생각이 없다. 우리는 어떤 기대와 전제에서 벗어나, 두 자유로운 정신으로 미묘하고 경쾌한 놀이를 하는 것뿐이다. 우리는 어린 시절의 영혼과 웃음을 되찾은 남자와 여자다. 서로가 필요하다고 느끼면 그렇다고 말할 수 있지만 상대에게 함께 있어달라고 강요하지는 않는다. 우리 각자는 그 사실을 의식하며 즐기기까지 한다, 자신의 모습과 자신이 겪는 것을 분명히 인식하는 것처럼. 심각해지지도 자신을 심각하게 받아들이지도 않지만, 이제 사랑이 진지한 것임을 알고 있다. 아무런 의미도 없는 사랑놀이도, 단지 유혹을 위한 유혹도, 욕망하는 즐거움만을 위해 욕망하는 것도 모두 끝났다. 나는 더 이상 당신을 가지고 놀지도 않으며, 당신 또한 나를 가지고 놀지 않는다. 이제 우리는 함께 놀 수 있기 때문이다.

우리는 청소년 시절도 거쳐왔다. 가슴을 찢어놓는 맹목적이고도 뜨거운 사랑에 빠진 적도 있다. 우리는 사랑은 고통이 될 수도 있다는 걸 알지만, 사랑하기 위해 반드시 아파야 할 필요는 없다는 것도 알게 되었다. 그래서 이제 더 이상 고통받지 않고, 또 다른 영역을 향해 마음을 활짝 열어 보이기로 마음먹었다. 더 넉넉하고 언제나 더 명료하고 관대한 사랑을 향해. 열정적인 사랑을 경험해본 나는 이제 있는 그대로의 당신을 욕망하고, 당신이 있는 그대로의 나를 욕망하게 할 수 있다.

과거에 젊은 연인이었던 우리는 서로를 미친 듯이 사랑했다. 서로의 육체를 탐하고, 그 뜨거움으로 서로의 날개를 태우고, 때로는 서로의 영혼마저 불태웠다. 우리는 육체가 선사하는 쾌락에 빠져들면서 마음과 정신의 기쁨을 등한시하고 함부로 다루었다. 육체의 기쁨은 지금도 여전히 존재하며, 훨씬 더 깊어졌다. 예전보다 더 굳건한 신뢰와 깊은 애정으로 풍요로워졌기 때문이다. 애정이 개입되지 않은 채 하나가 되는 두 육체를 어떻게 상상할 수 있을까?

애정, 배려, 존경에 더하여 우리는 서로에게 이야기하는 법을 배웠고, 진정한 친구가 되었다. 예전보다 더 감미롭고 돈독한 우정으로 이어진 우리는 무엇이든 함께 나눈다. 어려움에 부딪치면 서로에게 맞서지 않고 함께 해결하도록 노력한다. 나의 신경을 거스르는 상대의 단점, 내게 상처를 주는 행동, 나를 불쾌하게 하는 말 앞에서도 체념이 아닌 대화와 이해로써 '함께' 해결해나가는 법을 배운다. 서로가 자연스럽게 화합할 수 없는 부분에서도 시간을 두고 기다리며 상대를 몰아붙이지 않는다. 나는 나와 다른 당신 또한 사랑하기 때문이다.

서로 간에 마찰이 생긴다고 해도 우리 사이의 조화가 깨어지지는 않는다. 각자는 다정한 말이나 몸짓으로 화해를 시도하며 상대에게 다가간다. 상대의 나약함을 어루만지는 것은 그보다 우위에 있음을 과시하는 게 아니다. 저절

러진 실수나 이겨내야 할 시련은 우리로 하여금 서로에게 다가가 서로를 더욱더 지지하게 만든다. 우리 사이에는 굳건한 신뢰가 자리 잡았고, 우리의 감정을 여유롭게 살아내고 표현하게 해주는 평화가 깃들게 되었다. 이제 난 더없이 평온한 마음으로 마음껏 당신을 사랑할 수 있음을 느낀다.

격정적인 삶을 뒤로하고 차분함을 누리는 지금의 삶이 이렇게 좋을 줄이야. 이제 아무것도 아쉽지 않다. 과거의 삶을 떠올리면 혼란스러웠던 기억밖에는 나지 않는다. 그때는 동요하는 삶과 살아 있다는 느낌 사이를 정신없이 오가기만 하지 않았던가? 살아 있음을 느끼는 순간에도 내가 진정으로 원하는 게 무엇이었는지 알고 있었던가? 예전의 내 삶은 일종의 도피가 아니었을까? 당시 내가 겪었던 혼란은 삶과 정면으로 마주하기를 피하는 나름대로의 방식이 아니었을까? 나는 당신과 함께하는 지금의 내 삶을 사랑한다. 더없이 편안하다. 그런데 무엇 때문에 도망을 가겠는가? 어디로 가기 위해서? 나는 이제 당신 곁에 머물 것이다. 당신은, 당신도 내 곁에 머물고 싶은지?

당신을 사랑하는 것은 당신을 속박하는 것이 아니다. 당신에게 나와 함께 있기를 청하는 것은 당신을 묶어두기 위해서가 아니다. 나는 당신과 함께 자유롭고 싶다, 당신 역시 나와 함께 그러기를 바라는 것처럼. 나는 내가 원하는 것을 당신에게 거리낌 없이 말할 수 있기를 바란다. 그리고 당신은 그런 내 뜻을 얼마든지 거부할 수 있다. 그건 당신의 욕구와 자유에 따라 행동하는 것일 뿐 당신이 나를 거스르기 위함이 아니라는 것을 난 잘 알고 있다. 서로에게서 거부의 말을 듣는 것이 두려워 각자의 욕구를 표현하지 않는다면 그 욕구를 어떻게 충족시킬 수 있을까? 나를 기쁘게 해줘, 그리고 어떻게 하면 너를 기쁘게 할 수 있는지 내게 말해줘.

나는 내가 당신을 위해 마련한 모든 종류의 배려, 선물, 음식, 다정한 말을 당신이 반기는 모습을 보는 게 너무나도 즐겁다. "서로를 즐겁게 하는 방법이 하나만 있는 것은 아니야. 지극히 일상적인 것에 꿈과 웃음을 더할 수도 있어. 우리 각자는 언제나 서로를 위해 작은 배려를 아끼지 않아." "우리가 함께 보내는 매일이 풍요롭게 느껴져. 하지만 이런 사소한 기쁨은 오직 우리만이 알 수 있는 거야. 우리의 사랑은 이렇게 커져가고 있어. 이게 바로 우리의 비밀이야." 화려한 것은 아무것도 없지만 분명 가장 중요한 것이 우리에게는 있다. 시간이 감에 따라 더욱더 깊어지는 내밀한 행복이 그것이다.

당신을 향한 내 애정은 끝이 없어서, 시간과 겉모습과 모두의 눈에 명백해 보이는 당신의 즉각적인 사랑의 징표를 훨씬 넘어선다. 심지어 당신에 대한 나의 감정은 나의 의지마저도 넘어서서 나를 사로잡고 매몰시킨다. 열정적인 사랑이 마치 파괴적인 지진처럼 내 삶 속으로 들어와 모든 것을 휩쓸어 가면서 극단적인 행복과 지독한 절망의 파도를 번갈아 일으켰던 것만큼, 지금 당신에 대해 느끼는 사랑은 더없이 감미롭고 평온하고 순박한 감정을 동반한다. 그러나 겉으로 잘 드러나지는 않는다고 해서 내가 느끼는 혼란이 크지 않은 것은 아니다. 나는 당신으로 인해 강렬한 행복감을 느낀다.

당신에게서 나와 똑같은 행복감을 느낄 때면, 당신의 눈길 속에서 나와 똑같은 기쁨의 빛, 솔직하고 당당한 기쁨을 느낄 때면 나는 우리를 이어주는 인연, 내 사랑이 오래도록 의지할 수 있는 초석을 제공하는 유일한 인연을 확신하게 된다. 그러면 나는 말없는 동조에 의해 우리가 연결되어 있음을 깨달으며, 당신의 몸짓과 목소리의 변화, 당신의 시선 사이로 배어 나오는 무조건적인 애정을 느낀다. "사랑은 시선의 문제야. 내게로 향하는 다정하고 사려 깊으며 애정 어린 시선을 느끼는 것, 그것이 바로 사랑인 거야."우리는 서로의 말 속에서도 서로에 대한 깊은 애정을 읽을 수 있다.

"비록 서로 아무런 표현을 하지 않아도 우린 서로를 충분히 이해할 수 있어.""우리는 서로 아주 잘 통해."난 당신을 내 몸처럼 가깝게 느낀다. 우리가 이루는 조화는 너무도 완벽해서 내게서 나의 존재감을 앗아 가지도, 혼자 있으면서 느끼는 행복감을 훼손시키지도 않는다. 나는 혼자서도 잘 지낸다. 그리고 당신과 함께한다면 더욱더 잘 지낼 수 있다. 당신과 함께 있을 때는, 마치 우리가 오래전부터 늘 함께 지냈던 것처럼 자연스럽게 느껴진다. 그 순간의 강렬함은 영원으로 이어진다. 우리는 점차 절대적인 사랑, 변함없는 사랑으로 서로에게 한층 더 가까이 다가간다. 그 누구도 우리의 굳건한 관계를 망가뜨리지는 못할 것이다.

나는 지극한 애정이 담긴 마음으로 내 사랑, 당신을 생각한다. 그리하여 그 뜨거움으로 내 마음이 녹아내려 나는 원천과 더욱 가까워지고 샘물이 된다. 내 사랑이 있는 곳, 그곳이 내 존재의 원천이다.

유노이아, 카리스, 아가페

"그 사람하고는 한 남자와 한 여자의 단순한 만남을 넘어선 존재와 존재끼리의 관계라는 생각이 들어. 그건 말로는 표현할 수 없는 관계, 말들을 넘어서는 관계야." 나는 지금껏 알지 못했던 새로운 영역을 향해 내 마음을 열어보인다. 당신과는 지금까지 내가 겪었던 모든 것과 다른 것을 경험하게 된다. 당신과의 사랑은 즉각적이고도 자연스럽게 친밀감을 느낄 수 있는 사랑이다. 당신과의 사이에는 건너가야 할 거리도 존재하지 않는다. 우리의 영혼은 서로를 갈라놓는 거리를 의식하지 못한다. 경계, 모든 경계가 허물어진 사랑, 차이와 분쟁 때문에 고통을 받지 않아도 되는 사랑. 나는 사랑의 강렬함이 이토록 부드러운 감미로움을 포함하고 있음을 알지 못했다. 나는 당신에 대해 '구현된 사랑'이라고 말할 수도 있다. 당신의 존재가 사랑을 야기하며, 당신의 존재가 곧 사랑이기 때문이다. 당신은 사랑이다. 당신과 함께 있는 나 또한 사랑이다.

당신을 훨씬 넘어서는 사랑, 나를 훨씬 넘어서는 사랑. 우리 각자는 스스로를 넘어서며, 사랑은 우리를 넘어선다. 사랑은 우리 자신보다 더 위대하고 더 높은 무엇으로 우리를 이끈다. "그녀와 함께 있으면 황홀한 기분이 들어." 두 사람이 함께하는 시간은 인간의 시간을 초월하는 시간, 통상적인 시간을 벗어난 시간이다. 우리는 더 이상 땅에 발이 닿지 않을 정도로 별에 아주 가까이 올라간다. 우리가 존재하는 곳은 속세를 잊어버린 듯한 세상, 오직 연인들만이 홀로 머무는 세상이다. 이곳에서는 서로의 육체도 다르게 인식된다. 우리 몸의 윤곽은 무한한 공간 속으로 녹아든다. 육체와 육체의 만남은 영혼과 영혼의 만남이다. 나는 당신과 함께 있고, 당신은 나와 함께 있다. 하지만 우리의 사랑은 당신과 나보다 훨씬 더 크다.

영혼과 영혼의 만남은 완전하고 절대적인 사랑에의 약속이다. 이러한 약속이 지켜질 수 있을까? 영혼의 일치와 정신적인 화합의 미묘한 기쁨은 감각에서 비롯되는 행복, 더욱 구체적인 욕구와 더욱 관능적인 쾌락으로 이루어지는 육체의 축제와 조화를 이룰 수 있을까?

때로 이러한 만남은 세속적 사랑의 세계로 내려가는 것이 허용되지 않는다. "우리의 만남은 영혼과 영혼의 만남이지 육체와 육체의 만남이 아니야." "매우 강렬한 사랑이었던 것은 분명하지만 우린 끝까지 함께할 수는 없었어."

이 사랑은 '구름 위에서' 연주되는 음악과도 같아서 지상으로 내려올 수는 없다. 당신과 나는 사랑의 단계의 꼭대기로 다가가지만 맨 위와 맨 아래를 어떻게 함께 살아낼지는 알지 못한다.

물론 예외적으로 살아내고 그렇게 유지되는 관계들도 있다. 그 자체로 존재하는 관계의 강렬함은 각자로 하여금 서로에게 아무것도 강요하지 않고 어떤 시간과 공간에도 구애되지 않게 한다. 각자는 혼란스럽고 당혹스러우며 종종 관계로 인한 변화를 겪기도 하지만 자신이 받은 것 이상으로 상대에게 기대하지는 않는다. 기대하지 않았던 뜻밖의 만남, 하늘의 선물처럼 여겨지는 만남으로부터 아무것도 바라지 않는다. 우리는 은총을 받았고 이처럼 소중한 순간을 선사해준 것에 대해 서로에게 감사한다. 나는 당신이 이 세상에 존재하는 것에 감사한다.

"난 특별한 어떤 것을 바라지 않아. 하지만 우리에겐 매일 어떤 일이 일어나지. 미친 듯한 웃음, 감동적인 순간들, 공모자적인 눈길을 주고받기와 같은 일들이." 때로 은총은 스쳐 지나가기도 하지만, 그 짧은 순간 동안 우리는 사랑의 가장 높은 단계와 또 다른 단계들을 함께 경험한다. 우리는 함께 삶의 장소와 새로운 삶을 만들어나가며 새로운 것들을 창조해나간다. 아이들을 낳고, 기쁨과 아름다움과 웃음을 서로에게 선사한다. 서로의 영혼이 조화를 이루는 상대와 삶의 가장 소박한 기쁨들을 누리는 것이다. "함께 생각하고, 인생의 가장 중요한 순간에 함께하고, 함께 숲속을 달리고 맛있는 음식을 먹을 수 있다는 것은 정말 근사한 일이야." 우리는 함께 살면서 영혼의 교감을 나눌 수 있다. 삶은 교감이기 때문이다.

장이브 를루프는 다음과 같은 이야기를 하고 있다. "우리는 사랑이 지닌 다양한 색깔들을 서로 조화시킬 줄 알아야 한다. 무조건적인 사랑을 한다고 해서 내게 더 이상 성욕이 없는 것은 아니다. 내가 내 안에 있는 더없이 고귀하고 훌륭한 것을 중히 여긴다고 해서 나 또한 때때로 작은 애정 표시를 필요로 하는 어린아이와 같음을 잊는 것은 아니다. 위대한 사랑을 하고 있다고 해서 우정 어린 관계가 불가능하지도 않다. 사랑의 모든 단계를 함께 살아내는 것은 얼마든지 가능한 일이다. 바로 이 점이 사랑의 흥미로운 면이다. 빛은 무지개의 한 가지 색이 아닌 모든 색이 한데 어우러져 생겨나는 것이다. 사랑도 마찬가지로 하나의 단계가 아닌 모든 단계가 한데 어우러지는 것이다."

그리고 은총―무상의 사랑―이 사랑의 단계들 곳곳에

가닿을 때 사랑의 각 단계는 더 많은 자유와 관대함을 향해 열리며, 어린 시절과 청년 시절의 사랑과 남녀의 욕구는 변화하고 변모한다. 그리하여 나는 당신에게서 사랑받기를 기대하는 대신 당신에게 내 사랑을 선사한다. 나는 당신을 통해 존재하기를 원하지 않는다. 나는 당신이 존재하는 것에 감사하지만 당신 덕분에 행복해지고 싶지는 않다. 당신과 함께 있을 수 있는 은혜에 감사할 뿐이다. 나는 당신에게 언제나 더 많은 쾌락을 구하지도, 당신에게 인정받기를 바라지도 않는다. 나는 당신이 진정한 삶의 기쁨에 눈뜨고 더 많은 것을 알아가기를 바란다. 당신을 사랑하는 것만으로도 내겐 충분하다. 나는 당신에 대한 사랑이 내게 있음을 인정하며, 그 사랑과 당신에게 감사한다.

내 가슴속에 이토록 사랑이 가득한데 무엇을 더 바라겠는가? 포르키아[*]는 "위대한 마음을 채우는 데는 아주 작은 것으로도 충분하다"라고 말한 바 있다. 나는 또 다른 것을 갈망하지 않는다. 사랑의 원천은 내 안에 있다. 내가 곧 원천이다. 나로서는 당신에게 내 사랑을 선사하는 것보다 더 큰 행복은 없다. 그 행복을 당신과 함께 나누는 것보다 더 큰 기쁨도, 내 사랑을 당신에게 주는 것보다 더 큰 즐거움도 없다. 당신에게 내 사랑을 주면서 나는 당신의 말에 귀 기울이고, 있는 그대로의 당신에게 관심을 기울이며 당신을 향해 나아간다. 나는 당신에게 더 나은 쪽으로 행동한다. 나의 욕구는 당신의 욕구로 향하지만, 그렇다고 해서 나 자신을 잃어버리는 것은 아니다. 난 내 욕구가 어떤 것인지도 잘 알고 있다. 나 자신의 이야기를 들을 줄 몰랐다면 당신의 말도 들을 수 없었을 것이다. 나는 내 사랑을 당신에게 줌으로써 나 자신을 잃어버리지 않는다. 오히려 그럼으로써 내 힘을 발견하고 잃어버린 나 자신을 되찾는다. 몰랐던 나 자신을 발견하는 것이다.

둘이 된다는 것은 단지 서로를 마주 보면서 각자 상대에게서 사랑받기를 기대하는 것이 아니다. 둘이 된다는 것은 영감으로 충만한 사랑의 행위이며, 서로를 높이 끌어올려 주면서 끊임없이 새로운 자신을 발견하게 하는 사랑의 행위이다.

테야르 드 샤르댕이 결혼에 관한 말에서 한 이야기는 이와도 일맥상통한다. "어떻게 둘보다 나은 하나가 될 수 있을까? 스스로를 줌으로써 지금의 자신을 넘어서는 사람이

---

*   안토니오 포르키아(Antonio Porcia, 1885~1968): 이탈리아 출신의 아르헨티나 시인.

되고자 하는 노력을 결코 늦추지 않아야만 그리될 수 있을 것이다."

　우리의 갈증이 서로를 원하게 한다면, 우리는 서로의 목마름을 해소시켜줄 수 있을 것이다. 당신에게서, 있는 그대로의 당신에게서 오는 모든 것을 나는 기쁘게 받아들일 것이다. 그리고 당신을 향해 갈 때 당신은 있는 그대로의 나를 두 팔 벌려 기쁘게 맞아줄 것이다. 당신을 통해, 나를 통해, 당신과 나를 넘어서서 우리 각자는 타인으로서의 타인을 받아들인다. 또 다른 시선, 또 다른 생각, 또 다른 욕구로서의 타인을. 상대에게 자리를 내어줌으로써 우리 각자는 또 다른 삶에 자리를 내어주는 것이다. 다름을 받아들임으로써 우리는 달라질 수 있다. 우리는 언제까지나 똑같은 역사를 되풀이하도록 단죄받지 않았다. 우리는 각자만의 작은 역사에서 벗어나 두 사람이 함께 위대한 사랑의 역사를, 위대한 사랑을 만들어가는 것이다. 루이 스퀴트네르*는 "시간이 갈수록 위대한 사랑이 정말로 존재하는 것 같아 두려워져"라고 말했다.

　우리는 더 이상 융화의 상태—당신과 나, 우리는 하나다—가 아닌 관계—나는 나고, 당신은 당신이다. 우리를 연결시켜주는 것은 당신과 나 사이의 유대다—속에 존재한다. 유기체처럼 살아 있으면서 끊임없이 새로운 것을 만들어나가는 유대. 관계는 은혜로운 선물이며 창조다. 우리는 사랑의 잠에서 깨어난다. 스스로를 베고 잠든 사랑에서 깨어난 또 다른 형태의 사랑을 향해 나아가기 위해. 그 사랑은 의문 없는 사랑, 또 다른 사랑을 찾아 헤매지 않는 사랑, 있는 그대로 존재하는 사랑이다. 마찬가지로 나는 나고, 당신은 당신이며, 우리는 우리다. 그게 전부다. 그래야만 한다.

우리는 의식적으로 명료하게 사랑하는 법을 배우며, 눈에 보이는 것을 받아들인다. 환상을 버리고 자신과 상대를 받아들인다. 상대의 있는 그대로의 모습뿐만 아니라 그의 사랑하는 방식까지도 받아들인다. 어쩌면 시간이 흘러 우리가 좀 더 현명해진 것은 아닐까. 위대한 현자도 자신에 대한 다른 사람들의 감정에 신경을 썼을까? 그도 우리처럼 자신이 사랑을 받고 있는지, 어떤 식으로 사랑받고 있는지 불안해했을까? 자신이 사랑받고 있는지에 대해 더

---

*　　Louis Scutenaire(1905~1987): 벨기에 출신의 시인이자 공무원. 벨기에 초현실주의 운동의 중심인물.

이상 신경을 쓰지 않는 것이야말로 가장 큰 자유의 징표가 아닐까? 그리고 언제나 지금보다 더 잘 사랑하는 것이야말로 가장 고귀한 형태의 사랑이 아닐까? 지금보다 당신을 더욱더 잘 사랑하는 것.

나는 잘 사랑하는 것에 대해서는 여전히 염려하지만, 사랑받는 것에 대해서는 더 이상 염려하지 않는다. 이제 내게 중요한 것은 관계를 언제나 더 아름답게 만드는 것이지, 내가 아름다운지 아닌지를 아는 것이 아니다. 나는 나의 영광이나 당신의 영광을 위해 무언가를 하지 않을 것이다. 다만 사랑의 아름다움과 숭고함에 영광을 돌리고자 한다. 나는 사랑을 영예롭게 하며 그 신성함을 깨달을 수 있기를 바란다.

"나는 사랑에 있어 각각의 몸짓이 신성하다는 것을 깨달았어." 나는 당신을 향한 내 사랑과 나를 향한 당신의 사랑보다 훨씬 더 위대한 이 사랑에 경의를 표하며 나 자신을 바친다. 나는 나를 희생하는 게 아니라 신성함을 살아내는 것이다. 신성한 나의 행위들은 하나의 완성과도 같다. 내 안의 더 나은 것을 향해 나아가며 끊임없이 나 자신을 극복해나가는 것이다. 나는 나 자신과 내 삶을 온전히 바친다. 그럼으로써 내 안에 간직한 사랑과 당신에 대한 내 사랑을 명예롭게 한다. 고귀한 사랑의 영역에서 그 사랑에 온전히 나 자신을 바치는 게 아니라면 어떻게 사랑에 경의를 표할 수 있겠는가.

나는 내 영혼과 내 마음과 내 몸을 온전히 바치고자 한다. 우리 각자를 고양시켜주는 사랑, "대지와 인간의 심장과 또 다른 별들을 회전하게 만드는" 이 사랑을 위해. 무한한 경배와 함께.

나는 마치 신성한 불처럼 사랑의 불꽃을 숭배하고 유지하고, 신성한 대지처럼 사랑의 불꽃을 살찌우고 존중하고 숭상하며, 신성한 원천처럼 사랑의 불꽃이 흘러가도록 놔둔다. 그리고 나 또한 함께 흘러가 종국에는 사랑의 불꽃과 하나가 된다.

이러한 사랑은 존재와 부재를 넘어서는 것이다. 자기 안에 스스로에 대한 믿음을 간직하고 있으며, 자신만의 법칙을 스스로 결정짓는 사랑이다. 점점 더 섬세해지는 관계는 어떤 정의(定義) 속에도 갇힐 수 없으며, 자신의 것이 아닌 어떤 종교도 인정하지 않는다. 이는 자유로운 사랑이다. 사랑은 감옥이 아니라 은혜로운 선물이다. 사랑은 누군가

를 가두지도, 문을 닫아걸지도 않는다. 사랑은 주는 것이
며 자신을 주는 것이다.

이러한 사랑은 모든 법칙에서 벗어나며 자신만의 규율
을 창조하고 재창조한다. 그리고 각각의 사랑보다 훨씬 더
큰 사랑이 그 규율을 지배한다. 각자에게 속하지 않는 사
랑. "서로 사랑하여라. 내가 너희를 사랑한 것처럼 너희도
서로 사랑하여라"고 말하는, 심판하지도 비판하지도 않는
사랑. 인간적인, 지극히 인간적인 사랑. 불관용에 대처하
는 자기희생이 아닌 관용, 스스로에 대한 존중을 결코 잊
지 않는 상대에 대한 존중, 자신보다는 사랑하는 사람으로
향하는 시선, 이 모든 것을 갖춘 사랑.

나는 단 하나의 유일한 사랑을 하고 있지 않다. 사랑하
는 방식 또한 유일한 것은 아니다. 하지만 내가 당신을 사
랑하는 방식으로 사랑하는 사람은 당신, 오직 당신뿐이다.
인간적이면서도 신적이고, 욕구와 우정과 무조건적인 애
정이 동시에 깃든 사랑으로 사랑하는 사람은 당신밖에는
없다. 내가 당신에게 충실한지 아닌지는 중요하지 않다.
나는 당신에 대한 내 사랑에 충실할 뿐이다.

나는 당신을 믿고, 당신은 나를 믿는다. 그러나 절대적
인 믿음은 나도 당신도 아닌 우리의 사랑 안에 있는 게 아

닐까? 오직 그 절대적인 믿음만이 우리를 이끌고 안내하며 언제나 더 아름다운 것, 우리 자신보다 더 큰 것을 향해 나아가게 만든다. 이에 대해 테야르 드 샤르댕은 다음과 같은 말을 한 바 있다. "두 사람의 삶이 서로 만나 서로에게 전파되며, 자신들보다 더 큰 열정으로 모험을 하듯 미래를 향해 나아갈 때만이 그대들의 기도와 소망이 바라는 것처럼 행복해질 수 있을 것이오."

나는 당신을 위해 존재하며 당신 또한 나를 위해 존재함을 내가 알고 있는데, 이보다 더 순수한 기쁨이 있을까? 시간 속에서 그리고 시간을 넘어서서, 몸과 마음으로, 삶의 깨달음과 숨결, 원천이 된 갈증 속에서 사랑하고 사랑받는 기쁨보다 더 순수한 게 있을까? 우리의 갈증은 생명수가 솟아나는 원천이 되어 우리로 하여금 사랑의 단계의 아래에서 위까지 모든 단계를 경험하게 하며, 우리를 온전히 살아 있는 존재가 되게 한다. 또 다른 온전한 존재를 만나는 온전한 존재. 사랑은 두 명의 자유로운 존재끼리의 결합이다. 릴케의 표현처럼 사랑은 "두 사람이 서로에게 고개를 숙이는 것"이다.

여기서 우리는 다음과 같은 테야르 드 샤르댕의 말을 다시 만나게 된다.

"따라서 그대들은 생각과 애정과 꿈과 기도를 끊임없이 서로 나누고 서로의 안으로 스며듦으로써만 진정으로 서로를 만날 수 있다. 그때에야 비로소 그대들은 육체 너머의 정신 속에는 싫증도 실망도 한계도 존재하지 않음을 알게 될 것이다. 또한 그제야 비로소 그대들의 사랑을 위한 자유로운 공기와 커다란 출구가 존재함을 알게 될 것이다."

　내 사랑, 내게 당신의 손을 주어요, 나도 내 손을 당신에게 줄 테니. 그렇게 우리 함께 걸어요. 그리고 우리에게 허락된 시간 동안 영원을 향해 함께 나아가요.

"사랑은 두 사람이 서로에게 고개를 숙이는 것이다."

−라이너 마리아 릴케

누군가를 사랑할 때
내가 사랑하는 그는 누구인가?

ⓒ 카트린 뱅사이드·장이브 를루프

초판 1쇄 인쇄 2025년 12월 20일
초판 1쇄 발행 2025년 12월 30일

지은이 카트린 뱅사이드·장이브 를루프 | 옮긴이 박명숙
기획실 정진우 정재우
편집 김혜원 이예준 이다영 | 디자인 강희철
디지털콘텐츠 구지영 | 제작 관리 윤준수 고은정 이원희
제작처 영신사

펴낸곳 열림원 | 펴낸이 정중모 방선영
출판등록 1980년 5월 19일(제406-2000-000204호)
주소 경기도 파주시 회동길 152
전화 031-955-0700 | 팩스 031-955-0661
홈페이지 www.yolimwon.com | 이메일 editor@yolimwon.com
페이스북 /yolimwon | 트위터 @yolimwon | 인스타그램 @yolimwon

ISBN 979-11-7040-370-8 03100